JN262178

若林幹夫
Mikio Wakabayashi

都市論を学ぶための12冊

弘文堂

はじめに

　都市化の急速な展開とそれに伴う大都市の出現は、近・現代の社会を特徴づけてきたことのひとつである。首都を中心に人口100万人を越える規模の大都市が数多く出現し、かつて農村や漁村であった場所が郊外都市や商工業都市となり、多くの人びとが都市へと移動し、都市が生み出した生活様式が農山漁村にまで及んでゆく時代。それが、私たちが「近代」と呼び、「現代」と呼ぶ社会の一側面をなしている。

　だがその一方で、人類の歴史にとって都市は、古代文明の時代から常に存在し続けてきたきわめて古い社会形態でもある。様々な地域で、それぞれの時代にそれぞれの都市があり、そこで様々な文明や文化が形成されてきた。

　古代から現代にいたる人間の社会の歴史は、地域や時代ごとに異なる様々な都市の社会と文化が生まれ、バビロンやローマや長安やパリやロンドンやニューヨークのような大都市を中心にネットワークをつくり、そのネットワークが全地球を覆っていった過程として見ることもできるかもしれない。地球規模の環境破壊が示すように、この巨大な都市のネットワークとまったく関係をもたない場所など地球上のどこにもない、そんな時代を私たちは生きている。

　本書はそんな都市について学び、考えるために、12冊の都市論の本をとりあげた。都市を論じた本は膨大にある。そのなかからたった12冊の本を選んで都市論を学ぼうというのは、無謀な試みかもしれない。だが12冊あれば、都市という存在をどのような視点から、

どのように対象化して、どんな方法でそれについて考え、論じることができるのかということの、決して一様ではない可能性の広がりを示すことはできるだろう。

　ここで選んだ本とそこに収められた論考は、時代も、地域も異なる様々な都市に、社会学、文明論、歴史学、民俗学、社会史、地理学、建築学、都市計画、映像研究、文学、記号論、等々のさまざまな分野と視点と方法からアプローチしたものだ。だが、読んでいただければわかるように、一見バラバラに並んだようにも見えるこれらの本を実際に読んでみると、それらが互いに照らし合い、繋がり合う思考と言葉のネットワークのなかにあることがわかってくる。それらは複数の異なる都市論の本や論考でありながら、同時に〈都市論〉という大きなひとつの試みの中にあるものとしても読むことができる。複数の都市論の書物を読み、そのそれぞれに書かれたことを学びながら、それらが全体として示す〈都市論〉の大きな広がりについて学ぶこと。それは、人間にとって都市とはどのような存在で、都市を作り、生きることが人間の社会に何をもたらし、それが私たちの社会の現在とどのようにかかわるのかを学ぶことだ。「都市論を学ぶ」とは、そういうことなのだと思う。

　ここに選んだ12冊はどれも、私が都市論を学び、また都市論を書くなかで、繰り返し参照してきた本だ。それらの本の内容を紹介したのはもちろんだが、多くが大著であるこれらの本の内容を丁寧に紹介しようと思えばそれだけで紙幅が尽きてしまう。だからこの本では、それらの本をどのように読むことが出来るのかという私な

りの読み方を示し、そうした読みから見いだされる都市論の課題と可能性を示すことに主眼を置いている。他の関連する本や論文の紹介を最低限のものにとどめているのも、12冊の本のそれぞれを読みながら考えるというスタイルを大切にしたかったからだ。各章の初めに、それぞれの章でそれらの本から何を読み取るのかという課題を提示しているので、それを導きの糸として各章を読み、興味があればそれらの本の現物もぜひ読んでいただきたい。

　12冊の中には、通常の書店では現在手に入らないものも含まれているが、現在容易に手に入る本をあげたところで、そのうちの何冊かはいずれ書店から姿を消してしまうのだから、本の新しさにはこだわらないことにした。図書館にいけば多くは見つけることができるだろうし、インターネットを使えば古書も以前よりはるかに簡単に手に入れることができる時代である。また、かりに現物を手にとることが難しい場合でも、それぞれの本の魅力はある程度伝わる書き方になるよう心がけたつもりだ。

　では都市論への、そして都市への扉を開くことにしよう。

都市論を学ぶための 12 冊　　目次

はじめに………………1

第1章　都市を論じるとはどういうことか………………10

1．1952年の東京から「都市論」を考える　10
都市論とは？
都市をどう読むか
機械と生物

2．都会とは何か、都会人とは何か　17
破綻と過剰
都市を見る仕掛け、都市を語る仕掛け
都会人とは何か

3．都市をどう読み、どう語るか　29
未来都市へ
都市論を読むとはどういうことか

第2章　都市をめぐる大きな物語………………34

1．歴史のなかの都市　34
都市の歴史
"Cities" ではなく "The City"
「ひとつの世界であった都市」から「都市となったひとつの世界」へ

2．都市のはじまり、都市の終わり？
　　──内爆発から外爆発へ、そして見えない都市へ　41
都市の起源
内爆発
外爆発
見えない都市へ

3．歴史のなかの都市論　55
大きな物語
大きな問い

第3章 スペクタクルと存在論……………60

1. **都市と帝国** 60
   パノラマとスペクタクル
   都市の上演とその構造

2. **劇場としての都市** 63
   「中国」の誕生と、世界の中心の都
   宇宙の鏡
   文明の文法と権力
   逸脱と興行

3. **都市をめぐる真正な省察** 75
   『礼記』の都市論
   大同コンプレックスと小康コンプレックス

第4章 日本の都市とは何だったのか……………82

1. **「日本の都市」という問題** 82
   城壁のない都市
   農村が都市を作る
   都と村

2. **ムラのなかの町、常見世としての町** 90
   村の中の町
   常見世としての町と農村

3. **都市−農村問題** 95
   京童的心性
   柳田のアーバニズム論
   都市対農村の問題
   都市のあり方、作り方

第5章 市民の共同体としての都市……………104

1. 都市の歴史社会学　104
ヴェーバー唯一の都市論
都市の歴史社会学
全体の問いはどこに

2. 方法としての類型学　112
理念型
分類の網をせばめる
なぜ都市ゲマインデが問題となるのか

3. 『都市の類型学』、その可能性の中心　118
都市の空気は自由にする
都市と近代資本制、近代国家
現代都市論への示唆

第6章 現代都市の発見……………126

1. 「都市社会学」の古典中の古典　126

2. 大都市の発見、都市の発見　128
「大都市」という問題
文化の身体、文化の魂
都市の発見と人間生態学

3. 生きた都市　140
自然としての社会
都市を生きるさまざまな世界
人間の群れとしての都市
現代社会が大都市として出現する

第7章 都市という危険な領域……………150

1. 「病めるパリ」の社会史 150
   「危険な都市」の歴史的・社会的構造へ
   犯罪都市・パリ

2. 二つの都市①──統計と文学 157
   統計と文学
   事実と世論

3. 二つの都市②──ブルジョワとプロレタリアート 163
   犯罪の意味論の変容
   労働階級と危険な階級
   都市の生物学的基礎？

第8章 過去と未来の間で
── 近代都市計画の誕生……………172

1. 近代都市と都市計画 172
   都市論と都市計画
   近代的な知と実践

2. 批評のプランニング 179
   整序化
   プレ・ユルバニスムとユルバニスム：急進派
   プレ・ユルバニスムとユルバニスム：文化派

3. 起源と現在 193
   計画とメタ言説
   過去・現在・未来

第9章 舞台としての都市、上演としての盛り場……197

1. **都市論の1980年代** 197
   都市論ブームの時代
   記号論、テクスト論、上演論

2. **盛り場の社会史という方法** 205
   なぜ盛り場か
   なぜ上野から始まるのか？
   浅草・新宿
   銀座・渋谷

3. **舞台、演技、ドラマトゥルギー** 214
   都市という舞台
   モダンとポストモダン

第10章 都市と都市論のポストモダン……221

1. **ポストモダンとポストモダニティ** 221
   ポストモダン社会論とポストモダン都市論
   現象としてのポストモダニティ

2. **モダンとポストモダン** 227
   モダンの二面性
   建築と都市のモダニズム／ポストモダニズム

3. **ポストモダン都市はどこまで脱-近代的か** 234
   資本とポストモダン
   文化遺産とスペクタクル
   ポストモダニティの条件としての近代

第11章 20世紀のアーバニズム……………244

1. アーバニズムとしてのマンハッタニズム　244
   ゴーストライターとマニフェスト
   マンハッタニズムというアーバニズム──都市の原理と無意識

2. 遊園地と摩天楼　252
   コニーアイランド
   摩天楼
   ロックフェラー・センター

3. 現代都市は近代都市の遺跡か？　262
   マンハッタニズムの終わり
   生きた都市のアーバニズム

第12章 書を持って街へ出よう……………270

1. 都市ガイドとしての都市論　270
   2000年代の都市論、東京論
   なぜガイドブックなのか

2. 東京を語る視点と方法　275
   〈私〉という視点と語り
   テーマ群の"緩さ"について
   〈場所(トポス)〉としての東京

3. 再び、都市を論じるとはどういうことか　287
   東京(論)批判としての東京論
   書を読み、持って、街に出ること

あとがき……………293

第1章 都市を論じるとはどういうことか

岩波書店編集部編・清水幾太郎監修『東京――大都会の顔』(岩波写真文庫47、岩波書店、1952年。→ワイド版、1988年。)

1．1952年の東京から「都市論」を考える

都市論とは？

　都市論とは文字通り、都市について論じた文章、論文、書物のことだ。では、都市を論じるとはどういうことなのだろうか。そして、そのような文章や論文や書物を読むことで、私たちは何を知り、学び、考えることができるのだろうか。都市論を学ぶための12冊の最初の1冊としてここでは、岩波書店編集部が編集し、清水幾太郎が監修した岩波写真文庫『東京――大都会の顔』を読んで、このことについて考えてみることにしよう。

　たとえば、『東京都統計年鑑』や『大阪市統計書』のような統計書、あるいは『東京百年史』や『名古屋市史』のような自治体編纂の都市史などは、都市を論じるための基礎的な資料ではあるけれど、それらは普通、「都市論」とは見なされない。都市についての統計的あるいは歴史的事実を提示しただけでは、それらは「論」とは見なされないのだ[1]。観光ガイドやグルメガイド、『るるぶ』や『マップル』

1　ただし市史などは「史料」や「資料」をもとにした都市の叙述であり、そこに書き手独自の視点からの考察が含まれるという点で、広い意味で「都市論」と見なしうる。

などの情報誌も、都市について論じるために利用できる沢山の情報が掲載されているけれど、それらも通常は「都市論」とは見なされない。要するに、都市についての事実や情報がもっぱら示されているだけでは、それらの本は「都市論」とは見なされないのである。

では都市の何を、どのように語ると「都市論」になるのだろうか？

ここでとりあげる『東京——大都会の顔』は古い本だ。写真文庫という写真を中心に構成されたブックレットという点でも、通常の「都市論」のイメージとは異なる本である[2]。けれども、この本はそのコンパクトな体裁と簡潔な文章の中に、「都市をどう対象化し、どう語るのか」という問いと答えを提示している。もちろん、これから12冊の本を通じて見ていくように、都市を対象化し、語る仕方は様々なのだが、『東京——大都会の顔』はそうした都市論の方法のひとつの典型を、わかりやすい形で示している。もう半世紀以上も前の本で、その後も何度か復刻されているが、現在普通の書店で手に入らないこの本をここでとりあげたのは、そうした理由によっている。興味のある人は古書店や図書館で探してみて欲しい。もしも現物を見ることができなくても、この章の紹介でその本のおおよそのあり方は理解できるはずだ。

都市をどう読むか

『東京——大都会の顔』の表紙をめくると、表紙の裏に鉄筋コンクリートの団地とその間に建つ木造賃貸住宅群、その写真の上には1951年6月1日現在の東京都の世帯数と人口の統計数字が示されている。そして、その左の1頁目には建設中の高層建築とその足下の木造2階建ての商店、銭湯の煙突などの写真、それに東京都

---

[2] 岩波写真文庫刊行の経緯については、草壁久四郎『映像をつくる人と企業——岩波映画の三十年』みずうみ社、1980年、32-38頁を参照。

図 1-1　東京——大都会の顔 (1ページ目の見開き)

戦災からの復興と近代化が当時の東京の主要テーマだったことがわかる

が戦災で失った住宅戸数と 1950 年までに建設された戸数を示すグラフがあり、さらにその下には「この本の読みかた」と題された次の文章が掲げられている。

　東京に関して、その歴史的懐古、首都的性格、或いは戦災の報告は、また別の課題となるであろう。ここでは大都会の持つ一般的な容貌を、東京に代表させて説明する。読者はまず東京の地図を用意されたい。カメラは地図上の各地点で二十四時間とは違わぬ間に見られる現実を把える。一見すればきわめて無秩序なその各様相は、綜合して一種の秩序、大都会の秩序を暗示する。写真説明はみな統計資料によっている。その信憑性については特に注意を払ったが、統計の価値は、読者がその中か

らどれだけの意味を汲みとるかにある。我々は地図と写真と統計とを拠り所に、複雑な人口集団である大都会の内奥を探ってみよう。[3]

　このさりげない、何のことはないように見える文章には、「都市を論じること」の基本的な構えとでも言うべきことが簡便に示されている。
　まず、最初の二つの文章で、この本の主題は「東京」という個別具体的な都市の歴史でも、首都性でも、当時はまだ生々しい現実だった戦災の状況でもなく、「大都会の持つ一般的な容貌」であり、「東京」はそれを代表するいわば"事例"にすぎないことが述べられる。「東京」という特定の都市を具体的な対象としながらも、この書物が本当に主題とするのは東京に限定されない「大都会」一般なのだということが、この本の始まりで宣言されているのだ。それは、この本が「東京」を素材としながら、「東京論」ではなく「大都会論」であり、「都市論」であるということだ[4]。
　続いて、東京の中に「大都会」一般を見出すための方法として、ここでは地図と写真と統計を用いると述べられる。(もっとも、地図の方はこの本とは別に読者が各自用意せよと述べられているのだが。)地図も、写真も、統計も、東京という個別具体的な都市の、特定の時期・時点の具体的なあり方や状況や風景を示すものだ。だが、先の宣言のように、そこに「東京」というひとつの都市に限られることのない「大都会」の「秩序」が暗示されるのだという。こうして見いだされる「一見無秩序に見える大都会の秩序」こそ、東京とい

---

3 『東京——大都会の顔』1頁。ただし、文中の漢字は旧字体を新字体に改めた(以下同様)。
4 『東京——大都会の顔』において「都会」や「大都会」という言葉は「都市」や「大都市」とほぼ互換可能なものとして用いられている。

第1章　都市を論じるとはどういうことか

う特定の都市を超えて一般化可能な「大都会」のあり方なのであり、それこそがこの本の主題であるのだと、ここでは述べられているのである。

　東京という個別具体的な都市の中に、大都会一般に存在する秩序を見出すこと。それが『東京——大都会の顔』が提示する都市論の方法である。

機械と生物

　さらにページをめくると、そこには見開きで「都会とは何か」と題された、監修者で当時の日本を代表する社会学者のひとり、清水幾太郎（1907〜1988）の署名入りの文章が、東京のパノラマに重ねられて掲載されている。

図1-2　都会とは何か（『東京——大都会の顔』2-3頁）

1950年代初めの東京のパノラマ。高層建築はほとんどない。

都会は大きい。見れば見るほど、大きいものである。この大きさはいうまでもなく、おびただしい数の人間が、狭い土地の上に、一つの塊となって、ひしめきあって、生きているところから来ている。だが、人間の巨大な群が生きるとなれば、働くとなれば、それに必要な物資や施設も、いきおい、大きくならないわけにはゆかぬ。その上、彼らが生きることの結果も、働くことの結果も、自ら、大きなものにならざるを得ない。一事が万事、大きくて多いのだ。[5]

都市の大きさ、とりわけ人口量の大きさは、都市という社会を村落その他の社会と区別するときの重要な指標のひとつである。そして人口量が大きければ、その活動を支える物的施設の規模や数も、それらが占める土地の面積も広くなる。この「大きさ」を前にして、清水は次のように問い、答える。

　都会は大きいが、いったい、大きい何物なのか。少し離れた地点から、一瞬、これをながめると、都会は大きな、しかもみごとな機械に見える。そうではないか。整然たる街路、美しく立ち並んだビル、人間の巨大な群の様々な必要をみたす施設や機関、一切は合理的にしくまれている。これは、人間が、自然を征服しつつ、人間自身を統制しつつ、自分の手で作り出した偉大な機械であるかも知れぬ。――しかし、もう少し近かよって、今度はしばらくの間、見つめていると、都会は大きな生物に見えてくる。大きな機械というより、大きな生物である。そ

---

5 『東京――大都会の顔』2頁。

れは、日々、成長している。人間の定めた行政区域を踏み越えて、人間の作った枠を乗り越えて、或る時は緩慢に、或る時は急激に、とにかく、生長している。いや、少なくとも、動いている、変わっている、というべきであろう。生長、運動、変化には法則があるのであろうが、いずれにしても、人間の創意や努力を無視して、かってに生きている。[6]

大きな人と物の集まりは、それらの寄せ集めなのではなく、そこには一定の秩序がある。その秩序を清水は、「機械」と「生物」という言葉を使って考えようとする。もちろん、大都会は「機械」でも「生物」でもない。「機械」も「生物」も隠喩である。大都会は単なる大きな人間や物の集合体なのではなく、それは「機械のような秩序」や「生物のような秩序」をもつもので、だからそこには一定の「メカニズム」や「法則」があるのではないか、ということだ。

このように、機械であり生物である都会、これはまさに近代のものである。古代のローマや北京をのぞけば、一般に、人口十万以上の都会は近代の産業革命以後のものといってよい。工業生産がたくさんの人間を密集させただけでなく、交通機関の進歩が都市の中心の人々と、周辺の人々との連絡や接触を可能にしたし、また、遠隔の地方から食料や原料を輸送することを可能にしたわけである。昔の都市が、周囲の農村を支配しつつ、自給自足の世界を形作っていたのに対し、近代の都会は、全国、あるいは全世界を背景ないし前提としながら、複雑多様な機能を営んでいる。[7]

---

6 同書2－3頁。

東京のような大都市を近代の産物であると述べることにより、清水は、東京のような「大都会」を近代社会に特徴的な秩序として対象化し、分析するという、『東京——大都会の顔』の基本的な構えを示す。このような視点を導入することで、単なる人口と物の集合体ではなく、近代社会が生み出した一定の秩序、機械のような、そして生物のようなメカニズムによって大量の人口と物が秩序づけられた「全体」として都市を語るという、都市論の語り口の一つがここには提示されている。

2．都会とは何か、都会人とは何か

破綻と過剰

　上述のように、都市は機械でも生物でもなく、一定の土地空間上の広がりに居住し、活動する人びとが形成する社会である。だが、「社会」とは一体何なのか？

　町内会や自治体のように、制度的に決定された地域的範囲と特定化された成員をもつ領域と人口群ならば、それを対象化することはたやすい。同じ都市であっても中世ヨーロッパのように、堅固な城壁によって土地空間上の都市の領域を明確に区切り、そこに存在する市民の共同体のメンバーシップである市民権を厳格に制限している場合には、特定の土地空間上の区画された内部を周囲から区別される法が支配し、市民の自由や権利が保証された領域としてもつ市民の団体として、「都市という社会」を対象化し、理解することが

7　同書3頁。一般に人口十万以上の都市は、古代のローマや北京を除くと近代の産業革命以後のものだとする清水は、ここで自身が監修しているこの本の直接の対象であり、清水自身の生地でもある東京が、かつて江戸と呼ばれた時代に人口百万を超える世界最大の都市だったことを忘れているかのようだ。

できる[8]。

　けれども現代の東京、いや、『東京──大都会の顔』が刊行された1952年の東京という都市を、中世ヨーロッパの都市共同体のような法と支配によって定義される団体と領域として対象化することはできない。たしかにそこには「東京都」や「23の特別区」という行政的な領域があり、その領域を統治する東京都という地方自治体があり、そこに住民登録している「都民」や「区民」が存在する。だが1952年の、そしてまた現在の「東京」という大都会は、東京都や23区の住民以外にも、その周囲の郊外から通勤・通学する人びとや、あるいは買い物や遊興や観光などの目的で日常的に、あるいは非日常的に東京を訪れる人びとの活動を、その重要な部分としている。この時、どこまでが東京で、どこまでが東京という社会を構成する人びとなのかを明確に区切ることはむずかしい。

　機械や生物という隠喩は、土地空間上の特定の場を占有する人間の集団としては対象化できないそんな現代の都市を対象化し、記述し、考察するための隠喩として用いられている。では、そうした隠喩の下に『東京──大都会の顔』は、現代の都会という社会をどのように対象化し、描こうとしたのだろうか。

　先に見た「都会とは何か」という文章に続いて『東京──大都会の顔』は、次のような構成で東京を描いてゆく。まず、「1．都会の巨大なる食欲」と題されたセクションで、都市生活を支える水や食料などの物質の搬入と排出、電気やガスなどのエネルギーの需要・消費の数量的な現況が統計により、そしてその具体的なありさまの事例を示す写真によって示される。次に「2．都会の血管神経系統」と題された部分で、河川・港・運河の水運、道路・鉄道・バス・

8　ヨーロッパ中世の都市共同体については本書第5章を参照。

図 1-3 ビジネス・センター（『東京――大都会の顔』22-23頁）

右上は丸の内。左上は日本橋で、左下は霞ヶ関。
霞ヶ関の街路の中央には都電の線路も見える。

地下鉄などの交通機関と交通網、郵便・電話・新聞のコミュニケーション、銀行・保険・証券の経済活動を支える貨幣や信用の流通が、やはりその現況を示す統計と、それらの一面を示す写真によって示される。続いて「3．都会の典型的な容貌」と題されたセクションでは、オフィス街・官庁街・商業地帯・娯楽街・工場地帯・住宅地帯埋立地など、大都会を構成する異なる機能、異なる風景をもった地域が、写真と、地図上の分布と、人口の分布や商店・工場などの集積状況を示す統計の組み合わせで描き出される。そして「4．都会の集団的な意思」と題された次のセクションでは、都議会のような意思決定機関、都庁・区役所・警視庁予備隊（＝現在の警視庁機動隊の前身）・消防隊・警察などの行政権力の決定と執行を担う機

第1章　都市を論じるとはどういうことか………　19

図1-4　どんな店が何軒あるか（『東京——大都会の顔』38-39頁）

真ん中の自動車店には「拂下外国車」の文字が見える。
中央下は「国營競馬銀座馬券發賣所」。

関、保健所・文化施設・教育施設・授産所・公園・火葬場・墓地など、都会を構成する大量の人口群の衛生、文化、民生等を担う諸機関のありさまが、それらの数量と分布を示す地図と統計、そして写真によって表象されている。

　こうして『東京——大都会の顔』は、「大都会の秩序」の全体的なあり方が、「都会とは何か」で清水が述べた隠喩のうち、とりわけ生物の隠喩にもとづいて提示されるのだが、率直に言ってその隠喩が一貫してうまく機能して、大都会を"巨大な生物"として描き出しているとは言い難い。見方によっては、それは失敗だろう。だが、重要なことは「東京」という具体的なひとつの都市を事例として、「大都会」という社会の全体的な秩序を描くことなのであって、

20

それを「生物」や「機械」の隠喩の下に破綻無く描くことではない。ここでは隠喩はいわば「昇った後で捨てられる梯子」——『論理哲学論考』のなかのヴィトゲンシュタインの言葉[9]——なのであって、それによって見いだされる都市の秩序が生物や機械の隠喩にふさわしいかどうかは問題ではない。そもそも都市が生物でも機械でもない以上、そうした隠喩はレトリックとしてはともかく、社会記述としてはどこかで破綻して当然なのだ。もし仮にそれが「機械」や「生物」として説明つくされてしまったら、そこでは「都市」の「社会」である所以が取り逃がされていることになるはずだ。

都市を見る仕掛け、都市を語る仕掛け

「都会の集団的な意思」についての記述の後、私たちは再び清水幾太郎の署名の入った文章を読むことになる。電車を待つ人びとで混み合った夜のプラットフォームの写真の、夜空にあたる部分に印刷されたその文章は、「都会人とは何か」と題されている。

> 遠くから見ると機械、近くから見ると生物、といったが、もっと近づくと、都会そのものでなく、都会に生きる人間の姿が現れてくる。[10]

「なるほど」と読み過ごしてしまいそうな文章だ。だが、これを先に見た「都会とは何か」と照らし合わせるとき、次のような二重の「仕掛け」とも「転倒」とも呼ぶべきものがあることがわかる。

9　Ludwig Wittgenstein, "Logisch-Philosophische Abhandlung", *Annalen der Naturphilosophie*, 14, 1921. の第6命題の末尾の言葉。日本語訳は『論理哲学論考』で、翻訳は奥雅博訳の大修館書店、1975年刊行の『ウィトゲンシュタイン全集』版、野矢茂樹訳で2003年刊行の岩波現代文庫版など複数ある。
10　『東京——大都会の顔』54頁。

図 1‐5　都会人とは何か（『東京——大都会の顔』54‐55頁）

人が溢れそうな夜のプラットフォーム。
周囲の様子から有楽町ではないかと思われる。

　まず、第一の「仕掛け」あるいは「転倒」について。通常私たちは、飛行機に乗ったり、『東京——大都会の顔』が作られた当時は存在していなかった東京タワーや六本木ヒルズや東京スカイツリーの展望台からでも見たりしないかぎりは、都市を巨大な機械や生物のようなものとして見るような位置に立つことはない。また、そうした場所から見たとしても、そこに見えるのは沢山の建物や、その間を走る道路や線路や河川、その向こうの海や山の広がる風景なのであって、誰もがそれを「機械」や「生物」のようなものとして見るわけではないだろう。「都会は大きい。見れば見るほど、大きいものである」と清水は言うが、そのような大きさを俯瞰して見る視点を、私たちは通常とることはない。地図や航空写真のように、通

常の身体から抜け出して都市の「全体」を見ることができるような視点をとるか、『東京――大都会の顔』に示される写真や統計を頭の中で組み合わせ、その「全体」を想像的に把握するかしなければ、都市はそのようには見えないのだ。現実にはとることのできないそんな視点を、ごく自然にとれるかのように語ること。これが第一の「仕掛け」ないし「転倒」である。

次に、第二の「仕掛け」あるいは「転倒」について。都市の「全体」ではなく、そこに暮らす「人間の姿」であれば、私たちは様々な場所で見ることができる。(逆に、地図や航空写真のような視点や、あるいは東京タワーや六本木ヒルズや東京スカイツリーの展望台からは、そうした「人間の姿」は見て取れない。)だがしかし、そのようにして私たちが見る人びとは、普通はただ「人間の姿」として見流されるだけで、「都会に生きる人間」として見いだされるわけではない。そうした人びとの姿を「都会に生きる人間の姿」と了解するためには、あらかじめそれらの人びとを、機械や生物のような全体性をもった都会という社会の営みを支える存在、あるいはそうした社会の構成要素として捉える枠組みが必要である。通常はもたないこうした了解と思考の枠組みをごく当然のように導入して、写真にうつった人びとを「都会人」として見、語ること。これが第二の「仕掛け」ないし「転倒」である。

清水の何気なく記したかのような文章と、それをいわば基調とするこの本の構成には、①「遠くから見ると機械、近くから見ると生物、もっと近づくと都会人」という視界と、②その視界に見いだされる像を「都市という社会」を構成するメカニズムや要素として了解し、位置づけてゆく「社会学的想像力」と呼ぶことの出来る想像力の働きが、組み込まれて作動しているのである[11]。

この「都会人とは何か」という文章の後、『東京――大都会の顔』

図1-6　都会人たち（『東京――大都会の顔』56-57頁）

これらの写真にはそれぞれ「サラリーマン」「工場労働者」
「日傭労働者」「実業家」「ショップ・ガール」と説明されている。
現在よりも職業による服装の違いが大きい。

は「5．都会の血球、都会人」と題してサラリーマン、工場労働者、日傭労働者、実業家、ショップ・ガール、商店街を行く下駄履きの主婦たち——まるでサザエさんのようだ——、着物姿の中年女性、飲み屋街を歩くサラリーマン、クズ屋、靴磨きなどの人びとの写真と、東京の産業別の人口構成や年齢別の人口構成などを示し、当時最先端だった鉄筋コンクリートの団地の都営戸山アパート、空襲で焼けたビルに人びとが棲み込んだ亀戸の"焼ビル住宅"、青山にあ

11　こうした「社会学的想像力」の働きについては、厚東洋輔『社会認識と想像力』ハーベスト社、1991年や、若林幹夫『地図の想像力』講談社選書メチエ、1995年。→『増補　地図の想像力』河出文庫、2009年などを参照。

図 1-7　都営アパート、焼ビル住宅、引揚者定着寮（『東京――大都会の顔』60-61 頁）

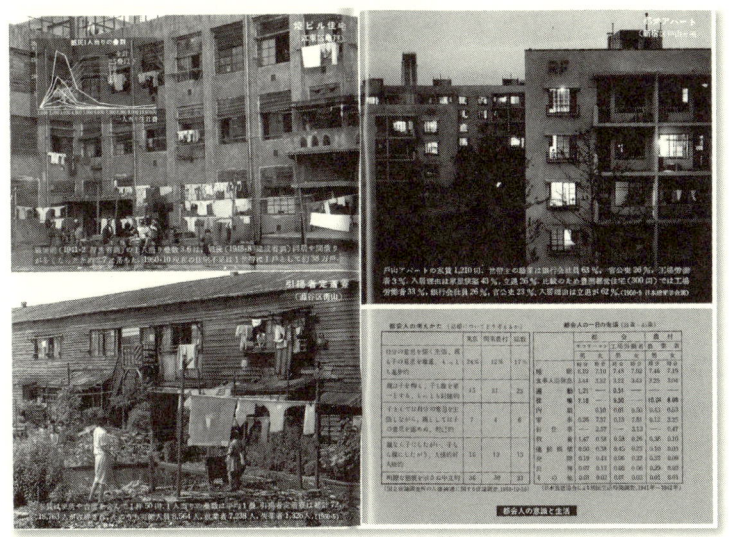

戸山アパートの当時の家賃は 1950 年 9 月現在で 1,210 円、
世帯主の職業は銀行員が 63％、官公吏 26 パーセント、工場労働者 3％。
他方、引揚者定着寮は 1950 年 5 月現在で家賃一坪 50 円、
一人あたりの畳数は平均 1 畳。都内に 72 箇所あり、18,763 人が生活していた。

った引揚者定着寮、現在の感覚からするときわめて大きな "中流住宅"、店舗裏住宅、そして上野駅に蝟集する浮浪者たちなど、1950 年代初めの東京に暮らす人びとと彼等の住まい・住みかを写真で示すと共に、それらに関する統計データを提示していく[12]。これらの写真は、今はもう失われた都市とそこに暮らした人びとの姿を、写真というメディアだからこそ可能なあり方で示している[13]。

12　『東京――大都会の顔』56-63 頁。
13　もちろんその見え方は、それらを「現在」として見た 1950 年代の人びとと、「過去」として見る半世紀後の私たちとでは異なっているはずだ。

第 1 章　都市を論じるとはどういうことか……… 25

グラフ雑誌の写真を眺める人は、説明文から理解上の方向づけを与えられる。そうした方向づけは、その後まもなく現れた映画においては、いっそう精密かつ強制的なものになる。映画では、個々の映像をどう理解するかは、先行するすべての映像のつながりによってあらかじめ指示されているように思われる。[14]

　これは「複製技術時代の芸術作品」のなかのヴァルター・ベンヤミンの言葉である。『東京──大都会の顔』の写真も、その説明文、配列、書物の構成によって、それらをどう理解するのかがあらかじめ指示されている。それは「大都会という社会」という了解の枠組みの下に、そこにならぶ写真を「大都会の顔」として見ることへと読者と導き、また読者が実際に東京や大阪のような大都会に暮らす人ならば、その書物を媒介として自らの周囲の人や風景や出来事を「大都会の顔」として見ることへと導く。ここでは「都市論」は、単に読まれるものとして読者の前にあるのではない。それは読むことと知ること、そして見ることを連動させる装置として読者の前にあり、それによって読者は、都市を「都市論のように見、読むこと」へと導かれるのである。

都会人とは何か

　「都会人とは何か」の先に引用した部分に続けて、清水は次のように述べている。

　　人間はたくさんいるし、彼等の間には、たえず、いろいろの

14　Walter Benjamin, "Das Kunstwerk im Zeitalter seiner technischen Reproduzierbarkeit", 1935-36. ＝久保哲司訳「複製技術時代の芸術作品」浅井健二郎編訳・久保哲司訳『ベンヤミン・コレクションⅠ──近代の意味』ちくま学芸文庫、1995年、600頁。

接触が行われている。一人の人間が一日に接する人間の数はたいへんなものである。にぎやかで、いそがしい。しかし、家族という弱い集団を別とすれば、人間同士の接触は、どうやら、厚さと深さとに欠けている。相互に、自分というものの一部分をもって、薄くかつ浅く接触しているとでもいおうか。善い悪いの問題でなく、これが、都会の生活の約束である。都会の機能の専門化が、近代文明の特色たる分化が、これを人間に命じているのだ。それが近代の自由というものの条件であり、元来、すべての人間をこういう意味で自由にすること、都会的にすること、それが伝統的な民主主義の要求であった。[15]

続けて清水は、「近代の淋しさは深い山の中にあるよりも、都会の雑鬧の中にある」[16]と述べ、そこでは隣人が友人であることはまれで、友人と会うためにも電車やバスを利用しなくてはならないこと、そうであるがゆえに集団的規模で問題を解決する機構ができていると同時に、つねに自分だけで解決しなくてはならない問題を都会人は抱えていると指摘する。そしてそこでは、「人間は、にぎやかな接触の底で、どうにもならぬ孤独を味っている」[17]一方で、そうした孤独な都会人たちが、「あい似た人々、相似た建物が方々に集団を形作って、都会の様々な地帯を生み出している」[18]と述べる。

ここで清水が述べていることは、第６章でとりあげるゲオルク・ジンメルの「大都市と精神生活」や、ジンメルの影響を受けながら都市をフィールドとする社会学的な調査研究と、それにもとづく都市の社会学理論の構築を試みたアメリカ・シカゴ学派の社会学者た

---

15 『東京──大都会の顔』54頁。
16 同。
17 同書55頁。
18 同。

ちが20世紀の都市に見いだしたものとほぼ同一である。ここで述べられているのは、第一に、「社会としての大都会の特徴は、そこで暮らす人びとの関係の形やあり方に見いだされる」ということである。そして第二に、そうした大都会に特徴的な関係の形やあり方は、同時に、近代社会に特徴的な関係の形やあり方であるということだ。

イギリスの都市社会学者のローズマリー・メラーは、社会学における「都市」と「近代」の関係について、次のように述べている。

> 十九世紀の社会学者たちは、急速にその姿を変えていくヨーロッパ社会にあって、疑いもなく都市化の重要性を認識していた。古典的な社会学の鍵概念のいくつか——階級、ゲゼルシャフト、アノミー、個別化と合理化など——は、都市居住者の新しい経験を分析するなかから生まれてきたのである。[19]

「都市とは近代社会の特徴が顕著に見いだされる場所である」ということ。それゆえ「都市を語ることは、同時に近代社会を語ることである」ということ。この仮定の妥当性については、本書のこれ以降の章でもくり返し考えていくことになる。ここではさしあたり、そのような仮定がしばしば明示的に、あるいは暗黙のうちに、19世紀から21世紀にいたる都市論の前提となり、基調となっていることを指摘しておくにとどめよう。

---

19 Rosemary Mellor, "Urban Sociology in an Urbanized Society", *British Journal of Sociology*, vol.26 No.3. ＝奥田道大・広田康生訳「都市型社会における都市社会学」奥田・広田編訳『都市の理論のために——現代都市社会学の再検討』多賀出版、1983年、17頁。

3．都市をどう読み、どう語るか

未来都市へ

　『東京——大都会の顔』は、「5．都会の血球、都会人」の最後に、おそらくは都心のオフィス街の夜の、人気のない路上の写真を一頁で示し、それの右下にロンドン、ニューヨーク、パリ、東京、上海、ベルリン、モスクワの 1950 年現在の人口を示す棒グラフを掲げて終わる。ここまで見てきた都市の構造やメカニズムや人びとの営みが、そうした世界の大都市とも共通する「大都会の顔」であることを示すためだろう[20]。

　ところで、先に清水の「都会とは何か」を紹介した際にはあえて触れなかったのだが、その文章の最後の段落には次のように述べられている。

　　昔の都市も生物であったのであろうが、遠く時代をへだてているせいか、こぢんまりした、きれいな生物のように思われてならぬ。実際そうであったのであろう。しかし、今後、時代がもっと進めば、都会がほんとうに美しい機械になる日が来るに違いない。現在のところ、都市計画といっても、当の都会だけの、しかも技術的なものに過ぎないが、やがて、全国的な、全世界的な人間生活の実質的な計画化が行われるようになれば、それとあい結んで、都会を真に美しい機械たらしめる計画化が行われるであろう。やはり、今は、美しい生物と美しい機械との間に挟まる不幸な過渡期というほかはない。近代の文明は、善い

20　大阪、京都、名古屋、福岡などの他の日本の都会はあげられていない。それは、都市論のほとんどが東京論であるという、現代まで続く日本の都市論の構図を示すものでもある。

図 1-8　夜のオフィス街と世界の大都市の人口（『東京──大都会の顔』64 頁）

この写真が示すのは「東京の夜」ではなく「大都会の夜」である。

意味でも、悪い意味でも、煮つめられた形で都会のうちに現れている。[21]

　清水がこう書いてから半世紀以上の時を経た現在も、『東京──大都会の顔』の多くの部分は、現在の東京を初めとする大都市について考える上でなおリアルかつアクチュアルだが、「都会とは何か」のこの最後の一段落には、違和感をもつ読者も少なくないだろう。

　清水はここで、唐突に──そのように現在の私たちには読める──、都会を対象とした技術的なもの──それはおそらく、交通計画や用途地区指定などによる狭義の工学的な都市計画を指している──にとどまらない「全国的な、全世界的な人間生活の実質的な計画化が行われるであろう」という、都市と社会の未来像をもちだす。未来の都市と社会をそのような計画管理社会であるべきものとして展望し、そんな社会が生み出すであろう都市を「真に美しい機械」として、かつての都市の「こぢんまりした、きれいな生物」のよう

21　『東京──大都会の顔』3頁。

なあり方よりも上に置く清水の言葉は、現在の私たちからすればあまりにナイーヴで楽観的な進歩主義史観に思われる。

工学的な都市論や都市計画論については、第8章や第11章で触れることになるので、ここではそのことには立ち入らない。さしあたって私たちがこの文章から読み取れるのは、1952年当時、東京を一つの典型とする「大都会」が、もはや生物のような自生的な秩序によっては制御できない過剰な問題を内包していると清水は考えていたということ、そしてその問題の解決は時代が進んで、全国的・全世界的な人間生活の計画化が都市を「真に美しい機械」とすることによって解決されるであろうと考えていたということだ。清水は20世紀半ばの大都会を、かつての「小さな生物のような都市」と、未来に現れるであろう「真に美しい機械」との間の過渡的な存在と考えているのである。

文明や社会の進歩が生み出した都市問題の空間として都市を見る視点と、文明や社会の進歩が生み出した合理的な秩序の空間として都市を見る視点の二重性は、19世紀から20世紀の都市論に繰り返し見いだされる特徴である[22]。『東京——大都会の顔』もこの二重の視点を典型的に示しているという点で、典型的な近代の都市論のひとつだと言える。未来において完全に計画された真に美しい都市が現れることを展望する清水の言葉は、私たちの多くにとってはもはや過去のものだが、この二重の視点は私たちにとっても依然リアルかつアクチュアルなものだろう。都市が社会にとってなにがしかの「問題の空間」であることも、それに対する解決が技術や計画という知と実践に期待されていることも、そしてまた未来においては現在の都市の抱える問題が何らかの形で解決されるべきであると

---

22 これについては、Andrew Lees, *Cities Perceived : Urban Society in European and American Thought, 1820-1940*, Manchester University Press, 1985を参照。

考えていることも、私たちにとって依然として「現実」の問題なのではないだろうか。

都市論を読むとはどういうことか

では都市論とは、都市がかかえるそうした「問題」とそれに対する「解決」を展望するものなのだろうか。

そのような「問題」を提示し、それが生じるメカニズムや構造を明らかにし、それに対する「解決」——"よりよい都市"や"あるべき都市"——を提示することは、都市論のひとつの形ではある。都市計画や都市政治、都市経済に関する論文の多くは、そのような「問い」と「答え」の形をとる。

だが、『東京——大都会の顔』が示す"都市の論じ方"は、それだけではない。都市という、人間が身の丈で生活している限りその全体を直接見ることのできない、多様な人びとや職業や組織や場所や建造物の集合体を、"生物"や"機械"のような全体的な秩序をもった存在として捉え、地図や統計や写真、そして何より言葉によってそれを了解可能なものとして提示すること。あるいはまた、都市の中で私たちが出会い、見いだす人や建物や場所や風景を、そうした「秩序」としての都市を生きたり、支えたりするものとして理解すること。そうした視線と方法と言葉によって「都市が存在すること」、「人間が都市を作り、生きること」がどのようなことであるかを考え、そのこととの関係で私たち自身の生活や社会を理解する視点や方法を学ぶこと。「都市という問題」や「都市における問題」だけでなく、「都市という日常」や「都市における日常」が、「都市ではない日常」や「都市ではない場所における日常」とは異なる特異なあり方をする生活と社会であることを知り、学ぶこと。そしてまた、私たちの生きる都市が、地理的あるいは歴史的に異なる社会

の都市とは異なるものであることを知り、そのような視点から自分たちの生活と社会を理解すること。

　『東京──大都会の顔』を現在の私たちが読むとき、そこに示された「大都会」のあり方に、現在の東京や他の都市と共通する"大都会性"を見いだすと同時に、今の私たちの都市生活とは異なる1950年代の東京という都市の固有性を見いだしもする。その時、私たちが経験するのは「都市というものがあること」や、「ある特定の時代に、ある特定の都市があること」自体の面白さや、それに対する驚きだ。「問題」と「解答」について考え、学ぶことは大切だし、必要なことだけれど、「都市」について私たちが考え、知り、学ぶことができることはそれだけではない。そして、「問題」と「解答」についてよりよく考えるためにも、「都市という日常」や「都市における日常」について考え、学ぶこと、「都市が存在すること」や「都市を生きること」とはどういうことなのかを考え、学ぶことは必要なのだ。

　「都市論」とはその根底において、そんな「都市が存在すること」や「都市を生きること」についての思考と共にある言葉である。そしてそれを読み、学ぶとは、そんな存在や生を知り、それによって私たちの存在や生について学び、考え、そこで得たものを手がかり──あるいは武器──にして私たちが現実に生きる都市や社会と出会うことなのである。

第2章 都市をめぐる大きな物語

ルイス・マンフォード『歴史の都市　明日の都市』（生田勉訳、新潮社、1969年。原著は Lewis Mumford, *The City in History: Its origins, its transformations, and its prospects*, Harcourt, Brace & World, 1961.）

1．歴史のなかの都市

都市の歴史

　私たちが現在知っているような都市、とりわけ大都市は、『東京——大都会の顔』も指摘していたように、近代産業革命以降に出現したものだ。近代的な都会は「すぐれて近代的な場所」であり、近代社会の産物である。

　だが、私たちが「都市」という言葉で指し示しうる場所や社会は近代以降の社会にのみ存在してきたのではなかった。今から5000年ほど前には、考古学者たちが「都市」と見なしうるような規模と人口を擁し、巨大な神殿や宮殿をもつ大規模集落が、メソポタミアやインダス川流域には存在していた[23]。古代文明における都市の成立以来、今日まで様々な都市が存在してきた。それは、古代から現

23　都市の起源を特定することは、次の二つの意味で難しい。第一に、どんなに古い時代の「都市」の遺跡が発掘されても、それが本当に最古であるかはわからない。第二に、こちらの方がより本質的なことなのだが、発掘され、復元された集落が「都市」であることを確定するための一般化された基準が存在しない。たとえば、「史上最古の都市」とされることもあるトルコのチャタル・ヒュユクの最下層は紀元前7500年にさかのぼり、最盛期には10,000人の人口を擁していたと推測されているが、それは「都市」ではなく「巨大な村落」だったとする研究者もいる。

図2-1 中世の原型としてのシエナ（『歴史の都市　明日の都市』巻頭の写真から）

この写真の解説でマンフォードは、
「シエナは、あらゆる時代を通じての都市の原型である」と述べている。

代にいたる歴史の広がりを、都市論が射程に収めうるということだ。この章ではルイス・マンフォードの『歴史の都市　明日の都市』を読んで、そうした歴史的パースペクティヴのなかで都市とはどのように捉えられ、そこで現代の都市がどのようなものとして理解されるのかを見てみよう。

　大判（B5サイズ）で分厚く（図版・文献リストも含めると550頁以上）、重たい美術書のような日本語版[24]を開くと、「儀式と記念碑」と題された石器時代人が儀式に使った洞窟の写真と、ピラミッドとスフィンクスの写真にはじまって、古代文明の都市やレリーフ、古代ギ

24　日本語版は絶版。原著は現在もペーパーバック版で入手可能。

第2章　都市をめぐる大きな物語………　35

図2-2 都市荒廃化（『歴史の都市 明日の都市』巻頭の写真から）

写真は上からボストン、
第二次世界大戦の空襲後のロンドン、
ノース・カロライナ州のグリーンズバーロー。
図2-1のシエナと対比すると、
マンフォードの都市観が
直感的にわかるだろう。

リシアや古代ローマの遺跡・遺構、ヨーロッパの中世都市とそこでの祝祭や日常生活、ルネッサンス期やバロック期の都市の風景、ブルジョアジーの勃興、ロンドン万国博の水晶宮やミラノのガレリア（＝巨大なアーケード）といった新たな都市建造物、近代化が生み出した産業都市、イギリスの田舎町、アメリカ合衆国の郊外、ワシントンやニューヨーク、現代の都市化による都市の巨大化の示す航空写真、都市機能の分化、歴史的街区と新しい地区の対比、等々の、先史時代から現代にいたる都市（あるいは都市的なもの）の諸相を示す写真が64頁も続き、巻末にはそれらについての説明もある。

　小さい活字で二段に組まれた380頁にも及ぶ本文の構成は以下のようなものだ。まず、「第一章　聖所、村、砦」「第二章　都市の結晶化」「第三章　祖先の形と型」「第四章　古代都市の成立」で、都市成立以前の都市的なものの起源から、古代文明における都市の成立までが論じられる。次に、「第五章　ポリスの出現」「第六章　市民と理想都市」「第七章　ヘレニズム期の絶対主義と都市文明」

「第八章　巨大都市から「死者の都市」への変貌」では古代ギリシアとローマの都市がとりあげられ、「第九章　修道院と共同体」「第十章　中世都市の家庭生活」「第十一章　中世の分裂、近代の予見」「第十二章　バロック権力の構造」「第十三章　宮廷、観兵式、首都」ではヨーロッパの中世都市からルネッサンス期、バロック期の都市が論じられる。さらに、「第十四章　商業の発展と都市の崩壊」「第十五章　旧技術時代の楽園――コークス都市」「第十六章　郊外、そしてそれを超えて」「第十七章　巨大都市の神話」ではヨーロッパにおける近代社会の成立とそれによる都市の変貌、現代における郊外の成長や巨大都市の出現が論じられ、最後に「第十八章　回顧と展望」でそれまでの回顧と、そこから見えてくる都市の未来についてのマンフォードの見解が述べられる。

"Cities" ではなく "The City"

　こうした目次を一覧すると、『歴史の都市　明日の都市』は、古代都市の誕生以前の先史時代における「都市的なもの」の芽生えから、この本が書かれた20世紀半ばまでに存在してきた様々な都市の歴史を一望し、その未来を展望する、「都市の通史」のようにも思われよう。訳者の生田勉のあとがきによれば、日本語版の出た1969年当時、アメリカの大学の都市計画学部で都市史の教科書として広く用いられていたというから[25]、こうした理解は間違いではない。

　先史時代からオリエントの古代文明、ギリシア・ローマを経て中世、ルネサンス、バロック、近代、現代という流れがあまりにヨーロッパ中心主義的であるという、今日当然ありうる批判について

25　生田勉「訳者あとがき」『歴史の都市　明日の都市』504頁。

は、この章の最後の方で考えることにしよう。ここで注目したいのは、上記のように歴史上の様々な都市とそのあり方を「過去から現在を経て未来へ」という通時的な枠組みで論じるこの本の原題が、*Cities in History*（=『歴史のなかの諸都市』）ではなく *The City in History*（=『歴史のなかの都市』）であるということだ。都市が複数形の cities ではなく定冠詞 the のついた単数形 the city で用いられているこのタイトルは、原著副題の "Its origins, its transformations, and its prospects" が示すように、〈都市というもの〉がどのような起源をもち、どのような変容を遂げ、今後どうなってゆくのかを、この本が主題としていることを示している。『歴史の都市　明日の都市』は、通史は通史でも、歴史の中に見いだされる様々な都市をたどるというよりも、人間の歴史のなかに存在し続けてきた〈都市というもの〉の成立と変容と将来を考える本なのである[26]。

「ひとつの世界であった都市」から「都市となったひとつの世界」へ

　都市論として本書のそうしたあり方は、この本の自序の次の言葉にも示されている。

　　この本は、象徴的にひとつの世界であった都市をもって始まり、多くの実際的な面において都市となったひとつの世界をもって終る。こうした発展をたどることによって、私は、都市の形と機能、都市から生じた目的を扱おうと試みた。そして私は、

26　このことについて、訳者の生田は次のように述べている。「この『歴史の都市　明日の都市』は、ルイス・マンフォードの "The City in History"（1961）の全訳である。Its origins, its transformations, and its prospects. という副題がついているので、発行書肆の希望もあって、この書名にした。英語そのままに訳せば「歴史における都市」であるが、単に「都市の歴史」を述べた本ではなく、歴史というよりも都市そのものに力点がおかれて論じられている。」（同、傍点は原著者）

もし都市が歴史を通じて伴ってきた本来の無能力から脱皮するなら、過去において演じた役割よりも重要でさえある役割を未来において演ずるようになるであろう、ということを明らかにしたつもりである。[27]

「象徴的にひとつの世界であった都市」から「実際的な面において都市となったひとつの世界」へ、とはどういう意味なのだろうか。
　都市が「象徴的にひとつの世界」であるということを、マンフォードは「第二章　都市の結晶化」で次のように説明している。

　都市の発生とともに起ったことは、むしろ、それまで散在していて組織されなかった諸機能が限られた地域に集められ、共同体の諸構成要素が動的な緊張関係を保ち相互作用を及ぼすという状態になったことである。都市の城壁のきびしい囲いによってほとんど強制的になったこの結合のなかで、原型都市の各部分としてすでに基礎の定まっていた宮祠、泉、村、市場、砦などが、一般に大きくなり、数多く集中し、また構造的に分化して、その後のどの段階の都市文化においても認められる形をとることになった。都市は、拡大する宗教的、世俗的な力の具体的な表現手段となっただけでなく、意図した範囲をはるかに超えて、生活のあらゆる次元を押拡げた。宇宙の表現として、天国を地上にもたらす手段として認められた都市は、可能性の象徴となった。ユートピア（理想国）という要素が、都市の最初から、その不可欠の要素をなしていたのである。[28]

27　『歴史の都市　明日の都市』69頁。
28　同書97頁。

ここでマンフォードは、都市の成立以前にはそれぞればらばらに存在していた社会生活の諸要素が、都市の成立によって城壁の中に集約され、相互に緊張関係をもちながら集約されるようになったのであり、そうした場としての都市が、宇宙や理想の世界を地上にもたらすものでもあったと述べている。それは都市が、ある地域における社会的な世界を集約するものであると同時に、それらを宇宙論的(コスモロジカル)な枠組みや理想の秩序のうちに配置・編成するものであったということだ。「象徴的にひとつの世界である」とは、それが現実に一つの世界なのではないが、「世界の縮図」や「小宇宙」として世界そのもののあるべき秩序を表象しているという意味だ。

　では、「実際的な面において都市となったひとつの世界」とは何なのか。それはたとえば、「第十七章　巨大都市の神話」の「見えない都市」と題された節の次の文章に示されている。

　　都市独自の機能の多くは、かつて市民の参加者が誰でも実際そこに出向く必要のある有機的独占の形をとっていたが、今日ではそれが高速輸送、書類の機械複写、電波搬送、汎世界的流布などが可能な、無機的な形に置き換えられたのである。ある僻地の村落で人口の多い中央の都会と同じ映画を見、同じラジオ番組を聞くことができるならば、そうした特定の活動にたずさわるためわざわざ中央の都会に住みついたり、そこに出かけたりする必要はなにもないわけである。[29]

　そこで、これまでの都市の演じた容器という古い機能が、私のいうところの機能格子、言い換えれば見えない都市の枠組み

29　同書449頁。

をとおして働く新たな機能によって補われてきたのも、決して偶然ではない。[30]

　社会的な諸機能を特定の場所に集約した都市が担ってきた社会的交流の機能が、高速交通や電気的・電子的コミュニケーションによって、交通とコミュニケーションのルート・回路にそって世界全体に拡張し、それによって「見えない都市」が機能格子として世界中を覆っていく。このとき、世界そのものが実際上ひとつの「都市」であるかのようになる。それが、「実際的な面において都市となったひとつの世界」である。

2．都市のはじまり、都市の終わり？
——内爆発から外爆発へ、そして見えない都市へ

都市の起源

　すでに触れたように、『歴史の都市　明日の都市』に最初に掲げられている写真は「儀式と記念碑」と標題された、先史時代の呪術的な儀礼の場だったと考えられるラスコーの洞窟の写真と、エジプト・ギザのピラミッドとスフィンクスの写真である。

　先史時代の洞窟は都市ではないし、ピラミッドもスフィンクスも宗教的建造物であって都市の施設ではない[31]。にもかかわらず、これらの写真をマンフォードが最初に掲げたのは、「都市の最初の芽生えは、巡礼の目的地となる儀礼の集まりの場、すなわち、そこのもつ自然的有利さに加えて、「霊的」で超自然的な力、普通の生活

30　同書449-450頁。
31　多数の都市国家が存在した古代メソポタミア文明とは異なり、古代エジプトはナイル川流域を支配する領域国家だったが、そこにもメンフィスやテーベなどの「都」が存在していた。

図2-3 儀式と記念碑（『歴史の都市　明日の都市』巻頭の写真の最初のもの）

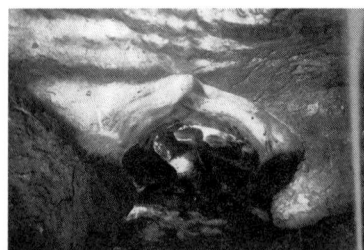

都市の通史の最初に掲げられる写真としては違和感があるかもしれないが、こうした場が都市の〈起源〉に位置しているとマンフォードは考える。

過程より高い力や大きい永続性や広い宇宙的意味をもつ力を集めているゆえに、家族や部族の集団が季節ごとに引戻される場所にあった」[32]とする、都市の起源についてのマンフォードの仮説によっている。

　都市の起源や存在論には、都市と村落との間に本質的な不連続があるとする「都鄙不連続論」と、都市と村落は集落として連続しているとする「都鄙連続論」があるとされる[33]。『歴史の都市　明日の都市』は、「都市の構造や象徴の多くは、原始的な形で農村に存在していた」[34]とする点では都鄙連続論に立っている。だが、それは都市が「巨大な村落」であるということではない。村落から都市が現れるためには、それが村落を越える"何か"が必要である。この点ではマンフォードは、都市と村落を不連続な存在としても捉えているわけだ。

32　『歴史の都市　明日の都市』83頁。
33　「とされる」と断言せずに留保しているのは、ある都市論が「不連続説」か、それとも「連続説」であるかは、その都市論を読む読み手の判断にかかわるものであって、多くの、とりわけすぐれた都市論はこれら両者の側面をともにもっているからである。
34　『歴史の都市　明日の都市』84頁。

都市を村落とは異なるものとして生み出す契機、あるいは触媒となった"何か"をマンフォードは、そもそもその土地に暮らすのではない人びとを定期的にその場所に引きつける、「霊的」で超自然的な力に求めた。だが、地域と地域、村と村の間にある聖所である限り、それはいまだ都市ではない。なるほど、都市には巡礼のように多くの人びと、その土地にとって余所者であるような人びとが恒常的に訪れる。だが、その場所が「都市」になるためには、次のような二重の意味で、人びとを引きつける場所にならなくてはならない。第一に、その場所は単なる巡礼の来訪地ではなく、人をそこに引きつける力の下、恒常的に多くの人びとが暮らす場所にならなくてはならない。第二に、定期的であれ不定期にであれ、多くの人びとが近隣や遠く離れた場所からその場所を訪れ、そうした来訪者たちの活動がその場所を中心に一定の秩序として編成されなくてはならない。先に述べたように、都市は「巨大な村落」ではない。それは「巨大な集落」であると同時に、周囲の村落や地域を、都市を「中心」とするような関係の下におくような場所なのだ。

　では、そのような場所はどのようにして可能になったのか。「分散された村の経済から高度に組織された都市経済への変化をもたらしたもっとも重要な動因は、王、というよりも王の制度」[35]であり、「王は、文明のあらゆる新しい力を都市の心臓部に引きつけ、それを宮殿と神殿の支配のもとにおく磁極であった」[36]、とマンフォードは言う。ここで言う「王」は、単なる政治的支配者ではない。それは村々で信仰されていた「地域の親しい神々」[37]を超越する、太陽や月や大地といった、より普遍的な宇宙の秩序を支配する神々へ

35　同書100頁。
36　同。
37　同書96頁。

の信仰を司祭する首長である。

> 王は、あるときは新しい都市を建設し、あるときは、長いあいだ一つの建物にすぎなかった古い田舎町を改造して、統治者の権威のもとに置いた。どちらの場合も、王の支配は、それらの形や内容に決定的な変化をあたえた。[38]

「王」とは、聖なる力によって大量の人びとを周囲の世界からひきつけつつ、それらの人びとを自らの権威と権力の下におく者なのだ。そしてその引力と権威と権力によって、王が居住し、神を祭祠する場所は他の集落とは異なる場所として現れると同時に、その場所を壮麗で豪奢な都市として建設することが可能になる。マンフォードは都市の始まりをそのように考える。

内爆発

王を中心とするこの「ひとつの世界としての都市」の成立は、「王都」や「聖地」といった言葉には還元できない。それは、それまで分散していた社会的な諸機能を集中させ、集められた人びとと施設に一つの世界観と宇宙像にもとづく秩序を与え、そうした人びとや施設の活動を有機的に編成し、それまで存在しなかった力と知識と技術の複合体を作りだす。古代における都市のそのようなあり方を、マンフォードは「内爆発」という耳慣れない言葉で説明する。

> それは、力の外への爆発であるより、むしろ内爆発であった。これまで大きな流域系統や、時にはそれを遙かに越えた地域に

---

38 同書100頁。

分散されていた共同体のさまざまな多くの要素が、都市の厚い城壁のなかに動員され、圧力のもとに一緒に詰めこまれた。巨大な自然力でさえ意識的な人間の指揮に従わされ、数万の人間が、中央化された命令のもとに一つの機械のように動いて、灌漑用水路や運河、都市の土塁、ジッグラト、神殿、宮殿、ピラミッドを、これまで想像もされなかった規模で建設した。[39]

「内爆発」は英語の "implosion" の訳で、「内側に向かっての爆発」や「内部崩壊」「内破」「圧縮」「集中統合」といった意味をもつ。その反対語は "explosion"、つまり外側に向かっての爆発である。通常は単に「爆発」と訳される explosion を、ここでは implosion との対比を明確にするために「外爆発」と訳すことにしよう[40]。マンフォードによれば、近現代の技術文明は、技術が世界的な規模で拡張していく「外爆発」によって特徴づけられる。近代技術文明が生み出したこの外爆発に対し、古代の都市はエネルギーと資源と知識の集中・集約による内爆発を生み出し、文明の誕生と発展をもたらした、とマンフォードは考える[41]。分散して暮らしてきた人びとを一つの場所に引き寄せる霊的な力と、その力を身にまとって彼らの活動を結びつけ、編成する王は、先にも述べたように、この内爆発を生み出す触媒であったのだ。

この内爆発は、王の下に大量の人びとが組織され、特定の目的のためにその組織体が作動する「機械」を生み出したとマンフォード

---

39 同書 99 頁。
40 ただし、本書の日本語訳では訳者は「爆発」の訳語を採用している。
41 マーシャル・マクルーハンは『メディア論』で、マンフォードの「explosion/implosion」の概念を援用しつつ、現代のメディア・テクノロジーが人間の神経系を社会全体に拡張しつつあることを implosion として捉えようとしている。Marshall McLuhan, *Understanding Media: The Extensions of Man*, McGraw-Hill, 1964. ＝栗原裕・河本仲聖訳『メディア論——人間の拡張の諸相』みすず書房、1987 年、3 頁。

は考える。

　この「機械」そのものは、新しい力の神話の直接の結果として発明されたのだが、それを構成する材料である人間の身体が解体されて分散されてしまったため、長いあいだ、考古学者には見えなかったのだ。都市は、この内爆発をもたらした容器であり、その形そのものによって、新しい力を集め、内部におけるそれらの内的反応を強め、成果の水準を全体として高めた。[42]

『歴史の都市、明日の都市』に続く著作である『機械の神話』で「巨大機械(メガマシン)」と呼ばれるようになるこの「機械」によって、ピラミッドやスフィンクス、ジッグラトや王宮、灌漑用水路や上下水道などの建造が可能となり、古代都市もそれによって建設された[43]。巨大建造物としての古代都市はそうした「機械」があって初めて可能になり、そのようにして成立した古代都市自体が一個の機械であると同時に、古代国家という巨大機械を作動させる中枢として機能していたのだ、とマンフォードは考える。『機械の神話』から関連する部分を引用しておこう。

　王の機械によって利用できるエネルギーのおかげで、空間と

---

42 『歴史の都市　明日の都市』99頁。
43 Lewis Mumford, *The Myth of the Machine : Technics & Human Development*, Harcourt, Brace and World, 1967. ＝樋口清訳『機械の神話——技術と人間の発達』河出書房新社、1971年、第八章—第九章。マンフォードの「巨大機械」という考え方は、ドゥルーズ＝ガタリの『アンチ・オイディプス』の古代文明論にも影響を与えている。「だから、ルイス・マンフォードが、集合的実体としての社会機械というものを示すために「メガマシン」という語を創造するとき、（かれは、この語の適用を野蛮なる専制君主機構に制限しているのであるが）、かれはまさに文字通り正しいのだ。」(Gilles Deleuze & Félix Guatari, *L'anti Œdipe : Capitalisme et schzophrénie*, Minuit, 1972. ＝市倉宏祐訳、河出書房新社、1986年、174頁。

図2-4 古代王権の力を示す古代アッシリアのレリーフ
(『歴史の都市 明日の都市』巻頭の写真から)

「文明の傷」というタイトルが与えられたこの写真の説明のなかでマンフォードは、「組織化された暴力が都市の最高の技術となった」と述べている

時間の次元が著しく拡大され、かつて何世紀かかっても終わることができなかった作業が、今や一世代かからなくとも完成されるようになった。平らな土地に、石や焼いた粘土の人工の山、ピラミッドやジッグラトが王の命令に応えて立ち上がった。事実、風景全体が形を変えられ、その厳密な境界線や幾何学的な形に、宇宙の秩序と人間の意志の刻印が押された。[44]

そして都市もまた、そのような風景の形を変えるものとして立ち

---

44 『機械の神話』前掲訳書、279頁。

上がり、その後、今日にいたるまで、人類の文明にとって重要な役割を果たし続けるのである。

外爆発

「後代のあらゆる形の都市は、神殿、城砦、村落、仕事場ないし市場を統合してできあがった最初の都市から、その物的構造なり制度様式なりをある程度採用してきた」[45]と、マンフォードは言う。そこに集約された組織のうち、とりわけ「神社や村落から派生した集団」[46]は、都市において道義的誠実が野蛮に堕することなく世代から世界に継承されていくうえで重要だったし、他方また、種々雑多な共同作業にとっては「あらゆる人間的レベルにおけるじかに顔つき合わせての交際や頻繁な会合がいつでも気軽にひらける中心施設」[47]を擁し、またそれ自体がそのような中心施設でもある都市が必要だったとマンフォードは考える。『歴史の都市　明日の都市』はそうした都市の起源 origin から様々な変容 transformations を経て現在にいたる歴史を描いてゆくのだが、それについてはここで詳細に見ていく紙幅はない。ここでは一気に時間を越え、現代の「多くの実際的な面において都市となったひとつの世界」を見ることにしよう。なぜなら、われわれの時代以前の諸都市が、古代の内爆発が生み出した都市の変容として理解できるのに対して、現代の都市は古代の内爆発に匹敵する変化による「人間の力の異常な技術的拡大」[48]が生み出したものだからである。

　　…、最初の都市時代とわれわれの時代には一つの著しい違い

45　『歴史の都市　明日の都市』453頁。
46　同。
47　同書454頁。
48　同書99頁。

がある。われわれの時代は、科学や技術の進歩以外のどんな目的からも縁の切れた、社会的に方向のない大量の技術的前進の時代である。われわれが現に住んでいる世界は、機械的、電子工学的発明が外爆発を続ける世界であり、その爆片は早い速度で、より遠くへ、より遠くへと飛び去り、人間生活の中心から離れ、いかなる理性的、自律的な人間的意志からも離れていく。この技術的外爆発は都市そのものの同様な外爆発をひき起こした。都市は破裂して、その複合的な組織や機関をはねとばし、あたり一面にまき散らした。城壁をめぐらした都市という容器は、事実、破れただけでなく、引きつける磁力を大きく失い、その結果、現在われわれの眼前にあるように、都市の力は行当たりばったりで予測不能の状態に退化している。[49]

この外爆発は、これまで存在したことのない巨大都市を生み出した。たとえば、ロンドン、ブエノスアイレス、シカゴ、シドニーを飛行機で一周するか、それらの都市を地図や街区図で眺めてみればよい。そこに見えるものからは「住民を入れる器としての都市の原形は、完全に消え去って」[50]いて、「ぼんやりかすんだ都市の外辺まで見渡しても、自然の形成物以外、なにひとつはっきりした形のあるものが拾いだせない」[51]。こうして外爆発した巨大都市や連担都市は、それまで都市を取り巻き、その活力を支えてもいた田園を破壊し、人びとを慢性的な交通渋滞に巻き込み、書類や電話、新聞やテレビなどのメディアに媒介された関係が他者との直接的な交流よりも支配的になる。

49　同。訳文は一部改めた。
50　同書 434 頁。
51　同書 435 頁。

図2-5 外爆発する都市（『歴史の都市　明日の都市』巻頭の写真から）

これらの写真にマンフォードは「空間つぶし」というタイトルを与えている。

　「大都会が無定型に巨大化する連担都市へとたえず膨張しつづけ、さらにこれらの連担都市の人口が増え範囲が拡がることは、現在あらゆる社会の当面する窮状の深刻さをあらわに示している」[52]と言うマンフォードの語り口は、20世紀なかばの先進資本主義国における都市問題の語り口を典型的に示している。19世紀から20世紀の半ばまで、欧米諸国において——そして日本でもまた——都市とは、産業主義的な近代化が生み出した過密、都市領域の無秩序な拡大、交通渋滞、大気汚染や水質汚濁、住宅問題など、「都市問題」と総称される社会問題の空間だった。だからそこでは「都市問題論」

52　同書442頁。

が、都市論の主要な語り口の一つであったのだ。

だが、こうして都市問題の空間として巨大都市を批判するマンフォードの語り口は、都市を拠点とする国民国家の角逐や、やはり都市を中心とする現代資本主義の問題から、都市の文化やそこでの社会生活上の諸問題など、現代の社会生活のほとんどあらゆる分野にまで及んでいて、いささか雑駁で"何でもあり"の印象をあたえる。現代では巨大化する都市群が社会のあらゆる領域をのみ込み、またそうした都市群の影響力が国内のみならず世界的規模にまで及ぶため、都市について語ることが社会や国家や世界そのものを語ることに限りなく近づいていく。それはまるで、外爆発が都市だけでなく、それを語り論じる都市論の枠組みも吹き飛ばしてしまったかのようだ。

見えない都市へ

内爆発による古代都市の成立に、マンフォードは国家や文明を支える「機械」の誕生を見て取っていた。他方、現代における都市の外爆発にマンフォードは、人間の手を離れて自動化した機械が都市内外の全環境を支配下においてゆく過程を見いだす。

> 要するに、〔古代の内爆発において：引用者注〕城砦のなかではじめて確立された権力および知識の独占は、大都会文化の最終段階において、きわめて拡大された形で復帰した。ついには生活のあらゆる場面が管理下におかれ、気候も動作も交際も生産も物の値段も、さらに幻想や思想も管理されなければならない。ところが、管理の唯一の目的は、管理者の利益や権力や威信を別とすれば、管理それ自体の過程を加速促進することである。[53]
> 　この体制の司祭が誰であるかを特定するのはたやすい。それ

は、その最終局面において、非公開で管理可能な知識の増大にもとづくシステム全体であり、そしてまた、専門化した科学研究を可能にすると共に、その成果の断片を結びつけられる人間の数を限定してしまう分業である。では、新しい神々はどこにいるのか。核反応が神々の権力の座であり、ラジオ放送とロケット飛行が、神々の通信や輸送のための天使にあたる手段である。しかしこういった小型な神性の代理人たちの上には、勝ち誇った科学が生み出した全知全能により、電光石火の決定と絶対確実な答えを与えるサイバネティックな神性をもったコントロール・ルームそれ自体が君臨している。このように人間の最高能力を電子工学が独占する事態に直面して、人類はもっとも原始的なレベルにたち戻るばかりである。[54]

ここでは、古代における都市の成立とそこで生じた内爆発と対照させうるものとして、現代における「霊的」な力としての科学技術の自律化と、それによって人間の目的から遊離した技術的管理体制を自己準拠的に拡大させる「機械」の出現が語られている。フリッツ・ラングの映画『メトロポリス』（1927）やオルダス・ハクスレーの小説『すばらしい新世界』（1932）のような、いまやどこか古ぼけた感じもする、高度技術が支配する管理社会のディストピア。それが、古代に文明の内爆発とともに成立した都市が、何千年もの変容を経てたどり着いた現代の姿としてマンフォードが見いだすものである。

だが、副題に "its prospect"、すなわち「その展望」とあるように、マンフォードはこうした巨大都市や連担都市の中に、その限界を乗

53　同書434頁。
54　同。ただし、訳文は改めた。

り越える「成長の新しい芽」[55] と「新しい生活様式」[56] を見いだそうとする。それが、マンフォードが「見えない都市」[57] と呼ぶものによって支えられる、「多くの実際的な面において都市となったひとつの世界」である。「電気格子」[58] という組織網が可能にする「見えない都市」と、かつての都市のような小規模な都市地区とを組み合わせることで、「大規模な範囲にわたる大都会機構をも享受できるところの、新しい都市的配置のための雛型」[59] を形作るならば、「X線が固体を透過するのと同じくらい容易に、この体制は地理的障碍や国家的障壁を通りぬけ」[60]、「やがてこうした協力体制が地球全体を蔽うことになろう」[61] と、マンフォードは言う。またマンフォードは、現代の大都市が直面する諸問題を解決していくためには、これまでの人間の社会と文化の歴史に近づくことを可能にする博物館が必要であり、都市そのものが博物館の役目をするべきであると言うのだが、そうした機能もまた見えない都市の格子に組み込まれるべきであると言う。(もっとも本書では、それらは現代のインターネット上のデジタル・アーカイブやデジタル・ミュージアムのようなものではなく、図書館や博物館のネットワーク化や美術品のスライド化などの段階にとどまっているのだが……)

高速交通や電気的・電子的コミュニケーションによって、社会的な諸機能を特定の場所に集約した都市が担ってきた社会的交流の機能が、交通とコミュニケーションのルート・回路にそって世界全体に拡張していくという議論の嚆矢とされるマーシャル・マクルーハ

---

55 同書 447 頁。
56 同。
57 同書 448－452 頁。
58 同書 451 頁。
59 同。訳文は一部改めた。
60 同。
61 同。

第 2 章　都市をめぐる大きな物語………　53

ンの『メディア論——人間の拡張の諸相』[62]や、メルヴィン・ウェッバーの論文「都市的な場所と非場所的な都市的領域」[63]が刊行・発表されたのは 1964 年、建築家の磯崎新が「見えない都市」という言葉を使って現代の都市とその未来を考えようとしたのが 1967 年[64]であることを考えると、ここでのマンフォードの議論は「都市を越える都市論」の試みとして先駆的なもののひとつだったと言えるだろう。実際、マンフォードはこの本のなかで、「コミュニケーションのうえでは地球全体がひとつの村になりつつある」[65]と、マクルーハンそっくりの表現を用いている[66]。マンフォードは古代の内爆発から現代の外爆発へという巨視的なパースペクティヴの下、インターネットが可能にするサイバー空間の中に現れる都市的空間や、そうしたサイバー空間と現実の都市空間の関係を論じる、1990 年代以降に展開されていった現代のサイバー都市論にまで届く射程をもつ議論を、すでに 1960 年代初めに展開していたのである[67]。

62　McLuhan、前掲書。先に述べたように、マクルーハンはマンフォードのこの本を参照している。
63　Melvin M. Webber, "The Urban Place and the Nonplace Urban Realm", Melvin M. Webber, John W. Dyckman, Donald L. Foley, Albert Z. Guttenberg, William L. C. Wheaton & Catherine Bauer Wurster, *Explorations into Urban Structure*, University of Pennsylvania Press, 1964, pp.79-153.
64　磯崎新「見えない都市」『展望』1967 年 10 月号。→『空間へ』美術出版社、1971 年所収。
65　『歴史の都市　明日の都市』456 頁。
66　マクルーハンは『グーテンベルクの銀河系』で「電磁気をめぐる諸発見が、すべての人間の活動に同時的「場」を再創造し、そのために人間家族はいまや「地球村」とでもいうべき状態のもとに存在しているのは確かなのだ」(Marshall McLuhan, *The Gutenberg Galaxy: The Making of Typographic Man*, University of Toronto Press, 1962. ＝森常治訳『グーテンベルクの銀河系』みすず書房、1986 年、52 頁) と述べている。

3．歴史のなかの都市論

大きな物語

　ここでは『歴史の都市　明日の都市』という大きな本の、始まりと終わりの部分だけを読んでみた。この始まりと終わりの間には、古代・中世・ルネサンス・バロック・近代・現代の様々な都市の、権力・技術・経済・文化・生活などの諸側面・諸様相が語られている。それは「都市というもの」がどのようにして始まり、人類史のなかでそれがどんな変容を遂げ、現在どのようなものとしてあり、これからどこに向かおうとしているか（あるいは、私たちがそれをどのような方向に進めていくか）ということをめぐる、都市の歴史の「大きな物語」である。

　巻末の文献リストを見ると、マンフォードがこの「大きな物語」を著すに当たって、当時読むことが可能だった都市関連の膨大な著作・論文を渉猟していたことがわかる。そこには、アリストテレス『政治学』、トマス・モア『ユートピア』、アダム・スミス『国富論』、エンゲルス『イギリスにおける労働者階級の状態』、クーランジュ『古代都市』、ロストフツェフ『隊商都市』、ポランニー『初期帝国における交易と市場』、ウィットフォーゲル『東洋的専制』、ピレンヌ『中世都市』、マックス・ヴェーバー『都市の類型学』、ジンメル「大都市と精神生活」、パークとマッケンジーの『都市』といった人文・社会科学分野の古典的著作群、ディケンズの『ボズのスケッチブック』や『ハード・タイムズ』、バルザックの『ゴリオじいさん』

67　サイバー都市論については、M. Christine Boyer, *Cybercity: Visual Perception in the Age of Electronic Communication*, Princeton Architecture Press, 1996. ＝田畑暁生訳『サイバーシティ』NTT出版、2009年や、Stephan Graham (ed.), *The Cybercity Reader*, Routledge, 2004、若林幹夫『〈時と場〉の変容──「サイバー都市」は存在するか？』NTT出版、2010年などを参照。

や『いとこポンス』、マクシム・デュ・カンの浩瀚なパリ論、メイヒューやギャスケル、チャールズ・ブースなど近代初期の都市探訪や都市調査、ル・コルビュジエの『ユルバニスム』や『輝く都市』、フランク・ロイド・ライトの『ブロードエーカーシティ』、ケヴィン・リンチの『都市のイメージ』などが、マンフォードに直接影響を与えたエベネザー・ハワードやパトリック・ゲデスといった人びとの著作と共にあげられている。それはまるで、当時入手可能だった都市論の基本文献集——と言うにはいささか規模が大きいが——である。こうした多分野多領域の、様々な時代の都市や社会を対象とする研究書、文学書、調査、計画案などを縦横無尽に用いることで、マンフォードは都市の始まりから未来まで続く「大きな物語」を提示して見せたのだ。

こうした「大きな歴史」は、現代ではおよそはやらない。その一つの理由は、かつてジャン゠フランソワ・リオタールが『ポストモダンの条件』で述べたように、人類全体が単一の「歴史」という大きな物語を生きているという歴史観が、今日の人文社会科学においてはもはや時代遅れのものになってしまったからだ[68]。この章の初め近くで述べたように、古代オリエントに始まり、ギリシア・ローマを経て、中世、ルネサンス、バロック、そして近現代へという本書が提示する歴史の物語には、中東、アフリカ、アジア、それに近代以前の新大陸の都市や文明がほとんど現れない。現代社会が語られても、そこで想定されているのは基本的には北米とヨーロッパの一部であって、アフリカやアジア、ラテン・アメリカなどの都市化や都市問題には触れられない。このことについて「自序」でマンフ

---

[68] Jean-François Lyotard, *La Condition postmoderne: Rapport sur le savoir*, Éditions de Minuit, 1979. ＝小林康夫訳『ポストモダンの条件——知・社会・言語ゲーム』書肆風の薔薇、1986 年。→水声社、1989 年。

ォードは、自分が直接知っている都市や地域と、長い間没頭してきた資料の範囲を出ないようにしたために、「スペイン、ラテン・アメリカ、パレスチナ、東ヨーロッパ、ソヴィエト、ロシアを省かなければならなかった」[69]と釈明しているのだが、この釈明からもアフリカやインドや東南アジア、東アジアは抜け落ちている。そもそもそうした地域を対象としたならば、マンフォードがこの本で示したような都市をめぐる大きな物語を語ることはできないだろう。

　現代においてこうした大きな物語としての歴史が語られないもうひとつの理由は、そうした歴史の試みでは、結局のところ膨大な二次資料──あるいは三次、さらにはそれ以上のn次資料──に依拠せざるをえず、したがってその時その物語の語り手は、そこでとりあげられる都市や文明のほとんどについて「専門家」ではなくなってしまい、学問的な厳密性や実証性に対して責任をもてなくなってしまうからだ。(それが、マンフォードが批判する外爆発を起こした社会における科学のあり方である。)

大きな問い

　こうした点において『歴史の都市　明日の都市』は、シュペングラーやトインビーのような古いタイプの文明史に属する、多文化主義や文化相対主義の登場以前の、古い時代の書物である。

　では、そんな「古い本」を今読むことの意味はどこにあるのだろうか。最新の都市史の成果や、現代の都市についての最新の知識を知りたければ、現代の専門家の論文や著作、報告書を読めばいい。にもかかわらず、『歴史の都市　明日の都市』のような本を読むことの意味は、どこにあるのだろうか。

69　『歴史の都市　明日の都市』69頁。

マンフォードが膨大な量の書物を渉猟して、そこからこんな大部の本を書き上げることができたのは、ある意味で、マンフォードがいかなる分野の専門家でもなかったからだ。正式な形で大学教育を修了しはしなかったが、経済学、社会学、生物学、都市計画などの多分野を学び、調査研究に携わる一方、子供の頃からの趣味を活かして海軍のラジオ技師になったりもし、様々な雑誌の編集に携わり、というように、マンフォードは特定の専門に特化しない形で様々な知的領域にかかわりつつ、1922年に刊行した『ユートピアの系譜』[70]を皮切りに、都市や技術や文明について数多くの本を著していった。そんな"アマチュア"のマンフォードが、膨大な論文や本や資料からそうした書物を書くことができたのは、そうした専門家たちの多様な仕事を読み解いて、都市や文明をめぐる物語にまとめあげるメタ・レヴェルの視点とコンセプトと歴史観、社会観、文明観を持っていたからだ。マンフォードは、人間という存在を、そして人間が生きる社会や文明を、精神的・観念的なものと、物質的・技術的なものとの関係性において捉える視点の下、「容器」や「機械」や「霊気」といったコンセプトを用いて、「内爆発」から「外爆発」を経て「見えない都市」へと向かうというものとして都市文明の歴史を捉えようとする。そのような視点やコンセプトや歴史観、社会観、文明観の根底には、「都市とは何か？」「社会とは何か？」「技術とは何か？」「文明とは何か？」という普遍的で「大きな問い」がある。

　多くの専門化した論文や著作、調査報告には、こうした「大きな問い」が表だって現れることはないし、実際そのような問いを専門家としての研究者が自覚していることも少ない。だからそれは、た

70　Lewis Mumford, *The Story of Utopias*, Boni & Liveright, 1922. ＝関裕三郎訳『ユートピアの系譜――理想の都市とは何か』新泉社、1984年。

とえば都市論の場合なら、"cities"についての話にはなっても"the city"の話にはならないのだ。歴史のなかの都市について今、本を作ろうとするなら、異なる時代、異なる地域の都市を専門とする研究者たちを集めての論文集を作るというのが、ごく一般的なやり方だろう。そのようにしてできあがる本は、*Cities in History* ではあっても *The City in History* にはならない。そこでは、収められた論文が対象とするものが共に「都市」であることの意味や、それらの論文が共に「都市論」であることの意味が、しばしば忘れられてしまう。（というか、それが忘れられていることすら忘れられてしまう。）

だが、それらが共に「都市論」であり、それらが扱うものが共に「都市」であることの前提には、「都市とは何か」という問いがあり、それに対する一定の仮説や答えがあるはずなのだ。『歴史の都市 明日の都市』でマンフォードが示した仮説や答えが"正しい"かどうかは、ここでは問わない。そのような問いがあることを知り、そうした問いと共に都市をめぐる様々な書物を読み解き、関連づけて「都市について考えること」がいかなる知的な営みであり、そこにどんな可能性が開けうるのかを知ることができるという点において、この古くて大きな本を、図書館や古本屋の書棚から引っ張り出して読むことには今でも意味があるのだ。

第 **3** 章　スペクタクルと存在論

大室幹雄『劇場都市——古代中国の世界像』（三省堂、1981年。→ 1994 年、ちくま学芸文庫。）

1．都市と帝国

パノラマとスペクタクル

　この章で読むのは、大室幹雄の『劇場都市』である。「ユーラシア大陸東方の、あの広大な地域に誕生し展開した巨大文明の創造した都市とそれが表出した様相に関する以下の研究」[71]と著者が冒頭近くで述べるように、この本は都市成立以前の仰韶・竜山（ヤンシャオ・ロンシャン）文化から後漢帝国までの古代中国の都市について、その存在を支えた宇宙論（コスモロジー）や帝国像と、皇帝や支配階級の上流人士から侠客や芸人、奴婢にいたるそこでの人びとの生活のありさまを、漢の長安を中心に膨大な数の史料や研究書を参照しつつ描き、考察した書物である。

　だが、ここでこの本を読むことで考えたいのは、古代の中国において都市がどのように成立し、それがいかなる社会を作り出したのかということそれ自体についてではない。もちろん、そのような歴史的事実の考古学的再現がこの本の大きな魅力であるし、この章でも大室が描き出す古代中国の歴史のパノラマとスペクタクルを見て

71　『劇場都市』2 頁。なお、ここでの引用は三省堂版による。

いくことになるのだが、ここで考えたいのは、そんなパノラマやスペクタクルを生み出す「都市」とは一体どんな場所なのかということである。

この本は、先に引用した言葉を含んだ以下のような文章で始まる。

> 日本の歴史は都市という現象にたいして比較的鈍感に無自覚であった。
> 何を指して無自覚と呼び、またそう称する根拠は何か。──おそらく起きるであろう、この問いへの直接の応答は本書の課題ではない。ユーラシア大陸東方の、あの広大な地域に誕生し展開した巨大文明の創造した都市とそれが表出した様相に関する以下の研究が、側面から、しかも根源的なレベルにおいてそれを明らかにするであろう[72]。

直接の応答が課題ではないというこの問いへの答えを、側面から、しかも根源的なレベルにおいて明らかにするというこのいささか撞着的な文章は、『劇場都市』というこの本が読者に要求する読みの水準の重層性を示している。『劇場都市』は、副題にもある「古代中国の世界像」を、都市をめぐる宇宙論や政治的秩序や人びとの生の記述と分析によって描き出すだけでなく、そうした歴史的事実についての記述と分析を通じて「都市とは何か」を論ずるという二重の課題をもつ試みなのである。

都市の上演とその構造

先の文章では「都市とは何か」というこの問いが、この本を読む

72 　同。

読者の多くが属している「日本」という社会に対して向けられているのだが、そのことについては、私たちは柳田國男の都市論をとりあげる次の章で考えることにしよう。ここではまず、『劇場都市』が描き出す古代中国の世界像を概観したうえで、「都市とは何か」という問いがそこでどのように提示され、展開されているのかについて考えてみることにしたい。

それに先だって、この本の構成を確認しておこう。この本の構成とそこで各章に与えられたタイトルは、『劇場都市』という本の二重構造を分かりやすい形で示している。それは「序章　都市がなぜ問題になるか──荒野」で始まり、続いて「第一章　都市の出現とその自覚──劇場Ⅰ」「第二章　大同コンプレックスと小康コンプレックス──劇場Ⅱ」、次に「第三章　知識人の登場と退場──演出」「第四章　宇宙の鏡──舞台Ⅰ」「第五章　権力の結晶──舞台Ⅱ」「第六章　遊戯の半都市──舞台Ⅲ」、そして「第七章　日常生活の文法──演技Ⅰ」「第八章　文法からの逸脱──演技Ⅱ」「第九章　漢代バロックの生活──演技Ⅲ」と進み、「第十章　遊俠と倡優──興行」「終章　アルカディア複合とユートウピア複合──台本」で終幕へと進み、「続いて現れる都市どもへの展望──前口上」で閉じられる。それはまるで、何もない荒野に劇団の一座が現れ、劇場を建て、その舞台で芝居を行い、次の上演を予告して立ち去っていくかのようだ。「前口上」で終わるという奇妙な構成は、最後のこの短い章が、この時代に続くさらなる都市の出現と、それらを論じる大室の著作への予告になっているからである[73]。

73　『劇場都市』に続いて大室は『桃源の夢想──古代中国の反劇場都市』三省堂、1984年、『園林都市──中世中国の世界像』三省堂、1985年、『干潟幻想──中世中国の反園林都市』三省堂、1992年、『監獄都市──中世中国の世界芝居と革命』三省堂、1994年、『遊蕩都市──中世中国の神話・笑劇・風景』三省堂、1995年と、『劇場都市』のシリーズとなる研究を発表している。

と同時にこの目次は、大室が「都市」を"上演されるもの"と考え、その成り立ち＝構造を、劇場の物的なしつらえ、舞台の構造と形、脚本と演出、上演とそこでの演技、そしてそうした芝居の興行のあり方からなるものとして捉えているということを示している。そこでは古代中国の都市をめぐる歴史のパノラマとスペクタクルを「事例」として、「都市という舞台」を成り立たせるメカニズムが浮かび上がり、そこで上演される「都市」とはどのようなものであるのかが、古代中国の都市という個別性を越えるような形で提示されるのである。

　私たちがここで読み取り、学びたいのは、そんな都市の歴史的パノラマとスペクタクルの中に読み取られる都市の「存在論」であり、そのような存在論と共に都市について考え、語る都市論の方法である。

2．劇場としての都市

「中国」の誕生と、世界の中心の都

　「荒野」と副題された序章で大室は、私たちが今日「中国」と呼ぶ東アジアの広大な地域は、当然のことながら「歴史の当初から「中国」ではなかった」[74] と述べる。この亜大陸は、紀元1000年紀の初頭あるいはそれ以前から、漢－シナ人 Han-Chinese の集団が黄河流域の中原地方から南、南西、南東の方向にむかって植民化していくことによりシナ化 sinicize[75] されていったのであり、具体的にはそれは、城塞都市の建設によって進められる都市化 urbanization の過程であったのだと大室は言う。殷・周の時代に「小封建国家の多島海」（マルセル・グラネ）[76]——ここで封建国家は周王朝の下に

74　『劇場都市』12頁。
75　「シナ化」という言葉は大室によっている。『劇場都市』12 - 13頁参照。

ある城塞都市群である——であったこの地域では、春秋・戦国期に相互の抗争を通じてこれら小封建国家が淘汰され、単一の皇帝の下に支配されるべきとされる「中国」世界が形成されていった。『劇場都市』の最初の3つの章は、都市の存在論やメタ都市論の部分を除くと、この過程の叙述になかば当てられている。

そのようにして形成された「中国」の世界観は、次のようなものだ。

> 広大な天空の下は全域にわたって「中国」の世界であり、それ以外に世界はない、「天下」は中国であり世界全体である、この世界の絶対的な単一性に照応して、天下＝世界＝中国にはたった一人の君主しかあるべきではない、そして天下が単一性を共有することによって「天」と宇宙論的かつ呪術－宗教的な絆でかたく結合されているからには、地上における至高者は天上の至高者の息子、「天の子」でなければならない[77]。

このようなものとしての「中国」は、まずは上に引用した世界像が示す理念である。だが、その理念は帝国の建設と支配によって現実化され、また現実の政治的支配体制やそこでの文化がこの理念に合わせて了解されることで、「中国」はひとつの現実として現れ、「ユーラシア大陸東方の、あの広大な地域」を占め続けている。

「中国」が形成されていくこの過程において、そもそも「城壁に囲まれて独立性と孤立性の高い各々の都市だけが政治－社会的かつ文化－精神的に最大の自律的な単位」[78]であったのだが、その世界が完成されると天子である皇帝の都は、そのなかでも卓越した位置

---

76 同書86頁。
77 同書96頁。
78 同書90頁。

図3-1 『三礼図』による五服および九服 （『劇場都市』137頁）

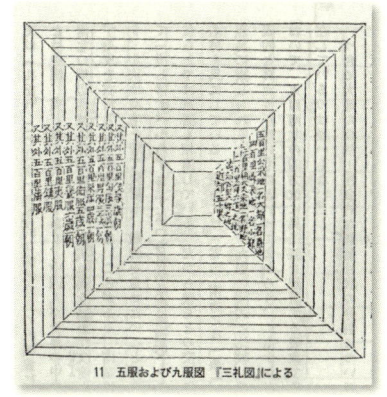

四角い大地が、中心から周縁へと階層的に思考されている。

11 五服および九服図 『三礼図』による

を占めるものとして理解されるようになる。それを表すのが、本書第四章で紹介される、五服ないし九服と呼ばれる世界像である。

中華世界では大地は方形、天は円形——天円地方——としてイメージされた。その方形の大地の中央に位置するのが王城である。五服あるいは九服とは、王宮を中心とする方形の大地の入れ子状の秩序像である。司馬遷によれば「天子の王城からそと五百里までを甸服とする。その百里以内では賦税として藁つきのままの穀物を納め、二百里以内では鎌で刈った穀物の穂を、三百里以内では藁を、四百里以内では粟を、五百里以内では米を納める。甸服のそと五百里までを侯服とする。その百里以内は卿大夫の采邑地、二百里以内は男爵の領地、三百里より外は諸侯の領土とする。侯服のそと五百里までを綏服とし、その三百里以内は天子の文教によって統治し、その外の二百里は武威を奮って野蛮人の侵入に備える。綏服のそと五百里までを要服とし、その三百里以内は平常の教えを守って天子に仕えるのみ、その外の二百里は天子の刑法を受けて罪人が流されるのみである。要服のそと五百里までを荒服とし、その三百里以内は野蛮人の居住地、その外の二百里は都市を築いて定住することなく流浪する野蛮人の土地で

第3章 スペクタクルと存在論……… 65

ある」[79]。

こうして世界は中心から周縁にいくにつれ、もっとも文明度が高く天子が直接支配する王城から、諸侯が支配する領域を経て、野蛮人の暮らす領域へと文明化の度合いが低下し、それに応じて政治的な支配の形態も変わっていくとされたのである。そして王都は、その中心にあって中華世界の世界像を聖俗両面において体現する場所と考えられたのである。

宇宙の鏡

「宇宙の鏡」と題された第四章で大室は、宗教学者ミルチャ・エリアーデの聖なる空間についての議論をひきながら、中国世界における都市の聖なる中心性を次のように説明している。

都市は、宗教的にみれば、宇宙軸(アクシス・ムンディ)が貫通している土地として天上界と大地と地下界の接点であると考えられる。ゆえにそれは天と地が出会う聖なる世界山、その写しである寺院や神殿に同定されて、世界の中心に位置する聖なる中心である。中国でも「皇帝のいる首都では、夏至の日の正午に、日時計は影を落すはずはないとされた。このような首都はやはり、天と地と冥界の三つの圏が交叉する『建木』という不思議の木のそば、つまり宇宙の中心に位置しているのである」。もちろん中心の聖性を有するのは皇帝の首都に限られなかったのであり、諸侯の国都も、邑レベルの小都市も、村落でさえそれぞれが中心として宇宙軸を所有していた[80]。

79　同書136頁。
80　同書124頁。文中の「」内はエリアーデ『聖なる空間と時間　宗教学概論3』久米博訳、せりか書房、1974年、70頁からの引用である。

ここで示されるのは、王都は単に世界の中心であるだけでなく、ローカルなレベルで中心をなす大小の諸都市のなかでも卓越した「中心の中心」として存在していたということだ。こうした王都の中心性を大室は、「広大な領土と大勢の民衆、君子はこれを欲する。が、彼の楽しむものはここには存しない。天下〔＝世界〕の中心に立ち、四海〔＝全世界〕の民衆を安定させること、君子はこれを楽しむ」という孟子の言葉[81]や、「王者は必ず土中に即」き、その中心に「広大で住民の多い」国都「京師」を形成するという後漢の班固の言葉[82]などを参照しつつ説明し、それを「王者の神話的な中心定位」[83]という言葉で概念化する。それが「神話的」とされるのは、王都のこの中心性が、古代中国の神話的な支配者である黄帝が、6人の宰相を東西南北と天と地の6方位に配し、その中心に位して世界を支配したという神話によっても正当化＝正統化されるものであったからである。

　この世界の中心の都市において皇帝は単なる政治的な支配者ではなく、「天の子」として世界の運行を司る存在とされた。

　こうして〔古代の神話によれば：引用者注〕天と地とを父母にもつ聖なる王は幾何学的に構成された方形の世界と首都と王宮の中心に、世界全体の生命を司る祭司として、これまた天地の形体を象徴する神殿で彼が一身に体現する宇宙論的な徳、潜在的な生命力を世界に流出（エマネイト）する季節ごとの祭祀を主宰しなければならなかった。それどころか彼の生活全体が宇宙の生命力の運行

81　『劇場都市』127頁。
82　同書132頁。
83　同書134頁。

図3-2　黄帝の神話圏（『劇場都市』133頁）

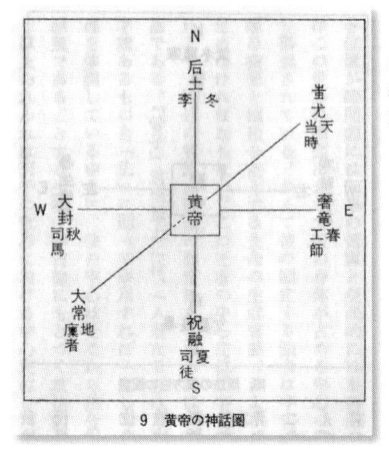

帝国の空間構造が、
春夏秋冬という四季の時間構造と
重ね合わされている。

を直截に象徴する儀礼として営まれる。むしろ演じられるべきであるという理念が方形と円形のイメージの組み合わせからなる秩序整然たる体系として結晶化された。それが即ち王の「礼」であった[84]。

「礼」とは何か。それは単に「儀礼」や「礼儀」を意味するのではない。礼は古代中国世界が形成されていく過程で生み出された、社会の秩序と相関し、それを支える振る舞いの体系であり、「場面に応じたいくつかの役割と、役割を演ずるいくつかの身体と、役割が相互にとりかわす身体運動とを設定し、それによって役割つまり身体が相互にとり結ぶ関係を抑制し調整して運行させるシステムまたはコードの全体」[85]である、と大室は述べる。たとえば、王都に作られた明堂で一年を通じ、月ごとに宇宙の回転に照応して東から南と西を経て北へ円環を描いて移ろう儀礼的かつ演劇的な行動をし、また王都の外周を5年に一度、東から南・西・北へと巡回する巡狩と呼ばれる儀礼を行うことが、天子の礼であった。

そしてまた、その天子の礼の劇場である王宮、明堂、それらを擁

84　同書145頁。強調は原著。
85　同書239頁。

図3-3　『三礼図』による王城のプラン（『劇場都市』140頁）

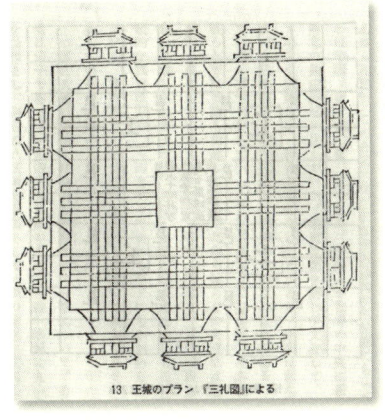

13　王城のプラン『三礼図』による

こうした都市の規範的構造は、やがて日本にも移入されて古代宮都を生み出していった。

する王城、そして先に見た五服・九服という王城を中心とする世界像もまた礼によってそのあるべき姿が定められていた。

かくして天子は世界を舞台に彼の聖なる身体によって宇宙の原理を象徴する円環行動を二重にしていることになるであろう。一つは首都の明堂で、もうひとつはその外周で五嶽をめぐる巡狩によって。隠喩を仮りて別言するなら、大小二個の生命の環が一個は世界の中心で、一個は中間部で一年および五年を周期とする永遠の回転を遊んでいるのだ、と表現することができる[86]。

こうして王都は、それが同心方形状の大地の中心であること、そこで天子が宇宙の原理を象徴する礼を執り行うことによって「世界の中心の都市」として現れるのである。

文明の文法と権力

世界の中心の劇場都市では皇帝が、天子としての礼の遂行を通じ

86　同書164-165頁。

て天上と地上の秩序を宇宙論的に同期させていた。そして、その支配の下にあって支配階級を構成する都市上流人士の日々の営みもやはり、彼らが日々遂行する礼によって秩序づけられていた。大室はそれを、次のように説明する。

> 具体的には、それ〔＝礼の実践：引用者注〕によって都市内部の日常生活が物理的な領域と心理－精神的な領域との双方にわたって調和的な秩序のもとに厳正に管理されるはずであった。そして同時にそれは世界の秩序化をも意味したであろう。都市、とりわけ世界のもっとも優れた礼実践者たちが集まるべき天子の首都は世界の中心であり、中心に凝集した文化的、道徳的な価値は四方にむかって流出するのがこの世界＝天下の第一の特徴であったからである[87]。

礼は、冠婚葬祭はもちろん、賓客の接待、軍隊の出動・戦闘・帰還、宮廷における朝賀と民間における慶事の祝宴における飲食から、日常生活における食事・着衣・居住・教育・財産管理・公務にいたるまで、社会生活のあらゆる場面における礼儀作法について、「それぞれの役割を演ずる当事者がどのように身体をあやつるべきかを教示する、いわば一種の演技教則」[88]であった。その項目は「礼経三百曲礼三千」、「礼儀三百威儀三千」と称されたように、大別して300、細別すれば3000も用意されているとされた[89]。それを大室は「日常生活の文法」[90]と呼んでいるが、「日常生活」という言葉

87　同書248頁。
88　同書240頁。
89　同書240－241頁。
90　『劇場都市』第7章のタイトルが「日常生活の文法」である。

がそこで意味するものは、私たちがその言葉からイメージするものと同じではない。私たちであれば「非日常」とみなすであろう冠婚葬祭や宮中の儀式・祭式もまた、「礼」の定めるものであるからだ。王都は、私たちからすれば宗教的な祭式や儀式ばった行為を日々人びとが行っている、典礼的で宗教的な場所に見える。

　ある人間集団において人びとの振る舞いを形作り、それに意味を与える規範的な形式を「文化」と呼び、様々に異なる文化をもつ諸社会を同一の規範的な形式の下におくことで広域的な社会の存立を可能にする形式を「文明」と呼ぶならば、「礼」とは「文化」であり、しかも東アジアの広大な領域にそれまで存在した地域諸文化を「中国」という一つの世界の下におく「文明」である。そして都市、とりわけ王都はその文明を体現し、そこに暮らす人びとがその文明の演技を演じ続ける劇場なのである。

　もちろん、そこで礼という文化・文明の形式だけが中国の、そしてその世界を支配する帝国の存立を可能にしていたのではない。「権力の結晶」と題された『劇場都市』の第五章で大室はアーサー・F・ライトによりつつ、「都市建設に作用する宇宙論的な、またはより文化的な契機」を「都市の象徴性」と呼び、「より自然的で技術にかかわる契機」を「都市の機能性」と呼ぶ[91]。象徴性は、ここまで見てきたような宇宙論的な都市の位置づけと意味づけや、その内部を支配する礼のような文化としての都市の様相である。それに対して機能性とは、地理的な立地や建設上の技術的側面ももちろん意味するであろうが、大室がその言葉によって注目するのは、外敵からの防衛や都市内部の治安維持のような軍事的及び治安警察的な政治に関わる技術である。都市のこの「機能性」は、『周礼』の示す王

91　『劇場都市』168頁。

図3-4 漢の長安城（『劇場都市』184頁）

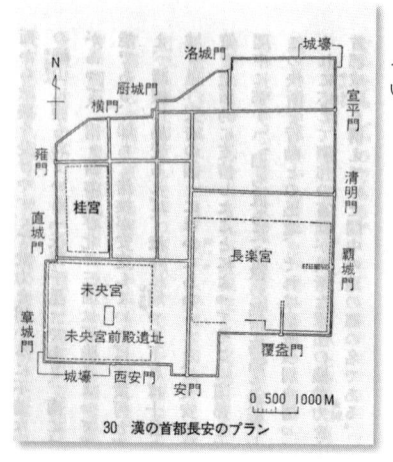

そもそも四角ですらない、いびつな帝都である。

都のあるべき形態とは異なる不規則な形をした、漢の長安に示されている。

その立地からして、それまで世界の中心とされてきた洛陽ではなく、より地政学的に卓越した咸陽郊外の地に建設されたこの都は、外周が城壁で囲まれているだけでなく、その内部も「閭里（りょ）」と呼ばれる土壁で囲まれた160の街区に区分されていた。それは「土壁に囲まれ、内部は巷（こみち）で分割され、大路に直接邸宅の門を開く特権を許された貴族顕臣以外は、住居からこの巷に出たのち閭〔＝街区の門：引用者注〕を通らなければ市中へ外出できず、おまけに夜間にそれは閉鎖されて外出は禁止されていた」[92]。大室はそれを指して「露骨な権力都市」[93]と呼ぶ。

逸脱と興行

しかしながら、古代中国の都市はそれがここまで見てきたような「宇宙の鏡」であり「権力の結晶」であったことによってのみ「劇場都市」であったのではない。大室は武帝時代の長安とその首都

---

92 同書188頁。
93 同。

圏——長安周囲には、歴代皇帝の陵墓に併設された都市である「陵邑」が並んでいた——を指して、「それらのくまぐまに限界なしに繁殖する装飾の過剰」[94] や「それら全体に浸透し瀰漫する遊戯的心性」[95]、より具体的には「限界のない増殖にむかう持続性、無秩序な流動性、過剰の歓びと逸脱の忘我、溶解の誘惑にたいする防御の脆さ、数量と巨大さへのロマンチックな誇張癖、象徴と機能もしくは遊戯と機能とのグロテスクな結合、装飾における幾何学的モチーフの排除と自然の流動性の侵入、自然と超自然とが交錯する宇宙感覚、死の領域への生の世界の浸食ないし延長」[96] といった属性が、儒教の要求する精神や価値や表現とは正反対の「生の意志の放埒な沸騰」[97] を示していると言う。「宇宙の鏡」であり「権力の結晶」であった都市にはまた、大室が「漢代バロック」[98] と呼ぶこの爛熟した都市文明が花開いていた。

　そしてまたその都市には、「苑囿（えんゆう）」と呼ばれる皇帝の広大な庭園兼植物園兼動物園があって、狩猟や娯楽が行われ、シャーマンや呪術師が宮廷に集い、楽人や俳優や芸人が多様な技芸を示し、遊俠や悪少年や軽薄少年たちが巷を徘徊していたことを、『劇場都市』の第八章から第十章で大室は描いていく。ようするに、歴史上の多くの大都会がそうであるような、象徴性にも機能性にも回収され尽くされることのない人びとの生の横溢する空間が、当然のことながら古代中国の都市にも存在し、それもまた「劇場都市」の一部をなしていたということだ。

　漢の第7代皇帝である武帝は、もともとは民間の儀礼や祭式に

94　同書 302 頁。
95　同。
96　同。
97　同。
98　同書 303 頁。

図３-５　都市の見世物（『劇場都市』388-389 頁）

古代中国のヴァラエティ・ショウのレパートリーの一部。

おける演芸の演じ手だった楽士や芸人や俳優たちを雑戯集団へと組織し、首都周辺の民をその興行に来観させたり、巡狩の際に彼らを同行させて見世物興行を行ったりしたという。それは「巨大な中央集権あるいは帝国による雑多な民族的宗教の統合と再編成」[99]であり、「各民族の祭司や各地方のシャーマンにかわって世界大の皇帝＝興行師が彼らが管理していた多種多様な演技を聖なると俗なるとを問わず演出し興行すること」[100]だった。

　即ち、世界の中心首都長安をはじめ帝国の主要な大都市を劇

99　同書 396 頁。
100　同書 397 頁。

場として世界編成の雑戯団をひきつれて巡回する巨大な興行師、それが武帝であった。[101]

3．都市をめぐる真正な省察

『礼記』の都市論

　『劇場都市』が描き出す古代中国の都市が示す宇宙論や帝国像と、そこでの人びとの生活の様相を概観してきた。だが、実際にこの本を手にとった読者は、ここまで概観してきたような形での読み取りを拒むような「読みにくさ」を味わうことになる。なぜなら本章の初めに述べたように、この本は全編を通じて、古代中国社会とそこでの都市のあり方についての考察と、「都市とは何か」、あるいは「都市について思考し、語るとはどういうことか」についての考察が二重になっており、それゆえ歴史的な記述とそれに関するより一般的で理論的な考察が交互に現れるからだ。読者はそこで「古代中国の社会と都市」という歴史的事実についての議論と、「都市とは」「文明とは」というより抽象度の高い社会理論や文明論、そして「都市論とは何か」というメタ理論の間を、博覧強記な著者に引き回されることになる。その結果、『劇場都市』を読む現実の読書経験は、私がここまで整理してきたようなすっきりしたものではない、一読では捉えがたいものになってしまうのだ。そのことを典型的に示すのが、「第一章　都市の出現とその自覚」で「真正な都市の省察」[102]として大室が紹介する、『礼記』礼運篇に孔子の「多分に虚構的な逸話」[103]という形をとって示された、「大同」と「小康」という二

101　同書 399 頁。
102　同書 36 頁。
103　同書 37 頁。

つの社会類型をめぐる議論である。

ある国の蜡(さ)の祭礼[104]に招かれた孔子が、祭礼の後、祭場を出て城門上の楼観を散策しつつ、弟子に慨嘆して次のように語る。

「大道が実践されているのと〔夏・殷・周の〕三大の英俊たちとは、丘(わたし)はまだ見たことがない。しかし記録はあるのだ。大道が実践されていたとき、世界〔天下〕は公共のものであった。人々は賢者と能力あるものとを選び、彼らの言説は誠実で行為は親睦的であった。ゆえに人は自分の親のみを愛することなく、自分の子のみを慈しむことがなかった。老人は安楽に生きて死を迎え、壮年には仕事があり、幼いものは無事に成長し、妻を失ったものと夫を失ったもの、孤児と子なきもの、廃疾者もすべて十分に保養されたのである。男たちには職業があり、女たちには家庭があった。財貨を粗末にあつかい地に棄てることを憎み、といって必ずしも個人が私蔵するのではなかった。労働を自分自身で行わないことを憎み、といって必ずしも自分のために労働するのではなかった。したがって謀略は閉ざされて行われることなく、窃盗と乱賊が起ることもなかったのである。ゆえに外の戸も閉じられることはなかった。これを大同というのである。」[105]

「いまや大道は隠れ去った。世界〔天下〕は家族のものである。人々はそれぞれ自分の親だけを愛し、自分の子だけを慈しんだ。財貨は自分自身のために蓄積され、労働は自分自身のために行われた。統治者〔大人〕はその地位を子孫に伝えるのが規則〔礼〕

---

104 蜡(さ)は毎年12月に行われた祭礼。
105 『劇場都市』37-38頁。

となった。城郭と溝池とが堅固に構築された。礼儀が社会の綱紀となって、君主と臣下との関係を正しくし、父と子との間柄を篤く、兄と弟とを睦まじく、夫婦を和合させた。制度が設けられて、耕作地と集落とが形成された。人々は勇気と知力を尊び、功績はすべて自分自身のために挙げられたのである。ゆえに謀略が起こり、それによって戦争が起こった。夏の禹王、殷の湯王、周の文王・武王・成王・周公はこうした社会において卓越していたのである。これら六人の君子は礼を非常に尊重したのであって、正義を明らかにし、信実を行ない、過誤を明白にし、仁愛に拠って謙譲を論じ、かくて民衆に不変の道徳律が存することを示した。もしこの道徳律に従わずに権勢を有するものがあれば、それを処罰してその地位から退けた。民衆がそれを禍殃としていたからである。これを小康という。」[106]

さしあたりこの逸話は、『礼記』礼運篇の著者や編者が過去の伝説的あるいは神話的な諸王の支配していた時代の社会をどう理解していたのかを示しているということができる。それは古代ギリシアの「黄金の時代／銀の時代／青銅の時代」のように過去を理想化し、現在をそこから衰退した時代と見なす歴史観・世界観である。では、それがなぜ「真正な都市の省察」なのか？

大室はトマス・モアの『ユートピア』やジョナサン・スウィフトの『ガリヴァ旅行記』のリリパット王国やヤフーの社会を引用しつつ、この二つの社会類型を、「それの諸属性を逆転すれば作者の時代の社会そのものの表現となる」[107]ような「虚構された理想社会」[108]

---

106 同書39 – 40頁。
107 同書38頁。
108 同書38頁。

の像であるとする。それはつまり、「大同」と「小康」が孔子の時代から見た、あるいはまた、孔子の口を借りてこの二つの類型を語らせ、それらに引き比べて現在時あるいは孔子の時代の衰退を慨嘆させる『礼記』礼運篇の著者・編者から見た、同時代の社会の陰画としての理想社会であるということだ。

　孔子が生きた春秋時代はグラネのいう「小封建国家の多島海」の時代である。そこでは「各都市は政治的、社会的にだけでなく、宇宙論的にもそれ自体で完結した島嶼として各自が小さな宇宙であった」[109]が、「この島嶼的孤立性は、孤立が本質的に他者との敵対を前提とするからには、都市相互間の敵対関係によって、具体的にはそれらの最高に露骨な表出である征服戦争によって打破され」[110]てゆき、その結果「周初にほぼ無数といってよいほどにこの多島海に浮かんでいた島嶼はつぎつぎに波間に没し去り埋め立てられていった」[111]。

　こうして小都市国家が没落し、やがて秦・漢のような帝国の出現へと繋がってゆく権力集中の過程で、「周代初期に周王国の支配を論理的、心理－精神的に支えた古い王権のイデオロギー、天、天命、天下、天子の諸観念からなる論理体系があらためて想起され、その論理的な整合性と機能的な重要性が再確認され、それに若干の——しかし重要な——改訂が再解釈とともに加えられて、転換期たる時代の現実と要請とにより合理的に（！）相応させるべく、その再生を企てる試みが開始された」[112]。そして、その試みの「最初の試行者」が、「記録で知られる限り最初の知識人」[113]である孔子だった、と大室は述べる。それは、本書の前半で見てきた古代中国の世界像と

109　同書94頁。
110　同。
111　同。
112　同書95-96頁。引用中の強調の傍点は原著者による。
113　同書96頁。

そこでの都市のあり方、そしてそこに生きる人びとの儀礼から日常生活にいたる生活の営みを支える宇宙論と礼の体系が、古代封建国家の多島海が帝国化していく過程で、孔子をはじめとする知識人によって、先立つ時代の伝説的・神話的王朝の秩序と儀礼を再解釈しつつ創造された、「創られた伝統」(エリック・ホブズボーム)であったということだ。大室によれば、古代中国における「真正の意味における知識人」[114]とは、「都市は読まれうると確信し、現実にそれぞれの意識と自覚的な方式とによって都市を解読した——客観的には、と信じた——さして多くはない一群の人々」[115]であり、楼観上で古(いにしえ)の社会を懐かしみつつ慨嘆する孔子の振る舞いは、知識人としての孔子のそうしたあり方を象徴的に示すものなのだ。

大同コンプレックスと小康コンプレックス

『礼記』礼運篇における「大同」と「小康」をめぐるくだりが直接に示すのは、春秋戦国時代から古代帝国の成立にいたる過程において、失われた過去にあるべき支配の原理を求めようとする知識人の振る舞いである。けれども大室は、それらをさらに古代中国という歴史的文脈から切り離す。なぜなら、「真正な都市の省察」とは、「現存する都市と滅亡した都市に限らず、都市が成立する以前の無都市の位相、そしてまた都市の未来への展望、とりわけ終末論的な位相への透視までを包括して対象としている」[116]と考えるからである。そこでは「大同」と「小康」は古代中国に固有の社会類型なのではなく、「都市とは何か」という問いを根源的なレベルから明らかに

---

112 同書 95-96 頁。引用中の強調の傍点は原著者による。
113 同書 96 頁。
114 同書 80 頁。
115 同。
116 同書 36 頁。

するための概念となる。それは古代中国のある時代に、都市国家の興亡と古代帝国形成に向かう過程で当時の知識人によって省察された、人間の社会とそこでの都市の出現にかんする普遍的な思考として、「その論理的内実の明晰性において、20数世紀のちの全く異質の環境に属する社会学者や歴史学者らの類型的社会構造論のいくらかと基本的に重なり合っている」[117]とされる。この二つの類型を大室は、「社会的、歴史的、哲学的、心理－精神的な内包を有する類型学的概念、あるいは一対の理念型」[118]として、「大同コンプレックス」「小康コンプレックス」と命名する。『礼記』礼運篇の孔子の語りが示すように、「大同コンプレックスと小康コンプレックスとは都市の現存の有無によって相互に鋭く対立する」[119]。前者は結合を中心原理とし、後者は分割を中心原理とするが、しかしながら「現実の都市が分割の原理だけによって形成するのではないことは明らかであって、それは分割と結合との弁証法的な相互作用の統合として成立する」[120]のである。

　重要なのは、都市という歴史的現象の生成から滅亡までの全過程にわたって、所与の都市が生み出すすべての表現のうちに、分割と結合の二原理の対立、大同コンプレックスと小康コンプレックスの、おそらく永遠に和解することのない拮抗が見いだされることなのである。[121]

117　同書 45 頁。そこで念頭に置かれているのは、たとえばエミール・デュルケム、ロバート・レッドフィールドとミルトン・シンガー、ギデオン・ショーバーグ、ゴードン・チャイルド、ルイス・マンフォードといった近代の社会学者や人類学者、歴史学者、文明史家などの社会類型論的考察や比較都市類型論的研究である。
118　同書 73 頁。
119　同。
120　同書 73 - 74 頁。
121　同書 74 頁。

『劇場都市』の全篇は、大同コンプレックスと小康コンプレックスという二つの原理の拮抗と、それらが生み出すダイナミズムの空間として、古代中国の都市を記述していく試みだ[122]。だが同時にこの本は、それ自体があの『礼記』礼運篇にならって「真正な都市の省察」たろうとしているがゆえに、そこでの思考は繰り返し古代中国世界から離陸して、大同コンプレックスと小康コンプレックスの拮抗とダイナミズムの中に、「現存する都市と滅亡した都市に限らず、都市が成立する以前の無都市の位相、そしてまた都市の未来への展望、とりわけ終末論的な位相への透視までを包括して対象とし」[123]ようとする。

　先に述べたこの本の「読みにくさ」は、このことによっている。それは、この本が単に「古代中国都市論」ではなく「真正な都市の省察」たろうとすることの"代償"、いやむしろ"可能性の中心"なのだ。その過剰さと共にこの本を読む時、読み手は古代中国の劇場都市の舞台や演出や脚本や演技や興行や台本を読むだけでなく〈都市というもの〉を、そしてその多様な現れである具体的な様々な都市を、劇場として、舞台として、そしてそこでの上演として、読み解く可能性を手に入れるのである。

122　この2類型は終章にいたって「アルカディア複合」「ユートウピア複合」として再定義されることになるが、それについては『劇場都市』425-427頁を参照。
123　同書36頁。

第4章 日本の都市とは何だったのか

『定本　柳田國男集　第16巻』（筑摩書房、1969年）

1.「日本の都市」という問題

城壁のない都市

　この章では『定本　柳田國男集　第16巻』に収められた「都市と農村」や「時代ト農政」を読むことで、日本人にとって「都市」とはどんな場所であり、社会であったのかを考えてみよう。現在、柳田の全著作はこの定本版とは別に『柳田國男全集』として同じ筑摩書房から刊行中だが、発表年代順に編集された『全集』よりも、都市と農村の関係について論じた著作や講演を一冊にまとめた『定本』のこの巻の方が、柳田の都市論を読むためには都合がいい[124]。もちろん、この定本版は今、古本屋でしか入手できないだろうから、読者は必要に応じて全集版や文庫版の該当する部分を読んでもいいし、古書店で定本版をもとめてもいいだろう。

---

[124] 『定本　柳田國男集　第16巻』には、「時代ト農政」（1910年に刊行された講演集）、「日本農民史」（1926年に早稲田大学講義録として発表され、1931年に刊行）、「都市と農村」（1929年刊行）の他、1901年〜1936年にかけて雑誌等に発表された「生産組合の性質に就いて」、「農民史研究の一部」、「農村雑話」、「行商と農村」、「農業と言葉」が収められている。このうち「都市と農村」は237 - 391頁、「時代ト農政」は1 - 160頁である。

さて、本章の問いの意味を明らかにしておくために、前章でとりあげた『劇場都市』に少しだけ戻ってみたい。『劇場都市』の冒頭で大室幹雄は、「日本の歴史は都市という現象にたいして比較的鈍感に無自覚であった」[125]と述べていた。この「比較的鈍感」ということを、大室は次のように説明している。

　　古典的な都市の第一の標識は都市を囲んでいる城壁にある。城壁をもたない都市というのは、なるほどそれでも都市であるにはちがいないが、ちょうど日本語を話せない日本人、学生証をもっていない学生のような何かしら宦官めいた曖昧さをまとっているのであって、こういう都市しか作りださなかった社会では自然と文化との分割が明確を欠き、世界観そのものが茫漠とあるかなきかの形態を具えるであろう。[126]

　確かに、日本の都市の多くは古代以来、中国の都市のような堅固な城壁をもたなかった。ちなみに、次章でとりあげるマックス・ヴェーバーの『都市の類型学』も、日本の都市が城壁をもたなかったことを指摘して、「したがって、行政的な見地からすれば、日本にそもそも「都市」があったかどうかを疑問視することもできるわけである」[127]と述べている。
　日本語で、それゆえもっぱら日本人の読者に向けてこの本を書いている日本人の私にとって、そしてまたそれを読んでいる多くは日本人であろう読者にとって、大室やヴェーバーの指摘は無視できな

125　『劇場都市』2頁。
126　同書4頁。
127　マックス・ヴェーバー『都市の類型学』26頁。（詳しい書誌情報は次章を参照のこと。）

いものだ。古代の藤原京から平城京、平安京にいたる古代宮都、諸国の国府に始まり、中世に成立した交易都市や寺内町（その多くは土塁や土塀をもっていた！）、近世の城下町や宿場町や門前町、京・大阪・江戸の三都などの都市の歴史をもち、近代以降も横浜・神戸などの港湾都市、札幌や旭川のような開拓都市を生み出してきた日本人が、都市について「鈍感」で「無自覚」とはどういう意味なのだろうか[128]。そして、仮にそうだとすると、この列島に存在する都市と、それを作り、維持してきた日本人の営みとは何だったのだろうか。このことを考えるのが、この章の課題である。あらかじめ述べておけば、私たちはそこでもまた、「都市とは何か」というあの問いと、それをめぐる思考の道筋に出会うことになるはずだ。

農村が都市を作る

　『定本　柳田國男集　第16巻』（以下『定本16巻』と略記しよう）に収められた「都市と農村」[129]の冒頭で柳田は、「書物で学問をしようとする者は、よっぽど用心せぬと忽ち概念の虜になってしまう」[130]と述べ、その少し後で次のように述べている。

128　日本の都市についての通史としては、西川幸治『日本都市史研究』日本放送出版協会、1972年、同『都市の思想』上・下、ＮＨＫブックス、1994年、高橋康夫・吉田伸之編『日本都市史入門』Ⅰ～Ⅲ、東京大学出版局、1989～90年、などを参照。
129　『都市と農村』は朝日常識講座の一冊として1929年に朝日新聞社から刊行された。その自序で柳田は次のように記している。「朝日常識講座が新聞の声望と、同僚諸賢の努力とに由って、弘く全国の都市と農村、あらゆる年齢と職業とを通じて、多数の読者を得たということは幸福なる機会である。私は特に新説を提出して、世論を聳動しようという野心はもたないが、少なくとも此機会を以て村の人と、町に出て居る人とが協力して、共にこの一つの題目を討究するの気風を、喚起したいと願う者である。」（「都市と農村」『定本16巻』239頁。なお、旧字・旧かな遣いは新字・新かな遣いに改めた。以下、本文での引用も同様である。）
130　同書241頁。

たとえば我々が愛に考えようとして居るのは、申す迄も無く「日本の都市」である。支那をあるけば到る処で目につくような、高い障壁を以て郊外と遮断し、門を開いて出入りをさせて居る商業地区、そんなものは昔からこの日本には無かった。然るに都市という漢語を以て新たに訳された西洋の町場でも、やはり本来はこの支那の方に近く、言わば田舎と対立した城内の生活であった。尤も近世はどこも人が殖えて郭外に溢れ、今では寧ろ其囲いを邪魔者にして居るのだが、しかも都市は尚耕作漁猟の事務と、何等直接の関係を持たぬというのみでは無く、そこには市民という者が住んで居て、其心持は全然村民と別であった。都市の歴史は即ちその市民の歴史であった。従って特殊の利害は積重ねられ、之を擁護するためには時として村と抗争すべき場合さえあったのである。[131]

　城壁をもっていることは都市を自覚的に構築する意志の表出であり、そうではない日本においては「都市」を農村とは異なる独自の社会として対自的に考えることができておらず、それゆえ日本の都市は明確な世界観をもたない存在なのだと大室幹雄は述べる。それに対して柳田は、そもそもそうした「城壁のある都市」を規準に考えることが、日本の都市を理解することの妨げになるのだと言う。
　「市民という語は単に都市の住人の意味を以て、我々の間にも用いられて居る」[132] けれど、「こういう孤立した都市利害の中心ともいうべきものが、果たして我邦にも有ったものかどうか、それが先ず問題になるのである」[133]、と柳田は言う。なぜなら、江戸＝東

131　同書 241–242 頁。
132　同書 242 頁。
133　同書、242 頁。

京や大阪のような大都市の場合ですら、「市民の一小部分は僅かに二代三代前の移住者の子であり、他の多数はじつは村民の町に居る者に過ぎなかった」[134]からで、だから「彼等と其国元との関係を考えるに際して、仮に外国都市の例を引こうとする者があるとしたら、止めるにも及ぶまいが是非警戒をしなければならぬ」[135]というのである。

もちろん、「どこの国でも村は都市人口の補給場、貯水池の如きもの」[136]だということは柳田も認めている。だから、都市民の多数が農村出身のいわゆる"向都離村民"であるという点においてのみ、日本の都市をユニークな存在だとすることはできない。柳田が強調するのは、日本においては都市の存在を農民である周囲の領民が支えてきていて、都市居住者もそうした人びとの一部が都市に移り住んだに過ぎないということだ。「要するに都市には外形上の障壁が無かった如く、人の心も久しく下に行通って、町作りは乃ち昔から、農村の事業の一つであった」[137]、と柳田は言うのである。

都と村

柳田のこうした議論の前提には、都市と農村関係についての独自の図式がある。

「都市と農村」の最初近くで柳田は、「今日の都市対農村の問題を、略して都鄙問題と称することは不用心である」[138]と述べる。「今日の都市対農村の問題」と述べられていることについては後でまた検討するので、ここでは当時語られていた「農村の衰退と、都市化に

---

134 同。
135 同。
136 同書 249 頁。
137 同。
138 同書 243 頁。

よる都市問題」とさしあたり押さえておくだけにしよう。ここで注意しておきたいのは、「都市対農村」を「都鄙」という対で置き換えることはできない、という柳田の主張の含意である。

「鄙(ヒナ)」の文字があてられる大和言葉の「ヒナ」は万葉集や日本書紀にも見られる言葉で、「都を離れた土地」や「支配の及んでいない未開の土地の住民」を意味していた[139]。他方、漢字の「鄙」は「田舎」や「郊外」、「城外の田野の地」を指すと共に、「いやしい」「いなかびている」「みやびでない」を意味する。柳田は、大和言葉の「ヒナ」に「鄙」があてられたことと、同じく大和言葉の「ヰナカ」に「田舎」の字があてられたことが、"「村」＝「都雅と対極にある鄙俗な田舎」"という意味を生み出したのであって、そもそもは「ヒナ」の語をもって呼ばれた都以外の土地は、決して「鄙(ヒ)」ではなかったのだと主張する。

> ヰナカはもと単に民居の中間を意味する地形名であった。肥後の天草などで私の見た古い絵図には、村の中央にある耕地をヰナカと書いて居た。つまりは農家と田畠と、細かく入交って居るのがヰナカであった。田舎という二箇の文字が之に宛てられるに及んで、原の語の感じは変化せざるを得なかった。田舎は田と舎では無くして、田を作る為の家、即ち都市に居る者の側から、所領又は控え地内(ちない)の農戸を指して謂うべき語であった。[140]

そういう意味までは考えずに、普通にこれ〔＝「田舎」の字を「ヰ

---

139 『広辞苑』第5版では前者の用例として万葉集五巻の「ひなに五年住まひつつ」を、後者の用例として日本書紀崇神紀の「四道将軍、戎夷（ひな）を平（む）けたる状（さま）を以て奏す」を、それぞれあげている。
140 『定本16巻』243頁。

ナカ」の語にあてること：引用者注〕を採用することになると、後には却て其文字に基いて、ヰナカの性質を解しようとする者が出来て来る。元来漢字の選定は京都人の、しかも上流少数の者の特権であった。実際彼等の眼にはヰナカは田舎であり、ヒナは鄙の字を以て之を漢訳すべきであったかも知らぬが、日本語其ものにはそれだけの意味はなかったのである。[141]

だが、「学問が文字を手段として、追々中央から地方に向って進んで来る」[142] と、「後れて感化を受くる者」[143] である農民たちは「最も従順に其指導に服し、京都の都雅(とが)に対して自分たちの鄙俗であることを、少しも疑わずに承認しようとした」[144]。それは、「中央の唯一つの都市に向っては、地方は一目を置いて居た」[145] ことを示している、と柳田は主張する。「ヒナ」、つまり都から遠い地域の暮らしを「鄙びた田舎」と見なすのは漢字の意味に引きずられた理解（あるいは誤解）なのであって、確かにヒナ＝村は都に対して後れ、またその指導の下にあったかもしれないが、そもそもは「ヰナカ」の語の本義が意味しているように、相互に関係しあったものだったのだと柳田は考えるのだ。そして、そうした「中央の唯一つの都市＝京の都」と「村」の関係を、次のような印象的な言葉で表現する。

其上に村が今日の都人の血の水上であったと同時に、都は多くの田舎人の心の故郷であった。村の多くの旧家の系図を見ると、最初は必ず京に生まれた人の、落ちぶれてヒナに入って来

141　同。
142　同。
143　同。
144　同。
145　同。

たことになって居る。其他鎮守の御神の勧請であれ、開山大和尚の招待であれ、大切なものは皆所謂上方からであった。この年久しい因縁に培われて、今でも都は我々を曳く綱であり、又夢の花苑でもある。[146]

村が都の人びとの「血の水上」の土地である一方で、都は村に対する権威や正統性の源泉となっている。そして、同様の関係は旧城下町と領民との間にも成立した、と柳田は述べる。「個々の領内の住民は、曾て彼等の先祖が皇都の建設に奉仕したと同じく、先ず手近にある新都市の完成に協力し、己を空しくして其繁栄を希(こいねが)うた」[147] のであって、「農民の加担が若し無かったならば、多くの都市はとても是だけの成長もせず、又存続して今日に至ることを得なかったのである」[148] という。日本の都市と村の間のこうした相互的とも連続的とも呼ぶべき関係を想定しているがゆえに、「市民という者が住んで居」[149] る「西洋の町場」[150] のような「孤立した都市利害の中心」[151] が日本にはなかったと柳田は言うのである。

こうした議論は「都市」と「村落」を連続性をもったものと捉えるがゆえに、いわゆる「都鄙連続論」——都市と村落を社会的な属性において連続的なものと考える理論——に属するものと見なされることもあるが、柳田の図式はもう少し複雑かつ微妙である。なぜなら、ここまで見てきた柳田の議論は「都市」と「村落」の関係ではなく「都」と「村」の関係であり、その「村」は都ではないとい

146　同書 243-244 頁。
147　同書 245 頁。
148　同。
149　同書 241 頁。
150　同。
151　同書 242 頁。

う意味では「ヒナ」であり「ヰナカ」ではあっても、しばしば都市と対置した際の村落の属性である「鄙俗な田舎」ではないとされているからである。「此意味に於て、今日の都市対農村の問題を、略して都鄙問題と称することは不用心である」[152] という先に引用した文章も、こうした「ヒナと鄙」、「ヰナカと田舎」についての考察を踏まえて記されている。そして、それに続けて柳田は次のように述べる。

　都は都、都市は都市であって、都市という中には大小雑多の都会まだ雛鳥の羽も揃わぬようなもの迄を含んで居る。そういう片輪な幾つかの新都市に比べると、農村は何れの点から見ても決して鄙では無い。[153]

それを「単に都市という汎い総称があるばかりに、どこにも似た点の無い小さな都会の立場まで、概括して論じようとする風が多いのは、全く学問の悪い癖であると思う」[154] と、柳田は言う。この「都ではない都市や都会」については、3. で改めて見ることにしよう。

2．ムラのなかの町、常見世としての町

村の中の町

『定本16巻』に収められた「都市と農村」のごくはじめの部分を読んだだけでも、柳田の言う「日本の都市」が、大室が考えるような都市とは相当異なる成り立ちをしたものだということがわかる。

152　同書243頁。
153　同。
154　同書244頁。

それは、柳田が示唆するように、それらを同じ「都市」という言葉で共に指していいかどうかを躊躇させるような違いである。実際、現代用いられる「都市」という言葉は、「都市という漢語を以て新たに訳された西洋の町場(まちば)」155 と柳田が言うように、cityやStadtの翻訳語である。京は「都」、江戸や駿府は「城下」、品川や千住は「宿」であって、「都市」とは呼ばれなかった。私たちが普通考える「都市計画」ですら、1919年(大正8年)制定の都市計画法以前には、「市区改正」という言葉で呼ばれていたのである。

「都」の他に都市的領域を指す言葉に「町」（マチ、あるいはチョウ）がある。京の商工業者居住地は町々に分けられ、その居住者である「町衆」による一定の自治が行われていたことを知る人は多いだろう。江戸をはじめとする城下もまた、商工業者の居住区は「町」の集まりで、「町奉行」の管轄の下に「町人」たちが半自治的に行政の末端を担っていた156。だが「都市と農村」や「時代ト農政」によれば「町」もまた、今日私たちが考えるような「都市」とも、「西洋の町場」としての「都市」とも異なるものだった。

『定本16巻』の「時代ト農政」に収められた講演「町の経済的使命」では、「町という語の変遷」について柳田は次のように述べている。

 昔は市(いち)も町(まち)も一つです。市を音で読んで大都会のことにしたのは明治二十三年からです。音と訓では今は大いに意味がかわります。徳川時代も後半期には町と市(いち)を区別して居りますが、其以前は二者混用でありましたのを、各地に日々市常市(にちにちいちじょういち)が出来始めてからは、日限市(ひぎりいち)のみを市と称し、常市を町と称しました。157

155　同書241頁。
156　歴史学において「町」を空間的な単位とする住民の地域集団は「町共同体(ちょうきょうどうたい)」と呼ばれる。前掲『日本都市史入門Ⅱ　町』などを参照。また、若林幹夫『熱い都市　冷たい都市　増補版』青弓社、2013年、第2章-2も参照。

市と町とがそもそもは同じ意味で用いられていて、定期的に立てられていた市が「常見世」となったときにそれが「町」となったということは、「都市と農村」でも述べられている[158]。ここでさらに注目すべきことは、実は「町」がそもそもは「市」ではなく、田の一区画を「町」と呼ぶように、単に土地の区画を意味していて、「僅々四五十年の昔に遡りましても、町は村又は郷の一区画に他ならなかったのであります」[159]という柳田の指摘である。それを柳田は、次頁の図をあげて説明している。

　　此は仮設の一例であります。以前は此だけの全部の土地を山田郷又は山田荘と云って居りました。徳川時代には五つの村になり五人の名主が支配して居たのを、明治になって再び山田村となり、元の五の村は五の大字となりました。其中の大字山田町は山田郷の町場だから山田町であるのです。山田町がある為に新村を山田村と云うのでは無いのです。併しこの大字山田町が盛んになって其為に村が町に変ずる頃には、人は昔の一郷の名である事を忘れて中央の町場の名が周囲の在方を併呑したように思いますのです。[160]

　仮設の一例に対応する事例を柳田は「町の経済的使命」のなかでいくつかあげているが[161]、この指摘は、明治12，3年に人口1,000

157　定本16巻』67頁。柳田がここで「明治二十三年から」と述べているのは、明治21年制定、22年施行の市制のことを述べているのだと思われる。
158　同書247頁。
159　同書67頁。
160　同書68頁。
161　同書69頁で柳田は出雲にこうした「村の中の町」が十数カ所あるとして、そのうちいくつかについては具体的な地名をあげている。

図 4-1 村の中の町（『定本 16 巻』68 頁）

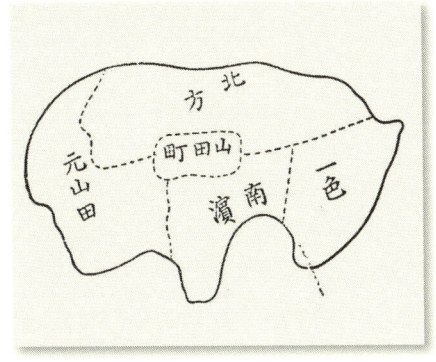

村の中に、その外部へと開いた"窓"のように町場がある。

人以上の輻輳地がどのように呼ばれたのかを調べた宮本常一の研究とも符合する。宮本によれば、「町」という呼び名で統一し始めていたのは陸奥・薩摩・大隅などの僻陬地(へきすう)であり、しかもそれは明治に入ってからにすぎず、それ以前に「町」という語で呼ばれていたのは、農家を含まず、商人または職人で自治体をなしていた集落か、柳田の先の例のように「村の中に内在する町」かのいずれかであった[162]。

常見世としての町と農村

「町は少なくも近代に至る迄は村の一部分一区画に与えられた名」[163] であって、「只多くの地方では町、市、宿には別に之に冠せる名が無くして普通名詞のように唱えて居ったり、又は別種の原因に基いて名を与えた為に、此〔もともとは村の一区画だったという：引用者注〕性質が少しく不明になっただけのこと」[164] なのだ、と柳田は言う。

「村の中の町」のこうしたあり方は、柳田が論じる都と村や、城

---

162 宮本常一『町のなりたち』未來社、1968 年、26-30 頁。
163 『定本 16 巻』69 頁。
164 同。

下と領国の関係と同型である。たとえば柳田は城下の町場——つまり商業地域——について次のように述べている。

> 市日を町の名に附けて、三日町(かまち)四日市(かいち)などと称し、又は雑魚場(ざこば)だの魚の棚(たな)だのと、それぞれの区域が設けてあったのも、単に城内の人たちの買物の便利の為、人はそれから運上を取ろうというような、一方ばかりの御都合に基くものだったら、そう永くは繁昌して行く筈が無かった。百姓の側でもそれぞれの物資に就いて、ちがった日に違った市場に行かなければならぬとすれば、幾ら近くても往復の費は少なくない。一つの中心地に品の揃った大きな市が立って、それが附近を統一してしまい、算勘の明るい掛引の巧者な者だけ、先ず其地に移って行ったのだから、結局は農村の生活を以前よりも、却て簡易にする功があったわけである。それが領主の世話焼の下に、追々に月何度の日切市(ひぎりいち)から日々市(にちにちいち)になり、末には常見世(じょうみせ)となって栄えたのも、言わば周囲の村の者の要求であった。[165]

城下も町も、その周囲の「村の者の要求」によってはじめて常見世となることができる。同じように都も、「中古我々が国の力を傾けて、大切なる唯一の都を建設し、之を守立て且つ美しく飾ろうして」[166] いた。「町作りは乃ち昔から、農村の事業の一つであった」[167] というのは、そういうことだ。

165 　同書 247 頁。
166 　同書 244 頁。
167 　同書 249 頁。

3．都市－農村問題

京童的心性

　柳田が「日本の都市」のあり方だとする、農民が作り、支え、住民の多くも実質的には農民であるような都市。なるほどそれは、大室が都市のあるべき姿として考えるような、非都市とは画然と異なる社会を人為的に構築する都市のあり方とは異なっている。だが、日本の都市がただそうした存在として自足しているならば、柳田も「都市と農村」や「時代ト農政」のような論考・講演でそれについて語る必要などなかっただろう。元は村に暮らした人びとによって作られ、また成立して後も周囲の村人に支えられて存在しているにもかかわらず、都市にはやはり都市に特有の気風が生じ、都市と村の間には違和が生じてくる。そんな違和が存在していたがゆえに、「都市と農村」が書かれ、「時代ト農政」に収められた講演のいくつかが語られなくてはならなかった。

　都市に特有の気風の象徴的な例として柳田は「京童（きょうわらべ）」をあげる。そもそもは京都にいた無頼で口さがなく物見高い若者を意味する言葉だが、「都市と農村」ではそれを、落首のような表現により世相を批判する都市的心性として論じている。柳田によれば、落首を「民の声と速断し、諷刺に政治改良の動機があったものの如く、解せんとする」[168]のは誤りである。実際にそこにあるのは「嘲笑の集注、殊に弱点の指摘が皮相の観察に基いて、単に現前の多数意向を迎え」[169]ることであり、「史論としてすらも大なる価値のないこと」[170]だと柳田は断ずる。日露戦争開戦当初、苦戦した海軍第二艦隊司令

168　同書294頁。
169　同。
170　同。

官の上村彦之丞を罵倒する沢山の投書が新聞に載ったのを見て[171]、柳田はそうした気風が過去のものではなく、「日本の都市に落首文学の猶雄勢を振うことを」[172]初めて知ったと語り、そうした心性を次のように分析している。

　全体に気が軽く考が浅くて笑を好み、屢々様式の面白さに絆(ほだ)されて、問題の本質を粗略に取扱うこと是が一つ、群と新しいものの刺戟に遭うとよく昂奮し、しかも其機会は多く、且つ之を好んで追随せんとしたが故に、往々異常心理を以て特殊の観察法を指唆せられたこと、是がその二つである。次には何に使ってよいか、定まらぬ時間の多いこと、そうして何か動かずには居られぬような敏活さ、是が亦容易に他人の問題に心を取られ、人の考え方を自分のものとする傾向を生ずる。それから隣以外の人に一時的の仲間を見付ける為に、絶えず技能を働かせ又之を改善せんと努めること、即ち大抵の童児には兼て具わって、之をよく育成すれば公の力となり、悪く延ばせば弥次馬の根性ともなるものを、特に境遇によって多量に付与せられて居たのが京童であった。[173]

この京童的心性は、「所謂ゴシップの種が坊間〔＝都市内部のこと：引用者注〕に乏しくなると、その度毎に都市の落首式批判は去って農村の最も無心なるものを襲わん」[174]とし、「権助田吾作の仮説笑

171　日露開戦当初、上村は第二艦隊司令長官として補給航路防衛にあたっていた際、常陸丸、佐渡丸を相次いで撃沈された。それにより上村は議会で批判されたほか、民衆から「露探（＝ロシアのスパイ）提督」と中傷され、自宅に投石もあったという。
172　『定本 16 巻』294 頁。
173　同。
174　同書 295 頁。

話を以て、文芸が都市人の退屈を慰めて居た」[175]。こうして都市には、「いつの時代にも三割四割、時としては半分以上の田舎者を以て組織せられて居りながら」[176]、「村を軽んじ、村を凌ぎ若しくは之を利用せんとする気風が横溢」[177]するようになるのだという。

柳田のアーバニズム論

そもそも村人だった都市住民がなぜ村人を見下し、村を軽んじるのか？ 近代になってそうした意識が広がったのは、「出て来る多くの村の人が、今ではもう散々に田舎の生活に飽きて、言わば他人になる積りで別れて来て居る」[178]ことによるのだろうが、「併しこんな状態は勿論都市設立の最初から有ったのでは無い」[179]、と柳田は考える。だとすれば、「町が村に対抗しようという気風」[180]、「所謂都鄙問題の根本の原因は、何か必ず別にあった筈である」[181]。その原因を柳田は、都市住民が「土を離れた」[182]ことに見いだそうとする。

> 私の想像では、衣食住の材料を自分の手で作らぬということ、即ち土の生産から離れたという心細さが、人を俄に不安にも又鋭敏にもしたのでは無いかと思う。[183]

---

175 同書295頁。
176 同書249頁。
177 同。
178 同。
179 同書250頁。
180 同。
181 同。
182 同書249頁。
183 同書250頁。

また、いったん町に出て、そこでの商品流通と消費生活に馴染んでしまうと、「若いときは村で働いて居た人たちでも、暫らく実際から遠ざかって居ると、早本物の百姓との間に、著しい技能の巧拙が出来て、軽蔑せられることを承知の上で無いと、以前の仲間には入って行けない」[184] し、「土地の使用に付いても損な条件を忍ばなければならぬ」[185] ようになり、「人は成るべく村へ帰らない算段をした」[186]。それは、やはり『定本16巻』に収められている「日本農民史」で、「町は単なる群居であり、水と油を共に盛り得る器であるが、村の集団は織物の如く、しかも目に見えぬ綾があって、新たに来り加わるものも、必ず其アヤに織込まれなければならぬ」[187] という、都市と村の組織原理の違いに対応している。

　町の刺戟は不断の緊張であり、人は又容易に其機会を構え得るに反して、村では祭礼や家の吉凶、年に何度の大作業の日の他は、力めて平成の興奮を避けて、所謂「改まった場合」の意義を深くしようとして居る。感情の波動は至って緩慢で、しかも略々村全体が一致して居る故に、たまたま其沈静期間に出くわすと、一人ばかりの激昂は何の効果も無いか、若しくは不愉快なる混乱を現出する。[188]

　このように、村とは異なる「宿駅生活」[189] が都市の住民に固有の気風を生み出すのだと柳田は考える。本書の第6章で私たちは、

184　同書251頁。
185　同。
186　同。
187　同書188頁。
188　同書296頁。
189　同書250頁。

ゲオルク・ジンメルの「大都市と精神生活」やルイス・ワースの「生活様式としてのアーバニズム」など、都市に特有の意識や生活様式についての議論——いわゆる「アーバニズム論」——を読むことになるが、ここに示されているのは柳田による一種のアーバニズム論である。そしてこの点において柳田の日本都市論は、「都と村の連続」よりも「村と都市の違和・対立」へと論の焦点をずらすことになる。

都市対農村の問題

　「都市と農村」で柳田は、日本における「都市対農村の問題」を「都鄙問題」と言うのは"不用心"であると述べていた[190]。「都は都、都市は都市」[191]で、「昔は日本はそう沢山の都市の、入用で無い国であったかと思われる」[192]。だが、そこに「大小雑多の都会まだ雛鳥の羽も揃わぬようなもの」[193]、「造ったというよりも寧ろ偶然に出来たという方が、当たって居るもの」[194]が増えてくると、事情は異なってくる。「商工業運送業の繁栄すべき時代」[195]となって、「日本の町は本来一郷一荘園の便宜の為に造った所のものが、近年始めて町の為の町と成った」[196]。そうした明治以降の都市化と都市のありさまを、柳田は次のように分析する。

　　都市に生命の中心があり、伝統の保持に任ずる者があればこそ、外から其価値を批判することも出来るが、この六十年間の日本の都市などは、ただ四方から流れ込む者の滝壺の如く、絶

190　同書243頁。
191　同。
192　同書242頁。
193　同書243頁。
194　同書244頁。
195　同書75頁。
196　同書76頁。

えざる力闘は寧ろ前から在る者を押出そうとして居た。そうして僅かに勝った人は、其方法手段の何であるかを問わず、其故郷が先ず之を成功者として喝采したのである。嶺や大川を堺に割拠して居てさえ、尚是では時々の衝突を免れない。況んや一つの中心に無数の利害を突合わせ、其中で自由に弱そうな相手を見付け、仲間でない限りはどこを征伐してもよいことにして置くとすれば、末にはその修羅道の苦しみが、差違えて銘々の田舎に戻るのも自然である。都市を作りに出た人も、郷里に留まって其成功に期待して居る人も、今は先ずこの浅ましい共同の経験に目覚むべき時である。[197]

都市化によって、いまだ「伝統」もそれを担う主体も存在しない、人びとの利害の相克する群居の場としての都市が増加し、それが農村と対立するかのような状況が生じている。「時代ト農政」のなかの「田舎対都会の問題」と題する講演で柳田は、「田舎対都会の問題」を、「都会の繁栄は田舎の繁栄と常に併行するや否や、田舎の人間が多数都会に向かって移住する趨勢は結局如何に帰着するかという問題」[198]であると述べている。そして「都市と農村」では、「都市の個人主義と自由なる進出とを制御して、農村問題の解決策に供せんという学者は以前から相応にあった。併し此人たちは農を愛し村を思うの余り、時としては今の市民の過半数が農村人の子であることをさえ忘れて居た。それから又田舎に農村問題のある如く、町にも都市問題のあることをさえ忘れた居た」[199]と述べる。

　柳田にとって「都市問題」と「農村問題」とは、都市と農村の関

197　同書 253 - 254 頁。
198　同書 28 頁。
199　同書 254 頁。

係のなかから生じ、それゆえ両者の関係のなかで解決が探られなくてはならない問題なのであって、それぞれ別々に論じられるべきものではなかった。だから「都市対農村の問題」の解決は、「町に在る者は翻って故郷の人を欺いて生を聊ぜんとし、農は則ち都市の消費者を誅求することに由って、辛うじて一致の虚名を保持せんとする状態」[200] を脱することを通じて、すなわち「都市対農村」という対抗関係を脱することを通じて解決されなくてはならない。『定本16巻』に収められた「都市と農村」全篇はそのための考察として書かれている。その詳細を確認するだけの紙幅はここにはないが、その結論において柳田は、「出来るだけ永く、今の一番よく調った農村の程度に止めて置」[201] く一方で、そのために「もっと都市を愛護し、単に労働の方面のみと言わず、文化の進みと歩調を合せて、更に何段かの健全なる利用を成し遂げ」[202] ることで、「日本を以て昔ながらの農業国」[203] としながら、「都市を我々の育成所、又修養所研究所」[204]、「文化の情報所、又案内所相談所」[205] とし、「更に之を以て憂うる者の慰安所、又疲れたる者の休息所ともして見たい」[206] と述べて、国土全体、国民社会全体での計画による解決を訴える。

都市のあり方、作り方

ここまで都市化が進んだ現代の日本から見れば、柳田の唱える都市対農村の問題の解決策は牧歌的なユートピア論のようにしか見え

---

200 同書389頁。
201 同書390頁。
202 同書390-391頁。
203 同書391頁。
204 同。
205 同。
206 同書391頁。

ないかもしれない。だが、そのことをもって柳田を批判することには意味がない。では、私たちがこの柳田の都市論から読み取るべきことは何なのか。

大室が批判する「日本における都市という現象に対する鈍感と無自覚」が、柳田の都市論で否定されるわけではない。日本という社会が、都市を、農村と鋭く対立する社会的実体として、また制度として打ち立てることなく、都や城下や宿を作り、近代以降はまた多くの都市の成長を見てきたのだとすれば、それを「鈍感」や「無自覚」と呼ぶことも可能だろう。だがしかし、それは「都市という存在」が必ずしも大室の言うような「自覚」なしにも存在しうるということでもある。

古代からの都市文明の伝統で知られる中東イスラーム圏の諸都市は、城壁によってその周囲から隔てられてきたけれども、そこにはヨーロッパのような「市民」と「農民」の区別もなかったし、「西洋の町場」におけるような「市民の団体としての都市」も存在しなかった[207]。中国においてもまた、ヨーロッパのような「市民」も「市民の団体としての都市」も存在しなかった。次章で見る『都市の類型学』でヴェーバーは、「アジアの諸都市には、自律的な行政や、とりわけ——これが最も重要な点であるが——都市の団体的性格と、農村民と区別された都市民という概念とが、知られていなかった」[208] と述べ、その例として「中国の都市住民は、法的には、彼のジッペ〔＝氏族：引用者注〕と、また——ジッペを通じて——彼の出身村とに所属しており、そこには祖先を祀る聖堂があり、この聖堂とのつながりを細心に維持していた」[209] ことを指摘している。

207　後藤明『メッカ——イスラームの都市社会』中公新書、1991年、板垣雄三・後藤明編『事典　イスラームの都市性』亜紀書房、1992年、などを参照。
208　『都市の類型学』43頁。強調は原著。
209　同。

これらのことは、『劇場都市』が提示したような都市空間とそこでの文化の自覚的な上演を、「都市論」の対象や主題とすることを否定するのではない。都市と農村の間の違和についての柳田の議論も示しているように、都市はいったんそれが存在し始めると、それ以外の社会領域との間に何らかの差異や違和をもたざるをえないような場所である。ある社会では、それを明確な制度や様式や物的編成によって対自的に構築し、それを舞台とする文化の華々しい演劇的上演が行われる。だが、他の社会では必ずしもそうではないし、そうでないままに「都市」が出来、やはり村落に対する差異や違和をもつ場所として存在し続けることもできる。その時、そのような「鈍感」で「無自覚」に見えることが、その社会における都市のあり方や作り方と見なしうるのだということを、柳田國男の都市論は示している。

　柳田國男の都市論が提示するもう一つの重要な点は、すでにここで繰り返し見てきたことだが、都市が農村との関係の中に存在するという、言われてみれば当然の事実である。それは、都市が農村とは異なる利害をもつように見える「西洋の町場」でも変わらない。農村との関係において、農村とは差異づけられた、違和をもつ場所として「都市」が現れてくること。そのことの意味を私たちは次章で、「西洋の町場」を対象とする論考を読みながら考えることにしよう。

第5章 市民の共同体としての都市

マックス・ヴェーバー『**都市の類型学**』(世良晃志郎訳、創文社、1964年。元になった論文 Max Weber, "Die Stadt" は *Arcihv für Sozialwissenschaft und Sozialpolitik*, Bd.47, 1921 に発表され、後に『経済と社会(*Wirtschaft und Gesellshcaft: Grundriss der versthenden Soziologie*, J. C. B. Mohr)に、第9章「支配の社会学」の第8節「非正当的支配(都市の類型学)」として収められた。ここで依拠する邦訳書は1956年刊行の第4版によっているが、現行の第5版(1972)ではこの論考は第9章第7節となっている。)

1. 都市の歴史社会学

ヴェーバー唯一の都市論

　この章では、前の章でも少し触れたマックス・ヴェーバーの『都市の類型学』をとりあげて、「市民の共同体」というヨーロッパ中世の都市の特殊性と、それが「市民」や「市民社会」という近現代社会の基本的なフォーマットの母胎となったことの意味について考える。そしてまた、そうした"過去の都市"を対象としたヴェーバーの都市論の現代的な可能性についても考えたい。

　マックス・ヴェーバーは社会学のみならず政治学、経済史、社会科学方法論などの諸分野で活躍した社会科学の巨人の一人である。とりわけ社会学では、同時代のエミール・デュルケムやゲオルク・ジンメルなどと並んで、今日まで続く社会学の方法の基礎を築いた巨匠とされる。社会学分野の研究も、『プロテスタンティズムの

倫理と資本主義の精神』[210]（以下『プロ倫』）や『古代ユダヤ教』[211]などの宗教社会学から、『経済と社会』[212]に収められた社会学の基礎理論と方法論、官僚制論などの政治社会学や組織社会学、それに近代西洋音楽の確立を合理化の過程として分析した『音楽社会学』[213]にいたるまで多岐にわたる。『都市の類型学』は、そんなヴェーバーのほぼ唯一の「都市論」の書物である[214]。だが、次の章でとりあげるゲオルク・ジンメルの短い論考「大都市と精神生活」が「都市の社会学の古典」としてしばしば言及されるのに比べると、『都市の類型学』は都市社会学をはじめとする現代の社会学的な都市研究においてはさほど言及されることがない。

　現代の社会学的な都市研究で、ヴェーバーの『都市の類型学』があまり言及されないのはなぜなのか。

　現代の都市社会学が主として対象としてきたのは、研究者にとって同時代の現象としての都市、つまり近代や現代の都市だった。中心部に官庁街やオフィス街、繁華街や歓楽街があり、郊外の住宅地からたくさんの人びとが鉄道や自動車で通勤する近・現代の都市。

210　Max Weber, "Die protestantische Ethik und der »Geist« der Kapitalismus", *Gesamelte Aufsätze zur Relifionssoziologie*, Bd. 1, 1920. ＝梶山力・大塚久雄訳『プロテスタンティズムの倫理と資本主義の精神』上下、岩波文庫、1955–62年。
211　"Die Wirtschaftsethik der Weltreligionen, Ⅲ, Das antike Judentum", *Gesamelte Aufsätze zur Relifionssoziologie*, 1917. ＝内田芳明訳『古代ユダヤ教』岩波文庫、1996年。
212　*Wirtschaft und Gesellschaft : Grundriss der versthenden Soziologie*, J. C. B. Mohr, 1921. → 4. Auflage, 1956. → 5. Auflage, 1972.
213　Max Weber, "Die rationalen und soziologischen Grundlagen der Musik", *Wirtschaft und Gesellschaft : Grundriss der versthenden Soziologie*, J. C. B. Mohr, 1921. → 4. Auflage, 1956. ＝安藤英治・池宮英才・角倉一郎訳『音楽社会学』創文社、1967年。
214　田中豊治は「マックス・ヴェーバーの都市論といったばあい、ただちに念頭に浮かぶ論稿が二つある」として、ここで読む『都市の類型学』と、最晩年の講義『経済史』の一節「市民」をあげている。詳しくは、田中豊治『ヴェーバー都市論の射程』岩波書店、1986年を参照。

そんな都市の社会としての在り方を、都市空間の機能的な分化の構造、そこで生活する人びとの階級・階層・職業の分化の構造、地域集団や職業集団のあり方、生活様式や意識、日々の行動などに関して調査し、明らかにしていくのが、一般に「都市社会学 urban sociology」と呼ばれる社会学的都市研究の主流的なあり方である。だが、ここで読もうとしている『都市の類型学』では、そんな現代の都市は直接的な形ではほとんど言及されていないのだ。そうであるがゆえに、『都市の類型学』は"現代の社会学的な都市研究とあまり重なる部分のない古典"のような位置に置かれてしまっているのである。

都市の歴史社会学

　『都市の類型学』が対象とするのは、古代および中世のヨーロッパの「都市共同体」であり、それらとの比較において言及される「アジアの都市」である。冒頭からしばらく続く「都市」の社会科学的概念の検討では、近現代の都市にも妥当する都市の属性が語られるけれど、私たちの多くが「都市」という言葉から連想するような同時代の都市のありさまがそこで描写されたり、分析されたりするわけではない。この本で現代の都市に直接言及しているのは、たとえば経済的な都市概念に関する次の部分である。

　　ある近代都市が全国的または国際的な資金供給者や大銀行の所在地であり（ロンドン、パリ、ベルリーン）、あるいは大株式会社や大カルテルの中心の所在地である（デュッセルドルフ）場合、これは原理的に右と類似の事態〔＝商業都市において、その都市に定着している営利経営の事業の大部分または大半が都市外で行われるような事態：引用者注〕を意味している。今日ではそもそも、

経営からの利潤の圧倒的な大部分は、昔に比べて一層甚だしく、利潤を生み出す経営の所在地とは別のところに流れていっているのである。しかも他方でさらに、利潤のますます大きな部分が、利潤取得権者によって、彼らの業務の所在地である大都市においてではなく、その都市の外部で、一部は郊外別荘地において、しかしより多くの部分は農村別荘地や国際的なホテル等々において、消費されている。この現象と平行して、もっぱらあるいはほとんどもっぱら店舗のみから成るような「シティ都市」"Citystädte" や、あるいは（この後者のケースが大部分であるが）〔独立のシティ都市の形ではなくて〕そのような市区が成立することになる。[215]

この論点は、フェルディナント・テンニースが『ゲマインシャフトとゲゼルシャフト』で展開したゲマインシャフトとしての大都市・世界都市論[216]や、今日のグローバル・シティ論[217]のような議論へと展開可能だが、『都市の類型学』ではこのことを経済的な都市類型のひとつとして触れるのみで、その後こうした類型に議論が及ぶことはない。（ここでヴェーバーが述べている営利事業の都市外化や、利益取得権者の都市からの脱出が『都市の類型学』での議論においてもつ意味については、後で再度考えることにしよう。）

あるいはまた、都市の政治的＝行政的概念について考察する部分

215　『都市の類型学』13–14 頁。
216　Ferdinand Tönnies, *Gemeinschaft und Gesellschaft: Grundbegriffe der reinen Soziologie*, 1887. ＝杉之原寿一訳『ゲマインシャフトとゲゼルシャフト』下、岩波文庫、1957 年、201–202 頁。
217　グローバル・シティ論については、Saskia Sassen, *The Global City : New York, London, Tokyo*, Princeton University Press, 2001. ＝伊豫谷登士翁監訳、大谷由紀・高橋華生子訳『グローバル・シティ――ニューヨーク・ロンドン・東京から世界を読む』筑摩書房、2008 年などを参照。

では、現代の都市について次のように触れられる。

> しかし、行政的に見れば、都市の土地所有が特別の地位をもっていたということは、とりわけ、都市の課税原理が農村のものと異なっていたということと関連していたとともに、多くの場合には、また同時に、政治的＝行政的都市概念にとって決定的な——純粋に経済的な分析とは全く無関係な——一つの標識と関連し合っていた。この標識というのは、古代にせよ中世にせよ、昔の意味での都市は、ヨーロッパの内外を問わず、特殊の要塞であり、衛戍地であったということである。都市のこの標識は、現在では全くなくなっている。しかし、過去においても、必ずしも常にこの標識があったというわけではない。[218]

このように『都市の類型学』は、都市の近現代的な類型を少なくとも直接問題としていない。次章で見るように、同時代においてアクチュアルな存在であり、社会問題にすらなっていた近現代の大都市がその「類型学」で直接問題となっていないのは、この本が『プロ倫』や『古代ユダヤ教』と同じく「歴史社会学」、つまり歴史的過去を直接の対象とする社会学的研究であるからである。そう言ってしまえばそれまでだが、『プロ倫』にしろ『古代ユダヤ教』にしろ、それらの仕事でヴェーバーが問題としていたのは「歴史的過去」だけではなかった。ヴェーバーの歴史社会学において、過去の歴史的事象は、それによって「近代」の——それゆえヴェーバーが生きた同時代の——社会を理解するために対象化され、分析される。では、『都市の類型学』は過去の都市の中に、現代につながる何を見いだ

---

218 『都市の類型学』26頁。強調は原著。以下同様。

そうとしているのか。そしてそれは、現代の都市に関してどのような問いや思考を提示しうるのだろうか。

全体の問いはどこに

やっかいなことに、『都市の類型学』には、その全体を貫く問いがどこにも明示的に書かれていない。それはごく素っ気なく、次のように始まる。

> 「都市」の定義は、われわれはこれをきわめて種々さまざまの仕方で試みることができる。[219]

この文章で始まる第一項は「都市の概念と種類」[220]と題されていて、その後、経済的な都市概念、法的な都市概念、政治的・行政的な都市概念等、都市の概念と範疇の検討がなされる。だが、都市の概念とその諸範疇の整理がこの論文の主題なのではない[221]。そのことを示すように、政治的・行政的概念についての議論で、西洋の都市が政治的・行政的に「都市ゲマインデ」という範疇に属することと、東洋の都市はこの範疇に属さないことが述べられた後、「第二項　西洋の都市」では近代以前の西洋の都市と東洋の都市の比較論となる。さらに「第三項　中世および古典古代における門閥都市」、「第四項　平民都市」と、古代と中世の西洋の都市における類型論

219　同書3頁。
220　ドイツ語では "Begriff und Kategorien der Stadt" だから、より正確には「都市の概念と諸範疇」と訳すべきであろう。
221　ただし、この「都市の概念と種類」の西洋の都市についての議論に入るまでの部分のみでも、「都市の社会理論」にとって本質的な議論が展開されている。その部分に焦点を絞った読解の例としては、若林幹夫『熱い都市　冷たい都市』弘文堂、1992年。→『熱い都市　冷たい都市　増補版』青弓社、2013年、111-115頁や、同『社会（学）を読む』弘文堂、2012年、127-131頁を参照。

になり、最後に「第五項　古典古代と中世の民主制」で古典古代の都市と中世ヨーロッパの都市の民主制の比較論となる。しかも、こうして議論の対象がヨーロッパの中世と古典古代という特定の時代にしぼられてゆくにつれて、議論は都市の政体や階級構造、経済活動、市民生活のあり方など、社会秩序と社会生活のより細部にかかわるものになっていく。そして翻訳で 350 頁におよぶこの本[222]は、ギリシアとローマのそれぞれの都市において、裸体で競技を行うことに与えられた重要性や意味の差異——ギリシアの都市生活で重要だった競技が、ローマでは重要ではなかったこと——を指摘した後、次のような言葉で閉じられるのだ。

　ローマ貴族の威信感情は、「ギリシア人ども」"Graeculi" の右のような裸体の闘技祭典が意味していたような、距離〔民衆との距離〕と品位とのそれほどまでの喪失には、決して堪えることができなかったのである。同様に、祭礼的な歌唱舞踊(ジングタンツ)や、ディオニュソス的な躁宴(オルギアスティーク)や、あるいは亡我の心身喪失(エクスターゼ) abalienatio mentis も、彼らには我慢できなかった。ローマ人の政治生活においては、体育場(ギュムナーシオン)での闘技——これは全くおこなわれなかった——と同様に、アゴラ Agora や民会における演説や交際も、〔ギリシア人の場合に比べて〕重要性がはるかに劣っていた。演説がおこなわれるようになったのはようやくのちになってからのことであり、しかもこの場合にも、原則としては元老院においておこなわれたのであり、したがって、アッティカのデマゴーグの政治的な弁論術とは全くちがった性格をもっていた。伝統と、古老たち——とりわけ官吏前歴者——の経験とが、政策を決定

---

[222] 現行の *Wirtschaft und Gesellschaft* 第 5 版での該当部分は 88 頁分である。原著と訳書の間の頁数の大幅な違いは、訳書に付けられた膨大な訳注によっている。

したのであった。青年ではなくて、老齢が社交の色調と品位感情のあり方とを決定していた。演説によってそそり立てられた・デーモスの掠奪欲とか、青年層の情緒的な熱狂とかが、政策を決定していたのではなく、合理的な考量が決定力をもっていたのである。ローマは、経験と考量と、名望家層(ホノラツィオーレンシヒト)の封建的勢力との指導下にあったのである。[223]

ここでヴェーバーが指摘しているギリシア都市とローマ都市の競技や音楽や舞踊、集合的な熱狂や弁舌に対する態度の違いは、この本のなかでもとりわけ面白いと私が考える部分のひとつである。ギリシアとローマの都市社会の比較は、『都市の類型学』の重要な論点のひとつでもある。だが、最初から通してこの本を読んできて、この終わり方はきわめて唐突な感じがするのも事実なのだ。

たとえて言うと『都市の類型学』という本は、倍率の低い望遠鏡で歴史的にも地理的にも異なる多様な都市を遠くから見比べつつ眺めることから始まって、次第に望遠鏡の倍率をあげ、やがて望遠鏡を使わずに裸眼や虫メガネで細部を記述して、遂には顕微鏡でその細部の観察・比較にまで進むという感じの本なのだ。そこでは、望遠鏡や裸眼や虫メガネや顕微鏡で観察された個々の画像は鮮明なのだが、対象と異なる距離をとり、異なる倍率で提示されるそれらの配列を全体としてどう理解していいのかがうまくつかめない、そんな感じなのである。だから、それを最初から最後まで読み通しても、個々の部分で書かれていることはそれぞれわかるとしても、それらを全体としてどう見ていいのかがわからない、そんな感じの書物なのである。

---

[223] 『都市の類型学』349–350頁。

では、それをどう読めばいいのだろうか。

2. 方法としての類型学

理念型

　念のために述べておけば、「こう読まなくてはならない」という決まった読み方が、ある本にかんしてあるわけではない。「この読み方はどう考えても違う」という誤読はもちろんある。だが、人文社会系の多くの本の場合、一つのテクストにただ一つの正しい読み方があるということはない[224]。だからここで提示するのは——これまでの諸章でとりあげてきた本についても同様だが——、『都市の類型学』の可能な読み方の幾つかの道筋と、そこに開けるだろういくつかの展望である。

　さて、前節の最後に『都市の類型学』のあり方を、異なる距離から望遠鏡や裸眼や虫メガネや顕微鏡で観察した鮮明な画像が並んでいるような本だと述べた。だが、そこで示される画像は必ずしも歴史上の都市の個別具体的な像なのではない。なぜなら、『都市の類型学』が目指しているのは、たとえばケルンとかヴェネチアとかローマとかアテネといった個別具体的な都市の比較ではなく、それらから抽象された諸類型 Typs、ヴェーバーの学術用語を用いるなら諸理念型 Idealtyps の比較であり、それによる個々の都市や社会の歴史的・社会的現実の理解であるからだ。

　このことについては、社会学になじみのない読者には少し説明が必要だろう。

　理念型とは、現実を理解するためにその特定の側面を抽象化した

224　このことについては、若林幹夫『社会（学）を読む』弘文堂、2012 年、を参照。もちろん、数学や物理学の論文のほとんどは「ただ一つの正しい読み方」がある。

理念的なモデルのことだ。それは、「現実にはそんなものは存在しないけれど、理想的に純化された形態があるとすればこのようなものだ」というモデルである。具体的な例を見てみよう。この本において重要な概念である「都市ゲマインデ」について説明される部分である。

> 経済的意味における「都市」も、政治的・行政的意味で住民たちの特別法に服している要塞も、そのすべてが「ゲマインデ」であったわけではない。むしろ、語の完全な意味における都市ゲマインデは、大量現象としては、西洋にのみ知られていた。ヨーロッパ以外では、東洋のうちで近東アジアの一部（シリアとフェニキア、おそらくはメソポタミアにも）に知られていたのみであり、しかも、これらの地方では、ただある時期だけに限られ、しかもただ萌芽の形で知られていたにすぎない。[225]

「都市」や「ゲマインデ」がカギ括弧（原著では引用符）で括られているのは、それらが理念型的なモデルだからである。「経済的意味における「都市」」[226] とは、「その土地に定住している住民たちが、彼等の日常的需要の中の経済的に見て重要な部分を、その地の市場で充足しており、しかもその中の著しい部分を、その地に定住している住民や直接の周辺地の住民たちが——市場で販売することを目的として——生産し・またその他の方法で取得したごとき生産物によって、まかなっている場合」[227] に存在する「市場聚落〔マルクトオルト〕」[228] のことで

---

225 『都市の類型学』41-42頁。
226 同書6頁。
227 同。
228 同。

第5章　市民の共同体としての都市......... 113

ある。また「ゲマインデ」とは「特別の政治的・行政的制度を備えた」[229]、「何らかの範囲の自律権(アウトノミー)をもった団体」[230]を言う。これらはいずれも「概念」であり、現実の都市や社会に存在するある属性や構造を言語=概念によって対象化し、抽象し、それによってモデル化したものなのだ。上に引用した部分では歴史上の個別具体的な都市のあり方が、この理念型を基準として、それとの一致や隔たりの程度によって説明されているのである。

分類の網をせばめる

　当初「都市」というタイトルで発表された論考が『都市の類型学』であるのは、それが歴史的・地理的に異なる状況において成立し、存在した諸都市を「類型」として把握するという方法をとっていることによっている。この「類型学 Typologie」という方法において、具体的な諸都市はそこから理念型的な類型が抽象されてゆく素材であると同時に、理念型的類型によってその成り立ちやあり方が説明される対象でもある。

　では、なぜそこでは都市を類型化するのだろうか。都市を分類し、その種差を整理し、分類された一覧の中に諸都市を配分することが目的なのだろうか。『都市の類型学』冒頭の「都市の概念と種類」の部分だけを読むと、そのように感じてしまいもする。だが、もしもそれが単なる分類学 Taxonomie であるならばより網羅的なものであるべきで、当初は都市全般を対象とする概念と諸範疇の検討であるかのように始まりながら、その対象が西洋の都市にしぼられて、さらに中世と古代の都市が「門閥都市」、「平民都市」という類型で比較分析され、最後に「古典古代と中世の民主制」の比較へと進む

229　同書 25 頁。
230　同。

本書の構成が説明できない。

『都市の類型学』はある目的のために都市を類型化し、それによって考察のいわば「網」をせばめ、対象を"追い詰め"ようとしている。それはある対象領域の全体に分類の網をかぶせ、整理し、それによってある対象領域の広がりを網羅的に了解しようとする分類学ではないのだ。先に述べたような、この本の進行につれての記述と分析における対象との距離と倍率の変化は、そのことによっている。

具体的に言うと、そこではまず都市を類型化するための分類の枠組みが、大きく分けて「経済的都市概念」と「政治的＝行政的都市概念」として提示される。（法的概念もそこでは述べられるが、これは政治的＝行政的概念の下位範疇とみなしてよい。また、「社会学的」とでも呼ぶべき都市のあり方が冒頭近くで言及されるのだが、これについては後で触れることにする。）次に、これらの枠組みに基づいて「西洋の都市」の特性が、「西洋の都市」と「東洋の都市」の類型的把握によって説明される。「東洋の都市」の例としてメッカの事例があげられるが、ヴェーバーがそこで問題としているのは「メッカ」という個別具体的な都市のあり方が代表＝表現 represent する「東洋の都市」の類型的把握なのであって、「メッカ」そのものではない。こうして「西洋の都市」のあり方が「東洋の都市」との類型的比較によって明らかになった後、「東洋の都市」がさらにその下位範疇へと分類されることはない。それは、ヴェーバーにとって考えるべきものが「都市の分類」なのではなく「西洋の都市」であるからだ。（東洋人として不満がないわけではないが、仕方ない。）こうして網がせばめられ、『都市の類型学』の後半では網の中に残った西洋の都市が、「古典古代／中世」という軸と、「門閥都市／平民都市」という軸によって分類・類型化され、それぞれの「都市ゲマインデ」としてのあり方の違いが「民主制」という点から分析されてゆく。そこで追

究されるのは、西洋の古典古代の都市と中世の都市の「都市ゲマインデ」のあり方の差異であり、そうした差異を生み出したそれぞれの都市の社会的、政治的、経済的な条件の違いである。

ではなぜ、これらの都市の「都市ゲマインデ」としてのあり方の違いと、それを生み出す社会的、政治的、経済的条件の違いが「問題」となるのだろうか。

なぜ都市ゲマインデが問題となるのか

先に見たように、「語の完全な意味での都市ゲマインデは、大量現象としては、西洋のみに知られていた」[231]。ある都市が「都市ゲマインデ」であるためには、それが「少なくとも比較的強度の工業的・商人的性格をもった定住地」[232]、すなわち経済的な意味での「都市」であることに加えて、「(1) 防禦施設(ベフェスティグング)をもつこと、(2) 市場をもつこと、(3) 自分自身の裁判所をもち、かつ——少なくとも部分的には——自分自身の法をもつこと、(4) 団体(フェアバント)の性格をもつこと、またこのことと関連して、(5) 少なくとも部分的な自律性(アウトノミー)と自首性(アウトケファリー)とをもっていること、すなわち、市民自身が何らかの仕方でその任命に参与するごとき官庁による行政をももっていること」[233]といった指標が当てはまる必要があるとヴェーバーは述べて、さらに次のように言う。

　ところで、これらの権利は、過去の時代においては、一般に、身分制的特権(ジュテンディッシェ・プリヴィレーギェン)という形をとるのが常であった。したがって、これらの権利の担い手としての特別の市民身分なるものが、政

231　同書41頁。
232　同書42頁。
233　同。

治的意味における都市の特徴をなしていたのである。もちろん、かかる規準を全面的に適用するときは、西洋中世の諸都市といえども、その一部分のみが真の「都市ゲマインデ」であったにすぎないし、いわんや十八世紀の都市ともなると、その中のきわめて僅かのものが真の「都市ゲマインデ」であったにすぎない、ということになる。[234]

より具体的にはそれは、大量現象としては古典古代と中世のヨーロッパに見られ、しかもその規準が全面的に適用可能なのは「西洋中世の都市、中でも特に——それが理念型的な純粋さで発展した場合における——アルプス以北の地方の都市である」[235]。そんな人類史上まれな、きわめて少数の特殊な都市のあり方を問う理由は、本書のずっと後の方になって明かされる。

　しかし、それ〔＝古典古代の都市も「都市ゲマインデ」とみなしうるあり方をとったこと：引用者注〕にもかかわらず、古典古代の都市の基礎の上には、近代資本主義も近代国家も成長しなかった。これに反して、中世における都市の発展は、なるほど近代資本主義と近代国家とのための唯一決定的な前段階ではなかったし、いわんやこの両者の担い手であったわけではもちろんないが、しかし、やはり、この両者の成立のための最も決定的な一因子として、無視しえない重要性をもっている。したがって、〔古典古代の都市と中世の都市との間には〕、発展のあらゆる外面的類似性にもかかわらず、同時に深刻な相違もあったことを確認しておく必要がある。そこで、われわれは、今やこの相違点を検

234　同。
235　同書 71 頁。

討してみなければならない。[236]

　近代資本主義と近代国家の成立において、ヨーロッパ中世の都市ゲマインデが決定的な役割を果たしていること。逆に言えば、古典古代の都市ゲマインデも、そして都市ゲマインデではない非西洋の諸都市も、近代資本主義と近代国家の基礎たりえなかったこと。だとすれば、それが「唯一決定的な前段階ではなかった」としても、ヨーロッパ中世の都市ゲマインデと、それを可能にした社会的諸条件のなかに、近代資本主義と近代国家の成立の一因子を特定することができるだろう。それが、都市の類型学的な理念型の比較検討を通じてヴェーバーが見いだそうとしたものなのだ。さしあたり、そう言うことができるだろう。(なぜ「さしあたり」なのかについては、3. の最後に述べることにしよう。)

3．『都市の類型学』、その可能性の中心

都市の空気は自由にする

　中世ヨーロッパの都市ゲマインデが近代資本主義と近代国家の基礎たりえたのはなぜか。この主題をめぐる比較社会学的考察の詳細は実際に本を読んでもらうとして、ここではそのごく大枠を説明しておこう。

　古典古代の都市ゲマインデと中世の都市ゲマインデの大きな違いは、前者が経済活動を奴隷や外国人にゆだねた、それゆえ経済的活動から自由な政治人 homo politicus による政治共同体であったのに対して、後者は自ら工業や商業に従事する経済人 homo

---

236　同書 258 頁。

economicus が、その経済的な利害と権利を守るため形成した共同体であったという点にある。古典古代の都市ゲマインデが自由民である市民と非自由民である奴隷や外国人との身分的差異に基礎を置き、それゆえその内部に身分的な対立を内包していたのに対して、中世の都市ゲマインデは――それが理念型的な純粋さで実現した場合には――その内部の貧富の差はあっても身分的には同じ商工業者たちのツンフト（＝ギルド）的な結びつきによって存在しており、都市の外部における領主と領民の身分制的な支配に対して自由な領域を形成していた。

このことについてヴェーバーは次のように述べている。

〔領主の支配からの：引用者注〕被解放者が〔市民とは区別される：同〕一つの特別身分として中世に知られていたのは、都市以前的な初期の時代に限られていた。都市の内部にあっては、体僕奴隷（ブアイゲネ）の階層――彼らの遺産は全部または一部がそのヘル〔＝領主：同〕の所有に帰した――は、次の二つの事情によって、都市発展の初期の時期にすでに制限されており、ツンフト支配の時代に入るとともに完全な崩壊をとげている。すなわち、〔第一には〕都市の空気は自由にする Stadtluft macht frei という命題によって、またさらに〔第二には〕皇帝によって与えられた都市特権――都市市民の遺産をヘルが取得することを禁止した都市特権――によって。古典古代においては、都市は一つの軍事団体であって、完全市民・被解放者および被自由人たるすべての手工業者を包含するようなツンフト組織が、都市の政治的基礎になるという余地は全くなかったのであるが、中世のツンフト制度は、これとちょうど反対に、都市外的な諸身分の相違を無視するということから出発しているのである。[237]

中世の都市ゲマインデのこうしたあり方はまた、農村との緊張関係の下にあった。上の引用で「都市外的な諸身分の相違」というのは、都市以外の領域を支配していた領主とその下にあった農奴などの隷属民の間の身分関係を指している。そうした農村的な支配関係からの自営商工業者たちの自立・自律こそが、中世の都市民が「市民」であることの条件となっていた。だからそこには、「都市と農村」で柳田國男が述べたような「之を擁護するためには時として村と対抗すべき場合」すらあるような、「特殊の利害」[238] が存在していたのだと言うことができる。それに対して古典古代の都市ゲマインデでは、市民は都市外に土地を所有し、そこで奴隷を労働させ、自らもデーモスやトリブスと呼ばれた「地域的な・しかも（形式的には）すぐれて農村的な地区」[239] に帰属する「農民層」（あるいは「農耕市民層(アッカービュルガーシヒト)」）[240] であった。

　『都市の類型学』が『経済と社会』の「支配の社会学」のなかの「非正当的支配」と題された項に位置づけられているのは、中世の都市ゲマインデが、とりわけその成立の初期のジェノヴァやケルンのような「最も重要なケース」においては、「市民たちの過激な団体的結集(フェアゲゼルシャフトングスアクト)――宣誓兄弟盟約(アイトフェアブリューデルング)」[241] により、「「正当(レギティーム)」権力にかかわらずまたそれに対立して、政治的に団結(フェアゲゼルシャフトゥング)したことの成果」[242] として、「革命的な簒奪という形」[243] をとって成立したことによっている。この非正当的支配の空間は、身分制支配におおわれた中世

237　同書 327－328 頁。
238　『定本　柳田國男集　第 16 巻』241－242 頁。
239　『都市の類型学』297 頁。
240　同書 308 頁。
241　同書 109 頁。
242　同書 108 頁。
243　同。

ヨーロッパ世界の中で、そうした支配から自由な平和領域である「アジール」として存在していた。それらは農村的な支配関係の海に浮かんだ、商工業者の経済的な利害の共有に媒介された「自治と自由の島」のようなものだったが[244]、やがて「政治的権力——時としては荘園領主的権力——によって与えられる（現実のまたは擬制的な）諸特権によって、「正当なもの（レギティーム）」として設定される」[245] ようになっていった。こうしたあり方をした西洋中世の都市は、農村と無関係に存在していたのではない。それらの自治と自由が農村的な支配に対する自治と自由として成立し、しかるのちにそれらは、中世的な支配の秩序の中で正当化されて組み込まれていったのである。

都市と近代資本制、近代国家

　『都市の類型学』が近代以降の都市についてはほとんど直接論じていないのは、ここまで見てきたような類型比較によって特定されてゆく中世の都市ゲマインデが近代資本制と近代国家の基礎となったことを確認することが、この本の主題であるからである。だがそれはまた、近代資本主義と近代国家が成立すると、その基礎であった都市ゲマインデとしての都市は消えていったからでもあった。この章の 1. で、「ほとんどもっぱら店舗のみから成るような「シティ都市」"Citystädte" や、あるいは（……）そのような市区」[246] の現代における成立と、営利事業の都市外化及び利益取得権者の都市からの脱出について述べた部分を引用したことを思い出して欲しい。

244　ただしそれは「理念型的な純粋さで発展した場合における——アルプス以北の地方の都市」がそうであったのであって、アルプス以南の都市は、古典古代の都市と類似の門閥支配の下にあった。『都市の類型学』第三項「中世および古典古代における門閥都市」、第四項「平民都市」でそのことが詳述される。
245　同書108頁。ヴェーバーは革命的な簒奪による都市ゲマインデの成立を「中世都市団体の原始的成立（オリギネール）」、領主権力の承認による場合を「承継的成立（デリヴァティヴェット）」と呼んでいる。
246　同書14頁。

「都市の概念と種類」という、類型学的な比較考察のための言ってみれば"準備作業"にあたる部分で述べられていたこれらの事柄は、近代以降における都市ゲマインデの消失と、それによる都市ゲマインデ無き都市の成立という事態に実は言及していたのだった。

なぜ近代資本主義と近代国家の成立によって、その基礎を形成した都市ゲマインデとしての都市がなくなるのか。それは、中世の都市ゲマインデがその領域内に形成した「市民社会」という社会のあり方が近代国家によって吸収されるとともに、市民を担い手としていた経済活動が都市を超える国民経済として展開するようになるからである。そこでは近代国家が都市から「一切の自立的な政治活動の権利と、さらに――警察目的のためのものを除いて――軍事的能力をも剝奪し」[247]、「都市自身の課税権力は実際上これをほとんど完全に奪い去」[248]り、「商業政策のための諸方策を――少なくとも一部は――、諸都市の遠隔地商業政策から学びとり」[249]、「国家団体に統合された諸都市や諸グループの利害の衝突を調整することに努め」[250]ていくなかで、「都市による経済規制の自律性というものは失われた」[251]のである。

やはりこの章の1．で現代における都市の城壁の不在について述べている部分を参照したが、そこで引用した文章の後には前章でも見た次の文章、「例えば、日本においては、それは原則として存在しなかった。したがって、行政的な見地からすれば、日本にそもそも「都市」があったかどうかを疑問視することもできるわけである。」[252]という文章が続く。だが、城壁という標識をもって日本に

---

247 同書260頁。
248 同書271頁。
249 同書274頁。
250 同。
251 同。

おける都市の存在を疑問視できるのであれば、近代資本制と近代国家の成立によってその中に吸収され、特権を失い、それに伴って城壁という標識が「現在では全くなくなっている」ことをもって、現代にそもそも「都市」があるかどうかを疑問視することもできるだろう。『都市の類型学』が現代の都市についてほとんど語らないことは、ヴェーバーのそうした考えを遂行的(パフォーマティヴ)に示しているのだと言えなくもない。

現代都市論への示唆

では『都市の類型学』は、歴史社会学的な都市論としては意味があっても、現代都市論に対して示唆するところはほとんどないということになるのだろうか。そうではないということを最後に示して、この章を終わりにしよう。

この本が、「「都市」の定義は、われわれはこれをきわめて種々さまざまの仕方で試みることができる。」[253] という素っ気ない文章で始まることは、すでに見たとおりだ。それに続いてヴェーバーは次のように述べている。

> すべての都市に共通していることは、ただ次の一事にすぎない。すなわち、都市というものは、ともかくも一つの（少なくとも相対的に）まとまった定住――一つの「聚落」(オルトシャフト)であり、一つまたは数ヶの散在的住居ではないということのみである。散在的住居であるどころか、都市においては（もっとも都市においてのみというわけではないが）、家々はとくに密接して、今日では原則として壁と壁とを接して、建てられているのが例である。

---

252 同書26頁。
253 同書3頁。

第5章 市民の共同体としての都市

ところで、一般の観念においては、「都市」という語には、住居の密集ということ以上に、さらに純粋に量的な標識が結びつけられている。すなわち、都市とは大聚落(オルトシャフト)なのである。この標識は、それ自体として必ずしもあいまいであるというわけではない。社会学的に見れば、この標識は次のことを意味することになろう。すなわち、都市とは、巨大な一体的定住を示すごとき聚落(オルトシャフト)——ここに聚落とは家と家とが密接しているような定住を云う——であり、したがって、そこには、都市以外の隣人団体(ナハバール フェアバント)に特徴的な・住民相互間の人的な相識関係が、欠けているということである。[254]

　経済的な定義や政治的＝行政的な定義に比べるときわめて即物的な感じがする、「すべての都市に共通していること」や「一般の観念」のなかのこの都市像こそ、近代資本制と近代国家が成立した後の現代の都市にもなお残る「都市」のあり方である。巨大で、人間だけでなく建造物も密集し、その中で人びとが互いに互いを識ることなしに関わるような場所としての都市。注意すべきことは、ヴェーバーがこれを現代の都市の特徴としてではなく、「すべての都市」や「一般の観念」における都市として、都市の類型学的比較の一番最初に語っているということだ。それは都市のこのあり方が、ここまで見てきた都市ゲマインデにもあてはまる、都市が都市であることの基本的なあり方であるということだ。同時にそれは、現代の都市では、都市のそうした「基底的なあり方」とも呼ぶべきものが露わに、かつ大規模な形で現れてきていることを示唆している。前章で触れ、次章でそれについて読んでいく「アーバニズム論」は、都

254　同。

市のそのようなあり方を主題とするものだ。

　最後にもう一点。1. で引用した『都市の類型学』の最後の部分は、ギリシアとローマで公共の場での競技や歌唱舞踊や狂躁や弁論に与えられた価値の違いを論じていた。それは『都市の類型学』の文脈では、ギリシアの民主制が市民間の水平的な関係の公共的な表現と密接に結びついていたのに対して、ローマではそうしたことはなく、有力者が下位の者を庇護し指導するという垂直的な関係が支配的だったということである。けれどもここであえてそのような文脈から離れ、大量の互いに相識ることのない人びとが密集して暮らすという都市の一般的な情況や、近現代の大都市の群集や大衆やナショナリズムという文脈にこの文章を置いてみると、ヴェーバーの都市論では展開されることのなかった都市と社会を考察するための視界が、そこから開けてくるはずだ。「およそ都市というものは、水源・市場・官衙・劇場のほかに、体育場(ギュムナシオン)を備えていなければならない」[255] とされたことを、古代ギリシアの文脈から近現代の都市の文脈に移すとき、今日のオリンピックやプロスポーツはじめとするスポーツやマスイベントやマスメディアと都市化した社会の関係を考えるいとぐちを、私たちは手にしているのである[256]。

255　同書335頁。
256　このことについては、多木浩二『スポーツを考える――身体・資本・ナショナリズム』ちくま新書、1995年や、内田隆三『ベースボールの夢――アメリカ人は何をはじめたのか』岩波新書、2007年などを参照。

第6章 現代都市の発見

松本康編『都市社会学セレクション第1巻 近代アーバニズム』(日本評論社、2011年。)

1.「都市社会学」の古典中の古典

　この章でとりあげる『都市社会学セレクション第1巻 近代アーバニズム』(以下『近代アーバニズム』)は、ここまでとりあげてきた本とは異なり、複数の研究者の書いた古典的な論文や重要な論文を選んで収めたセレクションである[257]。こうした本は、たとえば英語圏では研究者や学生向けにいろいろな種類のものがでているのだが、日本ではそう多くはない[258]。この本は全3巻の「都市社会学セレクション」の第1巻で、第2巻『都市空間と都市コミュニティ』、第3巻『都市の政治経済学』とあわせて読めば、都市社会

---

[257] 当初から複数の論文を複数の筆者に依頼して作ったり、一人の著者がすでに発表した論文を——時に書き下ろしも交えて——一冊にまとめたりした「論文集」と、ここで言う"セレクション"とは同じではない。セレクションは、複数の論者によるものでも、あるいは一人の著者によるものでも、すでに古典や重要とされる論文を選択し、まとめたものである。単独の著者のセレクションは、『ベンヤミン・コレクション』(ちくま学芸文庫)や『丸山眞男セレクション』(平凡社ライブラリー)など日本でも比較的あるが、『都市社会学セレクション』のように複数の論者の論文を一定のテーマのもとにまとめたものは多くない。類似した形式に「リーディングス」がある。

[258] 都市の社会学に関して言えば、鈴木広編『都市化の社会学〔増補〕』誠信書房、1978年がすぐれた論文集だが、現在は図書館で閲覧するか古書店で手に入れるしかない。

学の古典とされる論文だけでなく、現代の代表的な論者の論文も読むことができ、都市社会学が現代の都市の何を、どう問題としてきたのかについての概略も知ることができる[259]。

ここで『近代アーバニズム』を選んだのは、ゲオルク・ジンメルの「大都市と精神生活」(1903)、アーネスト・バージェスの「都市の成長——研究プロジェクト序説」(1925)、ロバート・E・パークの「都市——都市環境における人間行動研究のための提案」(1925)、そしてルイス・ワースの「生活様式としてのアーバニズム」(1938)[260]という都市社会学の"起源"に位置するとされる4本の論文を、この1冊でまとめて読むことができるからだ[261]。『近代アーバニズム』はこの4論文を、ジンメル「大都市と精神生活」、バージェス「都市の成長」、パーク「都市」、ワース「生活様式としてのアーバニズム」の順に並べている。この配列は、バージェス以下の「シカゴ学派」と呼ばれる人びとの都市研究に影響を与えたとされる論文としてドイツの社会学者ジンメルの論文をまずとりあげ、次にシカゴ学派の都市研究の指導者だったバージェスとパークのそれぞれ「研究プロジェクト序説」、「都市環境における人間行動研究のための提案」と副題された調査研究のための問題提起的な論文を読み、さらにそうした調査研究にもとづく都市社会学の理論の提示を試みたワースの

---

259 この全3巻のセレクションは、日本都市社会学会の30周年記念事業として企画・刊行された。
260 それぞれに原典は以下の通り。Georg Simmel, "Die Großstädte und Geistesleben", *Jahrbuch der Gehe-stiftung zu Dresden*, 9, 1903. Ernest Burgess, "The Growth of the City : An introduction to a Research Project, Robert E. Park & Ernest Burgess (eds.), *The City*, University of Chicago Press, 1925. Robert E. Park, "The City: Suggestions for Investigation of Human Behavior in the Urban Environment", *American Journal of Sociology*, 20, 1915. Louis Wirth, "Urbanism as a Way of Life", *American Journal of Sociology*, 44, 1938.
261 なお、これらの論文はいずれも上記の鈴木編『都市化の社会学〔増補〕』にも収められている。

論文に進むという、都市社会学説史的な観点にもとづくものだ。そうした学説史的な視点からの個々の論文の意義や位置づけ、相互の関係については、『近代アーバニズム』巻末の編者の松本康による「解題」に説明されているので、そちらを読んで欲しい[262]。そのような学説史上の意義についてもここでは必要に応じて触れるけれど、ここではむしろ、これら4論文を共に読み、そこに書かれている言葉を相互に重ね合わせ、関連づけることから見えてくる「「現代都市」の発見」について考えてみたい。

　「都市」は確かに、それを語り、それについて思考する営みに先立って存在する。だが、それについて人が語り、考えるためには、それが語られ、考えられるべき対象や問題として発見されなくてはならない。私たちにとって自明のように思える「現代都市という存在」や「現代都市という問題」も、歴史上のある時点で考えられるべき問題として発見されたのだ。その時、何が「現代都市」として見いだされたのかを、ここでは上記4論文から探ってみよう。

2．大都市の発見、都市の発見

「大都市」という問題

　　近代社会の顕著な事実は、大都市の成長 the growth of great cities である。機械工業がわれわれの社会生活に引き起こした巨大な変化をはっきり記録しているところは、都市をおいてほかにない。合衆国における農村文明から都市文明への変化は、ヨーロッパよりは遅れて始まったものの、そしてより急速で完全

262　松本康「解題」『近代アーバニズム』200–229 頁。

とはいえないにしても、とにかくより論理的にもっとも特徴的なかたちをとって起こったのである。[263]

これは、バージェスの「都市の成長」の最初の部分である。他方、ワースの「生活様式としてのアーバニズム」の開始は次の通りである。

> ちょうど西洋文明のはじまりが、地中海沿岸地方における従来の遊牧民の定住を画期としていたのと同じように、われわれの文明における近代独自のもののはじまりも、大都市の成長 the growth of great cities によってもっともよく特徴づけられる。これらの都市がおかれている特徴的な生活条件に匹敵するほど、人類が有機的自然から切り離されているところは、これまでどこにもなかった。[264]

ふたつの論文の始まりは、合衆国の同時代の都市化をそれに先行するヨーロッパの都市文明に後続するものとしている点、そして現代の大都市の成長が「機械工業」が生み出した、「有機的自然から切り離された」、近代社会に特徴的な事態として捉えているという点でよく似ている。ここで注目したいのは、これらの論文の書き出しが共に「大都市の成長 the growth of great cities」という言葉を用いているということだ。"great city" という言葉は、パークも「都市」のなかで用いている。

---

263 『近代アーバニズム』23頁。本章の引用は『近代アーバニズム』の訳文によるが、必要に応じて原典を参照して英語及びドイツ語の該当する言葉を挿入し、訳文も適宜改める。ここで「大都市」と訳されている部分が "big cities" や "metropolis" ではなく "great cities" であることは、後で見るジンメルの議論との比較で重要である。なお、この論文の原典はいずれも、今日ではインターネット上で読むことができる。
264 同書91頁。

"great city" は、ドイツ語では "Großstadt"。ジンメルの論文の題名である「大都市と精神生活 Die Großstädte und das Geistesleben」にあるのと同じ言葉である。

「都市」だろうが「大都市」だろうが、そしてまた「大都市」が great city だろうが large city だろうが metropolis だろうが、どうでもいいという読み方もあろう。実際、バージェス、ワース、パークの論文では、これらの言葉は入れかえてもさほど支障のないものとして使われている。だが、ジンメルの場合にはそうではない。「大都市と精神生活」は「大都市と精神生活」でなければならなかった。なぜならそこでは、「大都市」と「小さな町＝小都市 Kleinstadt」あるいは「田舎 Land」の社会としての違いこそが問題だったからである。

> 各自が街頭を行き交い、さまざまな経済的・職業的・社会的生活がさまざまなテンポでなされている都市〔＝ここでは大都市のこと：引用者注〕は、心理的生活の感覚的な基礎に関して、小さな町や田舎の生活と深い対照を示しています。大都市は、いつも区別している生き物である人間に、田舎の生活とはちがった量の意識を要求します。田舎では生活のリズムと感覚的な心象は、大都会にくらべてずっとゆっくりと、ずっと習慣的に、ずっと静かに流れています。[265]

---

[265] 同書4頁。「大都市の精神生活」のここでの翻訳は、Kurt H. Wolff の英訳からの重訳で「日本語として意味が通らなかったり、明らかに誤訳と思われる箇所について、ドイツ語の原文を参照した」（松本康「解題」『近代アーバニズム』202頁）とあるが、それでもなお意味がわかりにくい部分――ジンメルの言葉遣いや表現自体がそもそもかなり難解である――ここでは、ドイツ語原文を確認しつつ、必要に応じて説明する。松本が英語からの重訳を選択した理由については、『近代アーバニズム』201-201頁を参照。またここでは居安正によるドイツ語からの訳（「大都市と精神生活」酒田健一・熊沢義宣・杉野正・居安正訳『橋と扉』白水社、1998年所収）も参照した。

同じ時代のヨーロッパの社会学者で「大都市」を「小さな町＝小都市 Kleinstadt」あるいは単に「都市 Stadt」と区別していたのは、ジンメルだけではない。前章でも触れた『ゲマインシャフトとゲゼルシャフト』でフェルディナント・テンニースは、都市 Stadt を近代以前からある共同体＝ゲマインシャフトとする一方で、近代になって出現した大都市 Großstadt を、人びとが利益を媒介にして関係する社会であるゲゼルシャフトの典型としている[266]。また、エミール・デュルケムも『社会分業論』で、小都市と大都市を対比的な社会類型としてとりあげている[267]。

　"Großstadt" という言葉は、ドイツでは 19 世紀初頭に「大都市人 Großstädter」という言葉から派生して成立し、1887 年に国際統計学会が人口 10 万人以上の都市を「大都市」と定義し、実際にそうした規模の都市が急激に成長をとげるにつれ、そのような都市の出現を「不安」や「危機」や「社会問題」と捉える意味論と共に頻繁に用いられるようになっていったという[268]。古代・中世以来の都市の伝統のあるヨーロッパにおいて、近代化は旧来の都市とは異なる、"城壁なき、ゲマインデなき都市" である「大都市」の出現として経験された。テンニースやデュルケムが「大都市」と「小都市」の比較において、「大都市」を近代社会に特徴的な社会関係が支配的な場所として論じているように、そこでは同時代の「都市の問題」は「大都市の問題」であり、「大都市の問題」は同時にまた「近代社会の問題」でもあったのである。

266　ゲマインシャフトとゲゼルシャフト』前掲訳書、上、85－90 頁、下、199－202 頁。
267　Emile Durkheim, *De la division du travail social*, 1893. ＝井伊玄太郎訳『社会分業論』下、講談社学術文庫、1989 年、102－116 頁。
268　これについては、山名淳『ドイツ田園教育舎研究──「田園」型寄宿制学校の秩序形成』風間書房、2000 年、46－49 頁を参照。

マンフォードの『歴史の都市　明日の都市』、大室幹雄の『劇場都市』、柳田國男の「都市と農村」や「時代ト農政」、ヴェーバーの『都市の類型学』がそれぞれ示していたように、私たちが「都市」と呼びうる社会は古代から存在する。ジンメルやテンニースやデュルケムにとって「大都市」という言葉は、そうした「歴史のなかの都市」から、同時代の都市とそこに見いだされる"都市の現代的なあり方"を差異化して対象化する概念だったのである。

文化の身体、文化の魂

　この「大都市」に、ジンメルはどんな「問題」を見いだしたのだろうか。「大都市と精神生活」の初めの部分を見ておこう。

　　現代の生活のもっとも奥深い問題は、圧倒的な社会の力、歴史的な遺産、外的な文化、生活技術などに直面している個人が、自分の存在の自律性と個性をなんとか保存しようという要求からきています。[269]

「現代の生活」で個人が直面するこの「圧倒的な力」——上記の訳文では「圧倒的な社会の力」となっているが、ドイツ語原文に即せば「社会、歴史的遺産、外的な文化、生活技術の圧倒的な力」である——が、「大都市」においてまさに問題になるとジンメルが考えていることが、少し先に次のような文章で示されている。

　　それは〔＝思想的な立場の違い：引用者注〕はともかく、これらの立場にはどれも同じ基本的な動機が働いています。それは、人

269　同書3頁。

間は社会－技術的機構による平準化と消耗に抵抗している、ということです。現代に特有の生活とその産物のもつ内面的な意味、つまり、文化的カラダ Körper der Kultur のもっている魂を探究するためには——これがこんにち大都市についてわたしたちに与えられた課題なのですが——、大都市に見られるような構造が、個人の生活内容と個人を越えたところにある生活内容のあいだに立てた方程式を解かなければなりません。[270]

わかりにくい文章だが、ここで「文化的カラダ〔＝直訳すると「文化の身体」〕」という言葉は「現代に特有の生活とその産物」——原文は "die Produkte des spezifisch modern Lebens" だから、むしろ「特殊現代的な生の産物」——の言い換えであり、その身体がもっている「魂」は「内面的な意味」の言い換えになっている。そして、「文化の身体＝現代に特有の生活の産物」という言葉でジンメルが表現したいのは、その直前の文章で「社会—技術的機構〔gesellschaftlich-technischen Mechanismus ＝社会的 - 技術的メカニズム〕」と述べている、「人間とその仕事の機能的な専門化」と、それを支える近代的な諸技術のことだ。

「大都市と精神生活」ではこの「社会—技術的機構」として、非人格的で計算可能なものとして人も事物も取り扱う貨幣経済と、「都市のすべての経済活動と交流」[271] を可能にする時計——時間を媒介とする関係の調整・同期のための装置——があげられる。そして社会—技術的機構の「内面的意味」や「魂」としては、計算可能な合理性にもとづく知性の優越、不断の神経刺激の結果としての歓楽に飽きた態度、社会関係のなかで個人の人格が重要性を持たなくな

---

270 同。
271 同書 7 頁。

るがゆえに生じる個性化への欲求といった、大都市に固有の「精神生活」のあり方が指摘される。いくつか印象的な部分を読んでみよう。

> もし、ベルリンにあるすべての時計が、突然狂って、おかしな動き方をしたとしたら、たとえそれが1時間でも、都市のすべての経済活動と交流が長期にわたって破壊されてしまうでしょう。[272]

> 時間厳守、計算可能性、厳格さなどは、大都会という存在物の複雑さと拡大のために、生活に強いられるのであり、それはたんに大都会の貨幣経済や知性的な性格ともっとも密接に結びついているというだけではないのです。これらの特性は、生活の内容をも彩り、内側から生活態度を決定しようとする非合理的で、本能的で、独立した特性や衝動を排除して、その代わりに外側から一般的で正確に図式化された生活形式を受け取ることを好むのです。[273]

> 大都市では、建物や教育制度、空間を征服する技術〔＝近代的な交通・通信技術：引用者注〕の驚異や快適さ、共同生活の構成体、国家の可視的な制度などがあって、そこではパーソナリティがいわばみずからを維持できないような、結晶化され非人格化された精神が圧倒的に満ち溢れています。一方では、生活はパーソナリティにとって際限なく楽です。というのは、刺激や関心や、時間や意識の用途があらゆる方面から個人に提供されているからです。それらは個人をあたかも流れのなかにいるかのように

---

272 同書7頁。
273 同書7-8頁。

運び、個人は自分で泳ぐことなどほとんど必要ないのです。[274]

　前章で見たようにヴェーバーは、大都市以前の都市ゲマインデに近代資本制と近代国家の原型を見いだした。そして、ヴェーバーと同時代人であるジンメルは、もはや都市ゲマインデではない大都市のなかに近代的な生の典型と、そうした生の展開する舞台を見いだしたのである[275]。文化が個々人の人格を越えて巨大に成長し、「個人は、物質と力の巨大な組織のたんなる歯車」[276]となり、「とるに足らない量に還元され」[277]、「主観的 subjektiv な形式から純粋に客観的 objektiv な生活形式に転換させ」[278]られてしまう。それが、ジンメルが大都市のなかに見いだした「問題」だった。

都市の発見と人間生態学
　以上を確認してバージェスとワースの論文の冒頭を再び読んでみると、"the growth of the great cities" という言葉の世界史的かつ地球的規模での同時代性がわかるだろう。『近代アーバニズム』巻末の「解題」で編者の松本康は、シカゴの都市化がどのようなものだったのかを、次のように説明している。

　　シカゴが大都市に成長したのは、19世紀の後半である。1837

274　同書 18‐19 頁。
275　ジンメルが "Leben"（英語の life）の語を用いている部分を『近代アーバニズム』では一貫して「生活」と訳しているが、Leben, life 共に「生活」以外にも「生」や「生命」というより広い意味がある。ジンメルが哲学者としては「生の哲学」を代表するひとりであることを考えれば、「生活」という訳はいささか都市社会学よりの一面的な訳語であると言える。
276　『近代アーバニズム』18 頁。
277　同。
278　同。

年にシカゴ市が誕生したとき、シカゴはまだ人口約 4,000 人の小さな港町であった。シカゴは、五大湖からミシシッピ川につながる水運の結節点であった。その後、1850 年代に大陸横断鉄道が建設され、シカゴは、東部、南部、西部と鉄道で結ばれた「鉄道首都」となった。その結果、1860 年には、11 万人、1870 年には 30 万人、1880 年には 50 万人、1890 年には 101 万人、1900 年には 170 万人、1910 年には 218 万人、1920 年には 270 万人と人口が膨れあがった。パークとバージェスが都市について書いていた頃、シカゴの人口は 300 万人を超えつつあった。[279]

小さな港町がわずか半世紀ほどの間に合衆国を代表する、そして世界でも指折りの大都市へと変貌する。その間、1871 年には大火で都市中心部が焼け落ち、以後、中心部の木造建築物が禁止された結果、鉄と石でできた高層建築が立ち並ぶ街並が形成されていった。また、ヨーロッパからの大量の移民の受け入れにより、中心部周辺に多様な民族的居留地が形成されていった。そこでは、地理的にも、建築空間としても、そしてまた地域社会としても、小さな町が近代的な大都市へと急速に成長していったのである。近代化に先立つ「都市」の伝統がない合衆国では、ヨーロッパであれば「大都市化」と見なしうるものが、「都市化 urbanization」として見出された。バージェスとワースが、そしてパークが「都市 city」という言葉で対象としていたのは、ジンメルならば「大都市 Großatadt」としてそれ以前の都市とは区別する現代の都市だった。そしてその都市＝大都市は、「都市の拡大過程の研究はまだなされていない」[280] とバー

---

279 同書 204 頁。
280 同書 26 頁。

ジェスが述べ、「アーバニズムの性質と都市化の過程に関するわれわれの知識は、わずかなものである」[281]とワースが述べているように、いまだそのあり方が十分に知られていない、新奇で未知なものとして認識されていたのである。

ここでパークの「都市」の最初の部分を見ておこう。

> この論文の観点からは、都市とは、たんなる個々人の集まりでもなければ、社会的施設——街路、建物、電灯、軌道、電話など——の集まりでもなく、なにかそれ以上のものである。また、たんなる制度や行政機関——法廷、病院、学校、警察、その他各種の行政機関——の集まりでもなく、なにかそれ以上のものである。むしろ都市は、一種の心の状態、すなわち慣習や伝統の集合体であり、もともとこれらの慣習のなかに息づいており、その伝統とともに受け継がれている組織された態度や感情の集合体である。換言すれば、都市とは、たんなる物的装置や人工構造物ではない。都市とは、それを構成している人びとの生活過程に関与している。つまり、それは自然の産物であり、とくに人間という自然 human nature の産物である。[282]

ジンメルは、現代社会に特徴的な社会的—技術的メカニズムと個々人の人格との関係を典型的に実現している場所として、大都市を見いだしていた。それに対してパークが上記の引用の後半で述べている「慣習や伝統の集合体」や「組織された態度や感情の集合体」についての指摘は現代社会や大都市に固有のことではなく、およそ歴史上のあらゆる都市に、そしてまた都市以外の他の社会形態——

---

281 同書93頁。
282 同書41頁。

村落や、企業や、宗教団体や、部族や、その他諸々——に関しても言いうることだ。だが、そこでパークが念頭に置いているのが現代の大都市であることは、電灯や軌道や電話など、近代になって現れた社会的諸施設に言及している前半部から読み取れる。その大都市は、社会的施設や行政機関を構成要素としているが、それらの施設や機関には還元することのできない「なにかそれ以上のもの」で、「それ自身の生命」[283]をもつ「人為的でない自然過程と成長過程の産物」[284]なので、その「(1) 物理的構造と (2) 道徳秩序においてできる任意の修正には限界がある」[285]ような存在である。

　都市コミュニティの境界線の内部で——事実、人間の居住するいかなる自然地域の内部においても——、その人口と諸制度が秩序だった典型的な集団に分かれるような諸力が作用している。これらの諸要因を取り出し、これらの諸力が協働して生み出す人びとと諸制度の典型的な配置を記述しようとする科学は、われわれが植物生態学や動物生態学と区別して、人間生態学 human ecology と呼ぶものである。[286]

現代日本で「エコ」と縮められて使われる「エコロジカル」の語源である生態学(エコロジー)は、一定の自然環境の下での生物集団間の共生と競争、淘汰と均衡、ひとつの均衡状態から別の均衡状態への推移などを研究する生物学の一分野である。人間生態学とは、都市的環境における人間集団と環境および人間集団相互間の関係を、生物の生態

283　同書 44 頁。
284　同書 43 頁
285　同書 44 頁。
286　同書 41 頁。

学における生物集団と環境の関係や、他の生物集団との間の関係のアナロジーで理解し、記述し、分析する試みなのだ。パークが都市を「自然の産物」であり「人間という自然 human nature の産物」であると述べたことも、社会を生物学のアナロジーで記述し、分析しようとする、この人間生態学の考え方によるものだ。

　この論文では明示されていないのだが、『近代アーバニズム』の「解題」で松本康も指摘しているように、パークの人間生態学では競争と淘汰が秩序を生み出す生態系的な場としての「コミュニティ community」あるいは「共生的社会 symbiotic society」と、コミュニケーションとコンセンサスが秩序を支える「ソサエティ society」あるいは「文化的社会 cultural society」を区別していて、都市では後者よりも前者が優越すると考えた[287]。パークにとって都市は「ソサエティ」であるよりもまず「コミュニティ」、「文化的」であるよりも「共生的」で、そのなかからより「文化的」なコミュニケーションとコンセンサスに基礎をおく社会が現れてくる過程を観察することができるような場所だった。そんな「社会以前の社会から社会が現れてくる場所」としての都市を指して、パークは「社会的実験室」と呼んだのである[288]。

---

[287] 同書212頁の松本「解説」を参照。Robert E. Park, "The City as Social Laboratory", T. V. Smith & L. D. White (eds.), *Chicago : An Experiment in Social Science Research*, University of Chicago Press, 1929. ＝町村敬志訳「社会的実験室としての都市」町村敬志・好井裕明編訳『実験室としての都市』御茶の水書房、1986年、及び "Human Ecology", *American Journal of Sociology*, 42-1, 1936. ＝町村敬志訳「人間生態学」同書も参照されたい。
[288] 上掲「社会的実験室としての都市」を参照。論文「都市」にも「ここは集合行動を研究するための真の意味での実験室である」（『近代アーバニズム』62頁）という文章がある。

3. 生きた都市

自然としての社会

　パークの「都市」は、この"「自然」から「社会」が現れる場所"で社会の出現や成立を「人為的でない自然過程」としてどう研究するのかの「提案」である。提案されることは多岐にわたるが、柱となるのは 1. 都市計画と地域組織、2. 産業組織と道徳的秩序、3. 第二次的関係と社会統制、4. 気質と都市環境で、より具体的には民族や階層による住み分けの構造、職業組織や労働組合、流行と暴動、ニュースと広告、教会と学校、危機と犯罪、等々である。こうして並べてみると、これらはいずれも「自然」ではなく「社会」にかかわり、人為的に作られて運営される組織や機構も含まれている。どうしてこれらが「人為的でない自然過程」として「人間生態学」の対象になるのだろうか。ヒントとなる部分を読んでみよう。

　　都市、そしてとくに大都市では、他の場所にくらべて人間関係が非人格的で合理的となりがちで、利害や金銭によって規定されているが、ここは集合的行動を研究するための真の意味での実験室である。ストライキや小規模な革命運動は、都市的環境に固有のものである。都市、とくに大都市は、不安定な均衡状態にある。その結果、都市人口を構成する膨大で偶発的で流動的な凝集体は、果てしない扇動状態におかれており、あらゆる新しい教義の風に吹き飛ばされ、つねに警鐘を鳴らされ、その結果、コミュニティは慢性的な危機状態にある。[289]

---

[289] 『近代アーバニズム』62 頁。

ここで述べられていることは、ジンメルが「大都市と精神生活」で述べていた、巨大化した客観的文化が個々人の人格を圧倒せんばかりの状態に置く大都市のあり方と重なり合う。パークがそれを「自然」で「生態学的」な過程として捉えるのは、コミュニケーションとコンセンサスにもとづく文化的な秩序がなく、人間集団が不断に流動しつつ共生していく状態にある都市では、計画や統制といった人為を超えて社会が変動し、それに人びとが適応することで秩序が自生的に形成されると考えるからだ。人間生態学にとっての「自然過程」とは、計画にも統制にも、コスモロジーや象徴的秩序のような文化の共有にもよらず、利害や感情にもとづく個々人の「人間の自然」の発露としての行動が、"自然に"住み分けと不安定な均衡を生み出していく、大都市に顕著な過程なのだ。都市の組織や機構、計画や統制は、そうした「自然過程」への実験的対応として理解されるのである。

都市を生きるさまざまな世界

　バージェスの「都市の成長」とワースの「生活様式としてのアーバニズム」は、大都市を「自然」と捉えるパークの「人間生態学」の提案を受け、この「自然過程」に働くメカニズムをより特定して論じたものとして読むことができる。

　バージェスは、都市における社会の近代的な様相や変化をもたらす「深い「破壊的」な力」は「都市の物理的な成長と拡大によって測定される」[290]と考え、「都市の典型的な拡大過程は、おそらく、一連の同心円によってもっともよく示すことができるだろう」[291]と主張した。それを示したのが**図6-1**、**図6-2**である。

290　同書23頁。
291　同書26頁。

図6-1 都市の成長
(『近代アーバニズム』27頁)

図6-2 都市地域
(『近代アーバニズム』31頁)

同心円状のシカゴの都市構造。
シカゴでは環状高架線に囲まれた都心が
"LOOP" と呼ばれている。

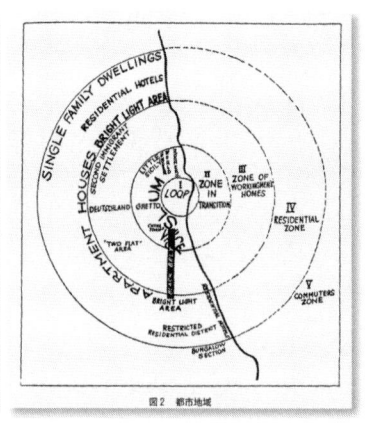

図6-1と同じ都市構造内部の
住み分けの構造が示されている。
詳細は本文を参照

　「同心円仮説」と呼ばれるこのモデルは発表以降、ホイトの「扇形モデル」（1939）やハリスとウルマンの「多核心モデル」（1945）などの異なる形のモデルによって批判されてきた。都市が立地する自然地理的条件や気候、産業や経済、利用可能な交通機関とそのパターン、立地に対する文化的な価値観などによって、都市空間の形態もその拡大の形も異なるのは当然である。だから、そのひとつのタイプを示したバージェスの論文を同心円仮説の妥当性という点において評価することはあまり意味がない。「都市の成長」の都市論としての魅力はむしろ、この同心円構造の中にバージェスが見出した都市的世界のあり方である。**図6-1**では、Ⅰ．ループ（＝都心)、Ⅱ．遷移地区（工業地帯を含む)、Ⅲ．労働者居住地帯、Ⅳ．住宅地帯、Ⅴ．通勤地帯と、産業構造と経済活動に即して機能的に分化したものとして捉えられた都市空間が、**図6-2**では多様な民族や階層の人び

とが凝集し、共生するモザイク状の世界として描かれている。そこにはリトル・シシリー（＝シチリア島出身者を中心とするイタリア人街）、ゲットー（＝ユダヤ人街）、チャイナタウン、"アンダーワールド"の下宿人たちが暮らす地区、スラム、ブラック・ベルト（＝黒人居住地区）、移民二世の居住地、ドイチュラント（＝成功したユダヤ人たちがドイツ風の暮らしをしている地区）、ツー・フラット・エリア（＝玄関を共有しているが、1階と2階は異なる世帯が居住する2階建て住宅が立ち並ぶ地区）、繁華街〈ブライトライトエリア〉、アパートメント地区、居住用ホテル、一戸建て家族住宅、住居専用地区など、民族や階層が異なり、住居の形態が異なり、それゆえ生活様式や生活文化が異なるさまざまな人びとが、誰が計画したのでも意図したのでもなく——自然に！——、それぞれに異なる小世界を作って生きているのだ。このことついてのバージェスの文章を少し読んでみよう。

　中心業務地区の内部あるいは隣接する通りには、「ホボヘミア」の「目抜き通り」、つまり中西部の住所不定の渡り労働者であふれかえる劇場街リアルトがある。中心業務地区をとりまく劣悪な地帯には、いわゆる「スラム」や「悪地」がつねに見いだされる。ここは、貧困や堕落や疾病に沈んだ地域であり、犯罪や悪徳に満ちた暗黒街である。劣悪化しつつある地域には、「地獄に落ちた魂」の煉獄である下宿屋街がある。[292]

　つぎの地帯も、工場や商店に勤める労働者によって圧倒的に占められているが、かれらは熟練労働者であり倹約家である。ここは、第二の、一般的には第二世代の移民の居住地である。そ

292　同書30頁。

れは、スラムから逃げ出してきた人びとが住む地域、希望に燃えたゲットーの家族にとってのドイチュラントである。ドイチュラント（字義どおりの意味では「ドイツ」）とは、ゲットーを越えた地域であり、成功した隣人がドイツ系ユダヤ人の生活水準をまねているようにみえることから、半分はうらやみをもって、半分はあざけりをこめて、この地帯にあたえられた名称である。しかし、この地域の住民は、今度は「約束の地」を見上げ、その居住用ホテルやアパートメント・ハウス地帯や「衛星ループ」や「繁華街（ブライトライト）」地域を見上げている。[293]

「都市」でのパークの言葉を借りるなら、ここに示されているのは、具体的な営みや意識や感情の担い手である「諸個人とコミュニティに内在する生きた諸力に結びつけられた」[294]、「生きた都市 living city」[295] である。そして、この"生きた都市"の成長を駆動し、それを「新陳代謝」させていくものとしてバージェスが注目するのが、「移動 movement」と「流動性 mobility」である。「移動」とは都市内外を人が動くことで、それには「居住地から居住地への移動、職業の変化、転職、離職と復職、レクリエーションや冒険を求めての移動」[296] などがある。それに対して「流動性」とは、「新しい刺激や状況に反応して起こる移動の変化」[297] である。

　　型にはまった性質をもつ移動は、仕事に典型的に見られる。
　　移動の変化、つまり流動性は、冒険のなかに典型的にみられる。

293　同書32頁。
294　同書42頁。
295　同。
296　同書34頁。
297　同。

「繁華街〔ブライトライト〕」があり、新奇さや取引の中心があり、娯楽の宮殿があり、悪徳と犯罪の裏世界があり、事故や窃盗や殺人などによる生命や財産の危険性がある大都市は、冒険と危険、興奮とスリルの程度がもっとも高い地域となった。[298]

こうした流動性は、路面電車、自動車、手紙、電話など、近代的な交通・通信技術によっても高められるとバージェスは言う[299]。重要なことは、都市の拡大と地域構造の分化が同心円的かどうかよりも、その過程が"生きた都市"における人びとの営み、意識、感情を通じて現れ、展開してゆくということであり、そうした"生きた都市"の表出＝現れとして都市の成長を理解することである。

人間の群れとしての都市

他方、ワースの「生活様式としてのアーバニズム」は、「相対的に大きく、密度が高く、社会的に異質な諸個人からなる永続的な居住地」という「都市の社会学定義」を提示し、都市社会に固有の生活様式としての「アーバニズム urbanism」を、この定義から導き出される社会的結合や行動、意識として説明する「アーバニズムの理論」を提唱した、都市社会学史上重要な論文とされている。だが、そうした理論的論文としては、「生活様式としてのアーバニズム」はほとんど破綻している。人口の大きさ、密度、異質性から都市的生活様式の諸相を説明出来るとするワースの主張は"「風が吹けば

---

[298] 同。
[299] 同書35－37頁。パークもまた「都市」で、パークやバージェスに先立つ世代のシカゴ大学社会学科の指導者だったW. I. トマスの議論を参照しつつ、貨幣経済と産業組織の拡張、教育と読み書き能力の向上が人びとの生活関心を拡張し、社会関係を非人格化することによって、流動性を高めると論じている。これについては同書57－59頁を参照。

桶屋が儲かる」式の理論 " であまり説得力がないし、「アーバニズム」と「産業主義や資本主義」を混同してはいけないと述べながら、「都市産業社会」という表現を使ったりもする[300]。こうした欠点は発表当時から今日まで繰り返し批判されてきたが[301]、ここではそうした批判は脇においておこう。

　ジンメル、パーク、バージェスの論文とあわせてこの論文を読むときにわかるのは、ワースもまたここで「都市一般」ではなく、ジンメルやパークやバージェスと同じ「大都市」という問題に、同じように向き合っていたということだ。幾つか文章を読んでみよう。

　事実上、人間の歴史における新しい時代を画している交通・通信技術の発展は、われわれの文明における支配的な諸要素としての都市の役割を際立たせ、都市それ自体の範囲を越えて都市的生活様式をいちじるしく拡大させてきた。[302]

　都会人は、高度に分節化された役割において互いに出会うという特徴がある。たしかに、彼らは、村落の人びとよりも、多くの人びとに生活欲求の満足を頼っており、それゆえ、より多くの組織化された集団と結びついている。…（中略）…都市の接触は、じっさいに対面的なものであるかもしれないが、それにもかかわらず、非個人的であり、表面的で、一時的で、分節的である。こうして、都会人が自分たちの関係のなかで表明する控えめな態度、無関心、そして歓楽に飽きた態度は、他人によ

300　同書93頁、97頁。
301　「ワース以降の都市社会学の歴史は、ワース批判の歴史であったといっても過言ではない」（同書219頁）と「解題」で松本は指摘している。
302　同書94頁。

る個人的要求と期待に対する免疫装置であるとみなすことができるかもしれない。[303]

　時計と交通信号は、都市的世界における社会秩序の基礎を象徴している。[304]

　こうして、社会を統合する組織体から距離をおいた諸個人は、流動的な大衆を構成し、都市コミュニティにおいて、予測不可能でそれゆえ問題をはらんだ集合行動を形成する。[305]

こうした現代大都市社会の様相を、人口の状態である「都市の社会学定義」によって説明するのは無理がある。「生活様式としてのアーバニズム」に都市論としての魅力があるとすれば、その魅力は自らが提唱する「アーバニズムの理論」にうまくおさまらない現代大都市生活の諸相にワースもまた対峙していることと、そして、奇妙に聞こえるかもしれないが、その諸相をワースが「大量で、高密度で、社会的に異質な人間の群れ」という大都市の"素材"であり、それがあることによって都市が"生きたもの"となる人間集団の、生き方（＝ way of life）として考えようとしたことにある。パークが人間生態学というやはり問題含みの方法と理論によって示そうとしたように、ワースやパーク、バージェスの眼前で展開していたシカゴの都市化＝大都市化は、文化やコミュニケーションやコンセンサスによっては秩序づけられない、競争し淘汰しあいながら共生する"人間の群れ"としてのコミュニティの出現として受けとめ

303　同書 102 - 103 頁。
304　同書 106 頁。
305　同書 107 頁。

られた。ジンメルが客観的な文化の巨大な機構を見た場所に、シカゴの都市社会学者たちはいまだ文化的社会ならざる共生的社会を見る。大量で、高密度で、異質性の高い人口とは、そうした文化の共有を欠いた人間の群れに他ならない。

現代社会が大都市として出現する

　それまで考えられなかったような大量の、社会的な出自も職業も暮らし方も異なる人びとが、互いに隣り合い、ひしめき合って暮らす巨大な人口の集合体が、その領域を拡大し、計画したわけでもないさまざまな地域をそのなかに生み出し、その広がりが巨大な協働生活の場となってゆく。これまで人類史上存在しなかった、そんな巨大な人口の集合体を擁した都市が生まれ、成長してゆく稀有な場面に立ち会ったことの驚きと高揚、それに対する好奇心がシカゴ学派の「発見」と問題提起にはある。巨大なテクノロジーと社会機構の下にありながら、それ自体が自然な生命のような成長性をもつ「現代都市」の発見。それはまた、「都市」とは異なるものとして「大都市」を見いだしたヨーロッパ社会の経験とも通底する、「都市」と「社会」の発見だったはずだ。

　『都市の類型学』の冒頭近くでヴェーバーは、家と家とが密接しているような巨大な一体的定住を示す大聚落であることは、都市においては「都市以外の隣人団体に特徴的な・住民相互間の人的な相識関係が、欠けているということ」[306]を意味していると述べていた。ヴェーバーの都市類型論はその後、都市の経済的なあり方や政治的＝行政的なあり方から、都市ゲマインデとしての西洋中世都市の特異性を検討へと進むので、都市が大聚落であることの社会学的な意

306　『都市の類型学』4頁。強調は原著による。

味という論点はさらりと述べられるだけで、その後、それが考察されることはなかった。だが、「住民相互間の人的な相識関係を欠いた巨大聚落」が、都市ゲマインデのような政治的＝行政的かつ経済的な社会組織によっても、それ以外の地域集団や血縁ないし疑似血縁集団によっても組織・統制されず、大室幹雄の『劇場都市』が示したような城壁の内部を秩序づける宇宙論や権力によっても組織・統制されることがなくなった場所から、私たちが知っている現代的な大都市は、巨大な社会―技術的機構と人間の群れとして現れてくる。『都市の類型学』がその手前で叙述をとめた"城壁なき、ゲマインデなき都市"は、そのような「大都市」として発見されたのである。

　今、『近代アーバニズム』に収められたこれらの論文を読むと、そこで語られているのが「大都市」や「都市」についてなのか、彼らにとっての「現代社会」についてなのかがわかりづらい。だが、大都市や都市について語っていると、いつの間にか現代社会について語っているかのようになってしまうことこそ、"城壁なき、ゲマインデなき都市"としての現代都市の特徴のひとつなのだ。そうした「現代社会」が、合理化された機構や機械化されたメカニズムが大量の人間の群れを支える「大都市」として19世紀後半から20世紀初めに出現したことの記録、そしてその出現に対する社会学者たちの反応の記録が、これら古典的論文なのである。

第 **7** 章 都市という危険な領域

ルイ・シュヴァリエ『労働階級と危険な階級——19世紀前半のパリ』（喜安朗・木下賢一・相良匡俊訳、みすず書房、1993年。原著は、Louis Chevalier, *Classes laborieuses et classes dangereuses à Paris, predant la première moitié du XIXe siècle*, Librairie Plon, 1958.）

1．「病めるパリ」の社会史

「危険な都市」の歴史的・社会的構造へ

　都市、とりわけ現代の都市を、人はしばしば「危険な場所」だと考える。前章でとりあげた『近代アーバニズム』のなかのバージェスの『都市の成長』は、1920年代のシカゴに現れた「スラム」や「悪地」といった「劣悪な地区」を、「貧困や堕落に沈んだ地域」で「犯罪や悪徳に満ちた暗黒街」であると述べていた。またパークも、都市のなかの「悪徳」を、都市における「人間という自然」の発現だと考えていた。

　こうした感覚は、現代の私たちにもリアルな都市のイメージの一面をなしている。世界の大都市にはたいてい「危険な場所」があり、旅行ガイドはそうした場所への旅行者の好奇心による立ち入りを戒める。その一方で、小説や映画においてそうした「危険な場所」は、しばしば都市の「真の貌」や「真相」として語られたり、表現されたりする。「健全な市民」が暮らす領域とは別に、同じ都市のなかに「危険な領域」があること。多くの「健全な市民」がそうした領

域に立ち入らず、また、そうした場所を見ることも、その存在を考えることもない一方で、小説やノンフィクション、映画やテレビ番組で、そうした「危険な領域」は「都市の真実の姿」として「健全な市民」にとって好奇心と魅惑の対象となってきた。近代の都市論の歴史でも、ウィリアム・ブースの『最暗黒の英国とその出路』やフリードリッヒ・エンゲルスの『イギリスにおける労働者階級の状態』、松原岩五郎の『最暗黒の東京』など、いわゆる「都市探訪もの」は、近代都市論における主要なジャンルの一つをなしてきた[307]。

　この章では、19世紀前半のパリにかんして、都市がそうした「危険な領域」として見出され、語られ、問題視されることの歴史的・社会的な背景を解き明かそうとした、フランスの歴史家、ルイ・シュヴァリエの『労働階級と危険な階級』を読むことにしよう。1958年に刊行されたこの本について、訳者の一人で自身も19世紀パリについてのすぐれた都市論の書き手でもある喜安朗は、「本書が出現して以来、「病めるパリ」といわれていた十九世紀前半期の都市パリについて、これに比肩しうるような研究は書かれていない」[308]と「訳者あとがき」で述べている。

　訳書で2段組み、450頁以上の大著であるこの本は、19世紀前半の「「例外的な」といわれるほどの都市の病理をかかえこんだパリと、そのなかに生きる民衆層が、あたかも文明の埒外にもう一つの、それとは敵対的な、全く独自の社会を生み出しているようにみえる事態を、同時代の文書や統計の言説を大量に提出しながら明らかにしよう」[309]としたものだ。これらの文書や統計を駆使してシュ

307　William Booth, *In Darkest London and The Way Out*, 1890. ＝山室武甫訳『最暗黒の英国とその出路』相川書房、1987年。Friedrich Engels, *Die Lage der arbeitenden Klasse in England*, 1845. ＝一條和生・杉山忠平訳『イギリスにおける労働者階級の状態』上・下、岩波文庫、1990年。松原岩五郎『最暗黒の東京』岩波文庫、1988年。
308　「訳者あとがき」『労働階級と危険な階級』467頁。

ヴァリエは、当時のパリの状態と、そこに生きた人びとがそれに対して抱いた意識や感情を生き生きと描き出している。こころみに二つの例をあげてみよう。最初のものは当時の医療地誌学者のクロード・ラシェーズが 1816 〜 19 年の死亡統計に関して記した言葉、その次にあげるのは小説『二重家族』におけるバルザックの言葉である。

　問題となるこれら数年は、食料不足の切迫と冬期の厳しさにおいて顕著であったことが想起される。しかるに人も知るごとく、この一過性の危機はなかんずく小児と婦人に不幸な影響をもたらした。[310]

　こうしたありさまのなかで、しかも一二月も終わりの頃、すなわちパンがもっとも高くなり、貧民にとって、一八一六年をあれほどにも過酷な年とした、あの穀物の価格高騰の始まりが感じられた頃、通りがかった彼は、名も知らぬその若い娘の面立ちに、密かな思惑のおぞましい跡を認めた。それは、彼の慈愛に満ちた微笑によっても消えることはなかった。まもなく彼はカロリーヌの眼のうちに、夜なべ仕事の打ちひしがれた徴候を見てとった……。[311]

この時代のパリのこうした具体的なあり方を、当時の人びとがそれに対して抱いたリアリティと共に知ることができるのが、『労働階級と危険な階級』を読む楽しみのひとつである。だが、ここでこ

309　同。
310　同書 33 頁。ところで、この場所に限らないのだが、シュヴァリエは引用する文献の出典を、書名はもちろん発行年や該当頁も含めてしばしば記載していない。
311　同。

の本を通じて読み解きたいのは、そうした「危険な都市」の具体的なあり方それ自体ではない。ある都市が「危険な都市」であるとされるとき、そこには「危険」と見なされる状態や人びとと、それらを指して「危険である」と語る人びとがいる。そしてそこには、「危険」とされる状態や人びとを生み出す社会的な構造があり、また、それを「危険である」と語る人びとや言説を生み出し、支える構造がある。ある都市が、一定の歴史的な状況のなかで、そこに暮らす人びとを特定の関係構造の下に置き、その構造を生きることを通じて「危険」とみなされる状態と、それを「危険」として語る言説が生産される。そうした社会的な関係構造のあり方と、それを取り出したシュヴァリエの視点と方法を、都市論の視点と方法としてここでは読み解いてみたいのだ。

本全体の構成を説明しておこう。この本は「総論」、「第一編　テーマとしての犯罪——その重要性と意義」、「第二編　病理的状態の表現としての犯罪——その諸原因についての考察」、「第三編　病理的状態の表現としての犯罪——その諸結果についての考察」、「結論　社会史の生物学的基礎」からなり、第二編はさらに「第一部　人口の増大」、「第二部　人口の構成」の二つの部に、第三編は「第一部　事実」、「第二部　世論」、「第三部　行動様式」の三つの部に分かれている。そしてさらに、これらの各編・各部が複数の章・節に分けられているのだが、それらのタイトルの紹介はここでは省略する。

この大著の全体を要約し、紹介することは限られた紙幅のなかで難しいし、かえって内容も薄くなってしまうので、ここでは全体の序論にあたるものとして本の冒頭におかれた「総論」と、それに続く「第一編　テーマとしての犯罪——その重要性と意義」の部分を中心に、「危険な都市」が見出され、また語られる歴史的・社会的条件と、言説と統計からそれを描き出すシュヴァリエの方法を読み

解くことにしよう。

犯罪都市・パリ

『労働階級と危険な階級』に掲げられた表によれば、1817年のパリ市の人口は71万3,996人、それが1837年には90万6,501人、1844年には100万6,442人、1852年には107万7,478人に達している[312]。前章で見た19世紀後半から20世紀はじめのシカゴの人口ほどではないが、この時代のパリがすでに「大都市」であったことがわかるだろう。だが、この本で対象とするパリは、単なる「大都市」ではない。それは「犯罪の都市」である。

『労働階級と危険な階級』の冒頭でシュヴァリエは、「十九世紀前半のパリに関する従来の経済史・社会史・政治史は、犯罪がまるで二義的でいまわしい側面であるかのように、またこれらについての記述が文学の世界における束の間のあやしげな流行ででもあるかのように、危険な階級の問題と、これに関する膨大な記録とを無視するという、たいへんまちがった態度をとっていた」[313]と述べる。

> 犯罪は王政復古〔= 1814～15年:引用者注〕から第二帝政〔= 1852～70年:同〕の初頭までの間、パリにおいて書かれ、かつパリについて書かれたあらゆる文書のなかの主要なテーマであった。この期間においてこそ、古い都市の残骸のなかから、壮大な行政と経済の都市、けれどもまた人間の都市でもあるパリが姿を現わし、またこのようにしてできたパリは、アンシアン・レジームによって痛めつけられ、その刻印を遺していた以前のパリよりは、われわれの生活しているこのパリに似かようもの

---

312 『労働階級と危険な階級』311頁。
313 同書3頁。

になった。[314]

　犯罪を社会が内包する問題の徴候として見ることは、現代のノンフィクションや社会評論では比較的よくある視点である。他方、社会学ではデュルケム以来、ある行為が「犯罪」と見なされることはその社会で何が「正常」であるかという規範意識や価値意識を示すものとされ、また、特定のタイプの犯罪の増加や減少が社会の構造的な変化を示すものと見なされてもきた。『労働階級と危険な階級』のシュヴァリエの視点もこれらと重なり合うが、そこでは「犯罪」と「都市」、とりわけ「19世紀前半のパリ」という特定の都市との関係が、より強い形で結びつけられている。なぜならそこでは犯罪が、この時代のパリを考えるうえで無視できないどころか、決定的に重要なものと考えられており、さらにまたそうした「犯罪都市」が近代都市パリの起源に位置づけられてもいるからである。

　シュヴァリエによれば、19世紀前半のパリが「犯罪の都市」であったことは、当時の統計類が記録した犯罪行為の数量の増加によって示されているのはもちろんのこと、当時の新聞、パンフレット、小説などが示す犯罪への日常的な関心——それはまた日常的な不安でもある——によっても示されているという。当時のパリは「景観全体が犯罪の痕跡を留めて」[315]いて、1839年に『職人組合の書』という書物を著した指物職人のアグリコル・ペルディギエによれば、「伝統に沿うパリ見物は、もっとも戦慄すべき場所、すなわちグレーヴ広場、シテ島やモベール広場、また中央市場の悪の巣窟、病院、墓地、モルグ〔死体公示所〕への欠くべからざる巡礼を含むものであった」[316]。

314　同。
315　同書4頁。

シュヴァリエによれば、当時のパリで犯罪は、次の三つの点で「ノーマルな事象」であったという。

　①まず犯罪に関する計測は、都市に関する統計調査が最初にとりかかる作業のひとつであり、さらには都市生活の他のさまざまな側面のなかのひとつを問題にしているにすぎないかのように、もっとも普通に行われる作業であった。[317]〔以下、引用冒頭の番号は引用者による。〕

　②人口の一般調査と人口の変動測定のなかで、犯罪件数という項目は、ちょうど私生児、捨て子、嬰児殺しないし自殺などの、それ自体犯罪とされる項目と同じ位置を占めており、また出生や死亡とほとんど同様の位置を占めていた。[318]

　③犯罪は上記の重要な諸事実と同等の資格で、いや、おそらくはそれ以上の適確かつ精緻なものとして、都市生活の全般的な状態を示しており、犯罪はそれらに関し、正確で便利な尺度を提供していた。[319]

　犯罪が示すのは「多くの人びとにとっての危険な諸条件、すなわち運命の共同性や厭うべき連帯性」[320]であり、「ここで問題になるのは犯罪〔そのもの：引用者注〕ではなく、都市における生活の病理学的特徴である」[321]とシュヴァリエは述べる。

316　同書10頁。
317　同書9頁。
318　同書10頁。
319　同。
320　同書11頁。

「病理」とはそもそも生物の心身に関する事柄である。都市や社会の「病理」という言い方は今日では一般化した表現だが、そもそもは身体的な状態を社会に投影した隠喩的表現である。パリが「病んでいる」というのも、さしあたりはそうした比喩的表現だが、『労働階級と危険な階級』では、それ以上の意味をもっている。なぜならそこでは、そうした「都市の社会的病理」の根底に「生物学的基礎」があるとシュヴァリエは考えているからだ。シカゴ学派の人間生態学とも通じそうなこの「生物学的基礎」については、少し先で考えることにしよう。ここではこの「犯罪の都市」を読み解き、語るシュヴァリエの方法を、まず見てみることにしよう。

2. 二つの都市①――統計と文学

統計と文学

　都市の社会史としての『労働階級と危険な階級』の特徴のひとつは、当時の人口統計や社会統計を大量に駆使して、パリの人口数や人口密度や年齢構成とその動態、住居の状態、街路や下水溝などの都市インフラ、婚姻の状況や私生児の出産状況、病や自殺や死亡の数や率などを提示し、それによって「犯罪都市」の基底に「病める都市」が存在したことを示した点にある。

　社会史における統計の利用は、フェルナン・ブローデルやエマニュエル・トッドの研究が広く知られる現在ではとりたてて目新しいものではない。だが、シュヴァリエが本書を発表した1950年代初めにおいては、「物質的・精神的側面からみた、人口に関する継続的・均質的な数量的記述として定義される社会史が、フランスにほぼ完

321　同書。

璧に欠如」[322] していた。ここで注目したいのは、研究史上のこの欠如それ自体ではなく、その欠如の理由としてシュヴァリエが「文学」をあげているということだ。シュヴァリエによれば、フランスにおける社会史研究における数量的記述の欠如を説明するいくつかの理由のうち、「まず真っ先にあげられるものは、偉大な文学作品の存在」[323] だというのである。このことはとりわけ、19世紀の最初の3分の1の時期のパリの社会史について妥当する。

> もっとも偉大なものだけをあげても、バルザック、ユゴー、シュー、ドーデ、ゾラがこの首都について、あれほどまでに完璧で具体的な記述を残しており、歴史学者たちは、一見無意味な古文書や空疎な統計に関する研究をほったらかし、ほとんどの場合、自己の作業の第一の素材としてこれらの著作を借りることで満足する。この首都に関しては、かろうじて確認ずみの資料によって組み立てられた政治史や経済史のうえに、奇妙にもほとんど丸ごと虚構によって構成された社会史が付け加えられる。[324]

だから、「社会史の研究は、最初の段階では、文学作品という証言を拒絶しておかないわけにはいかない」[325]。だが、『労働階級と危険な階級』は文学を拒否して"一見無意味な古文書や空疎な統計"のみを使って当時のパリの姿を描くことに向かうのではない。そもそもこの時代を描こうとする歴史家たちが文学作品を「史料」としてパリを描く誘惑に抗することができなかったのは、当時の小説が「社会の全般的変容についての集合的な苦悩」[326] の記録であっただ

322　同書29頁。
323　同。
324　同。
325　同。

けでなく、たとえばバルザックの小説の場合、「親族関係、近隣関係、交友関係、取引の関係、顧客としての関係などについての情報、住所の表記など、戸籍台帳や商店一覧から借りたかと思われるほどのものが並ぶ」[327] ものであり、それに加えてさらに「この時代の作品のほとんどが、ある種の克明さと数字のうえの厳密さを示して」[328] いるからである。

　この数えることに対する執念を、われわれは〔バルザックの：引用者注〕『人間喜劇』を通じて見ることができよう。死亡数、出生数、経済変動局面、社会的な性格をもつ各種の数字、犯罪件数など、バルザックはさまざまな問題について数値なり割合なりを提示する。これらは時には矛盾していることもあるが、公的に発表された数字、もしくは一般に認められた数値への関心を前提としており、また、いずれにせよ、小説家にとって——歴史家にとってと同様——計量し、数字という言語に頼る以外には、社会の変容を記述することが不可能であったことを示している。[329]

こうした文学作品を前にして、統計的手法を用いた社会史がなすべきこととしてシュヴァリエは、次のような二段階の「人口学的鑑定」をおこなうべきだと提案する。すなわち、「第一段階として文学的証言と数量データの照合を、第二段階として文学的証言を統計的研究から導き出した基本的傾向と照合することを考えるべきであろう」[330]。第一の段階の作業は「文学作品という証言とあらかじ

326　同書27頁。
327　同書30頁。
328　同書41頁。
329　同。

め収集しておいた数量的データとを突き合わせること」[331] であり、そこでは作品の文学的価値は考慮されることなく、「歴史家は文学的記述を、統計的な測定と合致する場合に限り証言として採用する」[332]。第一の段階における鑑定が、統計の個々の数値と小説の細部の記述の照合を通じて、小説のどの部分の記述が社会史的に真であるかを確認する作業であるのに対して、第二の段階では「数値の全体」、「人口の変動の状況に関する統計の全容」、「主要な人口動態上の、また、社会的動向を示す一群の数字」と、「作品全体」の「まとまり具合、その作品が示す全体の成り行きの一貫性、またその作品の放つドラマの広がり、その作品の最終的な主題、そして時にはその表題まで」とが照合される[333]。

　この鑑定に照らしてみると、実際のところ、この時代のパリに関する膨大な文学的資料の基本的な性格、すなわち人口学的調査によって明らかになる社会現象と文学作品のうちにもっとも頻繁に記されている社会現象とのあいだの、驚くほどの一致が浮かび上がってくる。そして主要な作品の場合には、これはいっそう明瞭である。この時期を通じてパリの変容を促した基本的な人口動態上の事実、そして従来の非統計的研究が明らかにしえなかった事実、これこそが文学的資料の叙述の主要なテーマである。そしてこれは文学作品のほとんどが採り入れ、ないしそれらが前提とし、あるいはまたこれらの作品群が思い起こさせ、もしくは垣間見せるものなのである。[334]

330　同書 32 頁。
331　同書 33 頁。
332　同。
333　引用はすべて同書 38 頁。
334　同書 39 頁。

こうした視点から読む時、当時の社会を淡々と記述して歴史家の多くから支持されてきたバルザックに比べると、「ロマンティックで大袈裟な盛り上げ方に対して警戒の眼」[335]を向けられてきたユゴーやシューの作品も、社会史の資料として重要な意味をもつ。そこでは数量的な社会史は、「一見して雑音と色彩と熱狂にまみれた作品のうちに、別の種類のけっして無意味とはいえない真理を見いだす」[336]。たとえば、ユゴーの小説の『レ・ミゼラブル』という題名はこの時代のパリの歴史の主題を示し、かつ要約し、それがまたシューの『パリの神秘』の主題でもあるということを、数量的な社会史は逆説的なやり方で——つまり、作品のなかに埋め込まれた数量的なデータによるのではなく、非数量的な記述や小説全体のあり方に注目することによって——示すことができるのだと、シュヴァリエは言う。

事実と世論

統計資料は文学的テクストの生き生きした都市の描写や、その主題となった都市の病理的な状態の実証的な裏付けである。それは文学的な眼差しに現れる都市の様相の、そしてそこに描かれた人びとの行動や心理の条件となっていた、人口の密集や貧困、病や死や犯罪の状況を客観的に示すのだ。だが、統計が文学的テクストと共に示すのは、そうした事実だけではない。

シュヴァリエによれば、19世紀前半は統計が発展した時代であると同時に、統計に対する人びとの態度がそれ以前とは変わった時代である。それ以前、統計によって世界を知ることは神への冒瀆と

335　同。
336　同。

捉えられており、また、革命時代には統計調査は反革命容疑者の摘発のための警察の仕事と同じものと考えられていたという。だが、統計に対するこの不安と恐怖は、パリが「おのれが何物であるかを問い、おのれを見失う」[337] この時代に、好奇心と情熱にとってかわられ、それが文学的テクストにも反映されていった。

> ……パリにおいては、この恐怖はいち早く大いなる関心にとってかわった。これは、世論に連動して、その好奇心や趣味に平行して書かれる新聞やピトレクス文学〔＝都市や社会のありさまを絵画的に描き出す文学：引用者注〕が証拠となる。各種の集計や統計調査が広く行きわたった。これらは人口問題全般、とりわけパリの住民の抱えている問題に関して、まごうことなき啓示を与えるものと考えられたからであった。[338]

統計はその数値においてパリの社会の状態を示すだけでなく、その普及と発展において人びとのパリへの関心を示すのである。統計的なデータと文学的テクストを照らし合わせるとき、人びとの行動や生活の状態や都市の環境といった「事実」と共にシュヴァリエが重視するのが、そうした事実に対して人びとが示す意識や関心――シュヴァリエはそれを「世論 l'opinion」と呼ぶ――である。なぜなら、そうした人びとの意識がわからなければ、当時の社会の状態がそこに暮らす人びとにとってどのような意味をもっていたのかも、そこで人びとがどんな世界を生きていたのかも、理解することができないからだ。

337 　同書 44 頁。
338 　同書 49 頁。

おそらく、死亡数を算出し、都市で生じた大規模な殺戮の物的な結果を観察してみるとよいであろう。統計調査が浮かび上がらせ、数字が明らかにするのは、死によって支配され、死によって飾り立てられた陰惨な光景、ないし不吉な時代であろう。しかしながらそれらは、のちの時代の外部からの研究にとって、陰惨で不吉に見えるのであり、現代人にとっての、つまり別の世界で感じられる恐怖の戦慄にすぎない。言い換えれば、のちに付け加えられた恐怖であり、現実には存在しない恐怖にすぎない。高い死亡率にもかかわらず、あるいはそのゆえに、死もまた、死亡率の高さが自然の風土のようになっているある地方ないしある時代には、〔私たちが考えるような：引用者注〕死として存在していたわけではない。[339]

文学的なテクストのなかには、「19世紀全般のパリの人びとの、自己についての、また他者についての、あらゆる側面からの、もっとも気のおけぬ、もっとも秘めやかな、もっとも無自覚なものにまで及ぶ世論」[340]が存在している。そしてそれは、「数量的な、ことに人口学的な鑑定にてらされることによって、奇妙に浮き上がってくる」[341]のだと、シュヴァリエは述べるのである。

3. 二つの都市②——ブルジョワとプロレタリアート

犯罪の意味論の変容

　『労働階級と危険な階級』の全篇は、こうした人口学的鑑定によ

339　同書52頁。
340　同書55頁。
341　同書56頁。

って「犯罪都市」であった19世紀前半のパリについての「事実」を明らかにすると同時に、その「事実についての世論」を浮き上がらせようとする試みである。先に述べたように、ここではその全体像を読み、示すだけの余裕はないので、「第一編　テーマとしての犯罪」からその一端を見てみよう。第一編は「第一章　人口学的鑑定」「第二章　ピトレスク文学」「第三章　バルザック」「第四章　ユゴー」「第五章　社会的著作」の5つの章からなる。ここまで見てきた統計と文学の関係についての考察は第一章で述べられているのだが、それに続く4つの章では特定のジャンルや作家・著述家のテクストを対象として、19世紀前半のパリにおける犯罪をめぐる世論の変容が分析されている。

シュヴァリエによれば、メルシエの『タブロー・ド・パリ』やそれに続く一連のピトレスク文学は「もっとも伝統的な言葉遣いによって定義された犯罪の記述と賛美に専念するもの」[342]だった。シュヴァリエが「伝統的な言葉遣い」と呼ぶのは、犯罪を「例外的」で「パリの人々とその町から外れたところにいるもの」[343]とする語り方、「限定されたもの、パリの町にとって異質でパリ出身者ではない人々に固有の現象、すなわち、すべての点からみて異質であり、普通とは異なるカルティエ〔＝街区：引用者注〕に生きるもの」[344]と見なす語り方である。そうした表現の典型としてシュヴァリエは、浮浪者についてのジャナンの次の文章を引用している。

　パリには、この手の連中しか知らない場所がある。シテ島の泥棒全員が住みついているおぞましい路地、迷路、廃墟、中庭

342　同書58頁。
343　同書59頁。
344　同書66頁。

……。夜のパリは恐ろしい。それは地下の国家が動き出す時である。いたるところを闇が支配する。[345]

「ジャナンにとっては、バルザックやヴィドック、その他古いスタイルの犯罪のあらゆる典型にとってと同様、犯罪者の世界はプロレタリアと貴族、チンピラと大泥棒から成り立つ閉鎖的な世界であった」[346]とシュヴァリエは述べる。そこでは犯罪は、普通の人びとによるものではなく、通常の都市の外部から入り込み、その平安を脅かす怪物のようなものだと考えられている。だがバルザックの『人間喜劇』では、「作品が進行するにしたがって、犯罪はますます暗いものとなり、ますます人格的な要素を失い、いわば匿名の様態で都市を埋めつくす」[347]ようになる。それは「犯罪の世界の巨人にのみかかわるものではなくなり、大衆全体のなかから生じるもの」[348]、「もはや例外的なものではなくなり、普遍的で、真に社会的なものとして記述される」[349]ようになる。特権的な個人に帰属するものではなく、社会的要因によって生み出されるものへと、犯罪が"社会学化"されるのだ。だからそこで描かれるものはもう「貧困であるのか犯罪であるのか、判明しない」[350]。

同様の変遷はユゴーにも見いだされる。1829年に刊行された『死刑囚最後の日』では犯罪は都市のなかの特定の場所と結びつけられ、「犯罪者たちはあいかわらず、恐怖ものの伝統のなかの主要な登場人物であり続けて」[351]いて、「彼らの犯行がみずからに与えるある

---

345 同。
346 同。
347 同書74頁。
348 同書75頁。
349 同。
350 同書76頁。
351 同書79頁。

種の威厳からだけでなく、さらには尋常ではない性格と怪物性からして、他の住民たちとは、その最下層のものとさえ、まったくかかわりをもたない存在」[352] として描かれていた。だが、1832年に同じ本につけられた序文では、犯罪の問題や意味や定義が異なるものとなる。

　『死刑囚最後の日』の物語に述べられている犯罪とは異なって、序文が示す犯罪は、すでに従来の作品の大半のなかにまとめられていた若干のカルティエとか、グレーヴ広場やビセートル、監獄などの特別の場所だけに結びついたものではない。犯罪は以後、首都全域に広がり、この点から首都に関する記述は陰気なものになり、もの悲しいものになる。犯罪はこの都市全体から生じる匿名のものとなる。[353]

そしてまた、犯罪者たちもそこではもはや怪物でも巨人でもなくなり、「ミゼラブル」、すなわち「憐れむべき人々」と呼ばれるようになる。シュヴァリエは、ここでユゴーが「ミゼラブル」という言葉に新しい意味をもたせたのだという[354]。

　1830年以降、この言葉は『秋の葉』のなかで、犯罪の母体となる貧困を意味することにもなり、犯罪だけを示すものではなくなる。罪を犯そうとする考えは「憐れむべき者の心のなかで沈黙のうちに育まれる」というわけである。1832年の序文の長い文を通じて、この言葉は貧困をも示すものとなり、初めて広

352　同。
353　同書81頁。
354　同書86頁。

範な意味をもつ。これは小説『レ・ミゼラブル』を通して展開されることになる。[355]

労働階級と危険な階級

犯罪をめぐる文学的表現の変遷は、犯罪をめぐる世論の変化、それが同時代にもっていた意味の変化、そして犯罪を生み出す都市の見え方の変化を示している。それ以前には"地下の国家"の怪物的な住人が犯していた犯罪を、貧しく憐れむべき人びとがおこなうようになったのではない。そこでは犯罪、犯罪者、そして彼らを生み出す都市に対する了解の構図が変わり、都市が異なる相貌をもって見いだされるようになったのである。

『労働階級と危険な階級』というこの本のタイトルは、こうした都市社会像の転換を示している。19世紀の初めには、ユゴーが後に「レ・ミゼラブル」と呼ぶようになる人びとは「野蛮人」、「未開人」、「流浪の民」などと呼ばれていた[356]。

> シューとユゴーによってごく普通に使われる、これらの言葉遣いは、文明人から離れて棲む原始的な人びとを想起させるが、同時にまた社会の底辺や「広大な悪の巣窟」の住民を示すのみならず、パリの人口の相当の割合をも示していた。これらの人々はすべて、シューが「悲惨と無知のまがまがしい地域」と名付けた場所に生きていた。[357]

「野蛮人」や「未開人」や「流浪の民」という表現は、そうした

---

355 同。
356 同書39頁。
357 同。

言葉を語るブルジョワ階級の人びとにとって外在的で、異質で、理解することが困難で、それゆえ好奇心の対象ともなる「危険な階級」の存在を指し示している。けれども先に見たように、バルザックにおいて、そしてまたユゴーにおいて、犯罪と犯罪者を対象化し、語る言葉が変わっていくことをシュヴァリエは示す。それは「危険な階級」が野蛮で未開の外来の存在ではなく、貧しさのなかで犯罪に手を染めてしまうこともある「労働階級」として捉え直されようとするということである。ユゴーが都市の下層民を指すのに用いてきた「賤民（ポピュラス）」、「民衆（プープル）」、「最下層（バ・フォン）」、それに「レ・ミゼラブル」といった言葉の分析や、犯罪をめぐって描いたグレーヴ広場や市門や下水道の描写の検討、都市の下層民の集団や暮らしの描写の考察を行った後、「こうしたテーマと言葉の変遷を通して、この小説〔＝『レ・ミゼラブル』：引用者注〕は危険な階級と労働階級の関係という、19世紀前半のパリにおける最大の問題のひとつであり、またそのようにみなされていた問題について、多大のデータを提供している」[358]と、シュヴァリエは述べる。

こうした了解は社会改良家や社会調査を行った人びとが著した「社会的著作」に先立って、文学的記述に現れた[359]。「第五章　社会的著作」の終わり近くでシュヴァリエは、そうした社会的著作として、セーヌ県の局長であったフレジエの著書『大都会の住民のなかの危険な階級について』と、1940年に刊行されたウジェーヌ・ビュレの『イギリスおよびフランスにおける労働階級の貧困について』をあげている。「貧困の階級と悪徳の階級は、過去においても将来においても、常にあらゆる種類の悪漢のもっとも肥沃な苗床である」[360]と語るフレジエにおいては、労働者階級は危険な存在と

358　同書119-120頁。
359　同書125頁。

見なされている。他方、ビュレにおいては「貧困と労働階級は、いまだ犯罪の世界に特有なおおかたの性格を保持している」[361] とはいえ、「扱われたのは犯罪ではなく貧困であり、問題とされたのは危険な階級ではなく、労働階級であった」[362]。「国富」の研究と並んで「国貧」の研究もすべきであるとするビュレにとって、「貧困はすでに苦痛の意識に目覚めた都市の状態とされる。そして貧困な人々というのは、基本的に都市の労働者、ことにすこぶる高い文明の発達した首都の労働者を意味している」[363] のだとシュヴァリエは述べる。

都市の生物学的基礎？

『労働階級と危険な階級』におけるシュヴァリエの分析と考察が示すのは、19世紀前半における「犯罪の都市」としてのパリには、統計が明らかにするような人口や居住や社会生活や都市施設のような「事実」の水準と、そうした状況を生きる人びとを「未開人」や「危険な階級」として見いだし、あるいはまた「労働階級」や「憐れむべき人々」として見いだすような意味論の水準という、2つの水準があるということである。

統計的な事実は、文学的な表現と対応関係をもつとはいえ、それ自体は調査という社会的実践を通じてしか見いだされないものだ。とすれば、19世紀前半に発展した統計は、そうした「事実」を可視化し、それを都市の現実として人びとに認知させ、それをめぐる好奇心や社会改良や治安的な介入などを生み出したという点で、たんなる認識のための道具にとどまらず、積極的に都市の現実を生み

---

360 同書139頁。
361 同書140頁。
362 同。
363 同。

出す媒介としての機能を果たしていたということができる。

また文学的言説における表象は、その言葉を書き、また読む人びとと、その言葉によって書かれ、読まれる人びととという、非対称な関係を生み出す。シュヴァリエが第三編の第二部で「ブルジョワの世論」と「民衆の世論」という言葉を使って示すように、こうした言説自体、自らが語り描く都市社会の分断を前提としながら、その語りを通じてそうした了解を再生産するものでもある。

この章の前半で述べたように、シュヴァリエはこうした都市社会の構造の基底に「生物学的基礎」なるものが存在すると主張する。それは「人々が相互に対峙した時の──単独で、集団のなかで、あるいは大衆のなかで──態度や行動の生物学的な内容」[364] であり、「それなしには過去を問題とするにせよ、現在を問題とするにせよ、社会に関する記述はありえない」[365] ものだという。

> まず原因について。年齢、性、出身地の影響を通じて。生活条件と、生活様式の影響を通じて。これは結局、健康、栄養、疲労、睡眠、労働、娯楽の問題である。また、同一の場所に蝟集することによって、一定の特徴をもち、一定の構成を示す人々の共同の生活の影響を通じて。人々は常に群集を形成し、群集は、おそらくもっとも確実に都市を特徴づける。都市とは群集に他ならない。都市生活のさまざまな側面は、この群集を通じて説明される。そして結果について。すなわちこのような態度や行動の表明の仕方についていえば、さきにわれわれが記した公共的もしくは私的な暴力、個人的もしくは集団的な腹いせ、街頭や仕事場、バリケードにおける暴行などにみられる生物学的側

364　同書 417 頁。
365　同書 416 頁。

面を認識するだけでは十分ではない。いっそう先へ進んで、肉体にかかわっているが、別のやり方でかかわっている秘密の領域に入り込まなくてはならない。すなわち行為を通じてではなく、行為の準備、行為の可能性、行為への構えを通じて肉体とかかわっているのである。これらはすべて同様に生物学的な要素から構成されており、これらに関する知識なしには、人々の自己についての見解や他者についての見解、そして事物のすべてについての見解をより深く知ることができないのである。[366]

先にも述べたように、「生物学的」という言葉で心理的なものや社会的なものまで指し示そうとするこの語り方は、シカゴ学派の人間生態学を連想させる。シュヴァリエがそこに見いだしているのは、生殖し、病み、他の個体に暴力を振るい、恐怖や飢えに怯え、他の群れに対抗し、そして死んでゆく人間の群れだ。だが、そうした「生物学的基盤」に還元されない経済構造や都市空間の物的構造、言説の構造などがあって初めてその人間の群れが「都市」となることもまた、『労働階級と危険な階級』は示しているのである。

366　同書 417-418 頁。

第8章 過去と未来の間で
——近代都市計画の誕生

フランソワーズ・ショエ『近代都市——19世紀のプランニング』（彦坂裕訳、井上書院、1983年。原著は Françoise Choay, *The Modern City: Planning in the 19th Century*, translated by Marguerite Hugo & George R. Collins, George Braziller, 1969.）

1．近代都市と都市計画

都市論と都市計画

　第6章で見たように、19世紀に始まる近代化は、それまでの都市とは異なるあり方をする「大都市」を生み出した。近代に特殊な都市のあり方を「近代都市 modern city」と呼ぶとすれば、大都市とは「近代都市としてのあり方が著しい展開を示した都市」である。シュヴァリエの『労働階級と危険な階級』が示したように、大都市としての近代都市は、しばしば病んだ社会として見いだされる。そんな「病んだ大都市」を生み、見いだした19世紀は、その病を治療し、正常化させる営みとしての「都市計画」を生み出した世紀でもあった。

　この章でとりあげるフランスの都市史・建築史家のフランソワーズ・ショエの『近代都市——19世紀のプランニング』は、この19世紀における都市計画の誕生をめぐる本だ。ソフトカバーのB5サイズ、本文に注や解説、索引を含めても140頁ほどで、そのうち63頁を図版が占めるこの本は、コンパクトな構成のうちに近代都市計画の誕生の社会的な意味を説き明かそうとしたものである。

大都市化した近代都市は、それまでの都市や社会とは異なるあり方をする。そうした都市のあり方の変容は、そこに向けられる新たな関心や認識、了解や営みを生み出した。都市に暮らす人びとや都市社会の状態についての統計調査、都市を対象とする文学、そして都市への社会学的眼差しとそれにもとづく調査研究は、そうした新たな関心や認識が生み出した言説や実践である。

　都市計画もまた、近代都市の出現が生み出した新たな社会的営みである。ショエの『近代都市』が示すのは、その営みには「都市とは何か」、「近代において都市とはどうあるべきか」をめぐる思考が伴っていること、それゆえ「都市計画」とそれが生み出した19世紀の都市空間は、近代都市という現実とそれをめぐる思考が生み出したものであるということだ。近代都市の誕生を受けて生み出され、働き始めた知と実践が、それ自体もまた近代都市の一部となっていくこと。ショエの『近代都市』を読むことで、都市とそれをめぐる知と実践の循環が、私たちが知っているような「近代都市」の、そして現代の都市の一部であることを、ここでは見ていくことにしたい。

　ショエがそうした「近代都市」の誕生をめぐる知と実践の構造を考察するために、フェルディナン・ド・ソシュール、クロード・レヴィ＝ストロース、ロラン・バルト、ミシェル・フーコーなどの、構造言語学・構造主義・記号論の概念や理論を用いていることにもここでは注目したい[367]。なぜならそうした理論は、次章で見ることになるように、1970〜80年代に日本のみならず西欧や北米でなされた新しい都市論の試みにおける重要な理論的支柱のひとつとなっていったからである。1969年に刊行されたこの『近代都市』、

367　レヴィ＝ストロースが南米ボロロ族の集落を構造主義的に分析したのは、1955年の『悲しき熱帯』と1958年の『構造人類学』、ショエも注で参照しているフーコーの『言葉と物』が1965年、バルトの「記号論とユルバニスム」が発表されたのが1967年である。

そしてそのもととなったショエの 1965 年の著作『ユルバニスム――ユートピアとリアリティ』[368] は、そうした記号論的・構造主義的都市論の初期の試みである。だからここでは『近代都市』を、そうした記号論的・構造主義的都市論の一例としても読み解いてみたい。

近代的な知と実践

『近代都市』は、「どれほど激しく抵抗し、拒絶したとしても、どれほど深く失望することになったとしてもわれわれは本質的に 19 世紀の息子なのだ」という巻頭に掲げられたフェルナン・ブローデルの言葉[369] に続けて次のように始まる。

> ユルバニスムとか都市計画という言葉（西語の urbanización、仏語の urbanisme、英語の town-planning、独語の Städtebau）は、今日では古代から現代に至るまで無差別に都市計画のあらゆる形態を指示するものとして用いられているが、実際にはこのことばがはじめて定式化されたのは 19 世紀も後半のことであった。造語熱の影響下に取り込まれながらも、もともとこれらのことばは西洋人とその都市の組織化の間にまったく新しい関係が到来したことをしるしつけるべく登場したのである。それは、産業革命によって引き起こされた。イルデフォンゾ・セルダがウルバニザシオン urbanización ということばを 1867 年につくり出したときは、スペイン語に適当な言語がなかったためでもあるのだが、いまだ「手をつけていない」「処女」ということすら意味する活動の新規な領域を示すことが意図されていたのである。[370]

---

368 Françoise Choay, *L'urbanisme: utopies et réalités,* Éditions du Seuil, 1965.
369 Fernand Braudel, "Préface", Charles Morazé, *Bourgeois conquérants,* A.Colin, 1959, p.v.

都市を計画的に作ること、すなわち事前に一定の意図のもとに街路や街区の形状、建造物の配置をあらかじめ定めたうえで、それに基づいて都市を建設することは、古代から現代までさまざまな社会で行われてきた。古代中国の都城も、古代日本の藤原京や平城京や平安京も、近世日本の城下町も、ヨーロッパの中世都市も、計画されることなく作られた部分を含むとしても、その基本的な形状や空間配置はあらかじめ企図されたモデルに従っているという意味で「計画された都市」だった。だが、そうであるにもかかわらず西ヨーロッパで日本語の「都市計画」に相当する言葉ができたのは、19世紀も後半になってからのことだったと『近代都市』は指摘する[371]。しかもそこでは、その言葉が指し示す「都市計画」という営み自体が「活動の新規な領域」と見なされていたというのである。それは、19世紀において「都市を計画すること」が、それ以前の時代や社会とは異なる意味や機能をもつ知と実践として現れてきたということだ。このことは、本書でもここまで見てきた近代における都市の変容と関係している。

　「おそらく、産業革命までは都市という複合体は一つの記号のシステムであった」[372]とショエは言う。そこでは居住者も計画者も共に「実践された規範や複数の規則群(コード)という文脈の中で共時的に関連づけられて」[373]いて、それによって都市が「ほかのあらゆる社会システム（政治権力・学問・経済・宗教）と関連づけられていたが

370　『近代都市』7頁。
371　第4章でも述べたように、日本語の「都市計画」という言葉が一般化するのは、1919年に制定され翌年施行された都市計画法（旧都市計画法）の成立からである。それ以前は「市区改正」という言葉が用いられていた。
372　『近代都市』7頁。
373　同。

ゆえに、都市システムは、畢竟、それ自体でコミュニケーションや情報のシステムとして具現化していた」[374] というのだが、構造主義的な記号論の用語で語られたこの説明だけではわかりにくいので、具体的な都市について語っている部分を見てみよう。

> たとえば中世ドイツの街をとってみよう。その都市の空間秩序（主要な統合性（サンタグマティック）、すなわち支配的な空間上の連続の関係）は、教会や封建システム、それに職人組織と結びついている。個々の家々の形態、ならびに帯状の街路に沿って配列されるその位置は、2つの超越的存在、つまり大会堂（時計塔が生活を刻む）と城との関係によってその占める場が定められると同時に、俗世間というコミュニティ内部でも個性づけられることになる。都市のプランにはくまなく聖職者や封建領主、もしくは通商ギルドの目的の直截的な投影が読み取れるのである。[375]

「共時的」というのはソシュールの言語学に由来する概念で、時間的に継起して展開するのではなく——それは「通時的」と呼ばれる——、同じ時間の中で並存する事物や事項同士の関係のことを言う。上の引用で述べられているのは、中世ドイツの都市では教会が体現する宗教的な権威や文化と、城が体現する世俗的な権力、そして商工業者のギルドに基礎を置く市民の自治を体現する市庁舎——英語で guildhall、ドイツ語で Rathaus——があり、それらの建物や施設——それらは宗教的権威、世俗的権力、市民の自治の所在を表示し、その崇高さや偉大さや自由を表現する記号でもある——を核とする空間があり、政治や学問や経済や宗教に関わる人びとの行為

374　同。
375　同書8頁。

や位置づけが、そうした都市空間を共時的な枠組みとする一定の規範や規則に基づく儀礼や儀式や慣習的行動などとしてなされ、秩序づけられていたということである。そこでは共時的な秩序としての社会構造は記号の配置として都市空間に描き込まれており、社会的な行為はその記号のシステムを文脈とする一群の規範と規則にしたがった「発話」のようになされる。たとえば第3章で読んだ大室幹雄の『劇場都市』が明らかにした古代中国の都市のあり方も、そうした「記号のシステム」とそれを文脈とする「コミュニケーションや情報のシステム」だったのである。

　だが、都市を構成していたこの記号とコミュニケーションと情報のシステムは、近代化の過程で解体していったのだとショエは言う。たとえばバロック時代の都市は、放射状街路の端点となる宮殿や広場が権力や権威を体現してはいたが、中世都市のような「全体的包括的な意味体系」[376]をもはやもってはいなかった。「視覚に訴えるというバロックのプランニングに担わされた役割とは、親密さという従来の中世的な感覚を破壊し、都市をスペクタクルへと変貌させること」[377]だった。にもかかわらず、そこではまだプランナーと居住者は共に、「都市システムと同時代を併流する他の諸システムとの関係性」[378]を受け入れていたとショエは考える。だが、産業革命は以前の都市の限界を超える人口の凝集体としての大都市を生み出すと同時に、「空間の組織化のみならず都市居住者のメンタリティやプランナーの独創性に革命を惹起した」[379]。そこでは、全体的で包括的な意味のシステムとして都市を理解することができなくなる。

376　同。
377　同。
378　同。
379　同。強調は原著。以下同様。

状況は劇的なものになってきた。というのは彼は〔＝都市居住者：引用者注〕今や伝統的な含蓄の豊かさといったものの欠如した空間に直面しているのである。これはある意味では、意味論的な単一化という状況に突入したのであり、その組織化は高度に人口統計学的な集中という経済学上の要因、すなわち資本家＝企業家の所産が招来したものなのである。意味論上のこの不毛化は、3つの要因の組合わせによって説明される。[380]

「3つの要因」とは、1) 経済推進力の激烈さ、2) 都市の制度、とりわけ空間の組織化を関連づけたり意味づけたりすることと無縁な田舎からの異質な移住者の侵入、3) 鉄道、新聞、電信など、加速化し、大きなモビリティと情報をもたらすコミュニケーション手段の開発、である。

　この過程は質においても量においても、都市という複合体に関する新しい関係性の基本となる。部分的に意識化した統御や潜在する意識下の統御といったものが失われていくにつれ、現実に都市現象を経験する人々は、自分とは無縁のものとして都市を考え始めるようになってしまう。もはや彼らは、内面的にその過程を感じることによって運命づけられてしまうこともなく、変化を傍観者のまなざしのうちにとらえながら無関係な存在へと化してしまうのである。[381]

ここで述べられていることは、「大都市と精神生活」でジンメル

380　同書9頁。
381　同。

が論じた小都市と大都市の違いや、大都市における客観的文化と個人の主観との関係と重なる。そして、大都市のこの意味論上の不毛化を前にして、「都市の組織化の手続きは、ちょうど今や分析によってもともとの文脈から剝離されている対象についての論を展開するように、己れの原型的な直接性を喪失している」[382]。都市とはどのようなものなのか、いかなる原型的なモデルにもとづくものであるべきかという自明性が喪失した状況において、都市を計画しようとする者は、「現代において都市とは何であり、それと関連して都市の空間はいかなるものであるべきか」という批評的=批判的な思考とアプローチによらざるをえない。「批評のプランニング」[383]とショエが呼ぶ近代的な都市計画の知と実践が、ここから生み出されてくるのである。

2. 批評のプランニング

整序化

ショエによれば、19世紀を通じて批評のプランニングは、都市の整序化 régularization、プレ・ユルバニスム pré-urbanisume、ユルバニスム urbanisme という3つの形をとってきた。

　　整序化（régularization）というオースマンから借用したことばをここでは次のように用いることにしよう。過去や現在の失敗の沈殿物、すなわち不純な淀みから都市を遊離させることにな

382　同書10頁。
383　批評のプランニング」と訳された元の言葉は "critical order" である。order と planning では、一方が秩序、他方が秩序を実現しようとする営みと、それぞれ異なるものを指しているが、planning には order が内在しているので、ここでは邦訳にしたがって「批評のプランニング」という言葉を用いることにする。

る純粋で図式的なレイアウトによって、無秩序と化した都市を整理・秩序化し、その新たな秩序を際立たせることをあからさまに目的に据えた批評のプランニングを指すものとして。[384]

オースマンというのは、ナポレオン3世のもとでパリの大改造を行い、近代都市パリの原型を作ったセーヌ県知事のジョルジュ＝ウジェーヌ・オースマンである。『近代都市』の注によると、近代都市計画史上もっとも有名な人物の一人であるオースマンはこの言葉を、晩年に執筆した『回想録』で用いているという[385]。

整序化は、都市を街区の集まりではなく「作動性をもった全体」[386]と捉え、その「サーキュレーション（循環）のシステムを設計し、通風のシステムを開いていくこと」[387]で、都市を「効果的に作動する統一体」[388]とする企てである。そのために、そこではまず都市の幹線道路網全体を「オースマン呼ぶところの「全体サーキュレーションシステム」」[389]とすることで、大量・円滑な交通流へと都市空間を開いていった。そして第二に、都市のなかにオープンスペースをつくることによって、公衆衛生を改善していったのである。「今日ではもう流行（はやり）になったオープンスペース（Freiflach）の概念はオースマンによって日の目を見たといってよい」[390]のだが、そのために大規模な街区の取り壊しが実行された。こうして整序化は、交通と公衆衛生に「排他的といっていもいいほどの優先権」[391]を

---

384 同書 30 頁。
385 同書 115 頁の注 18 を参照。
386 同書 31 頁。
387 同書 32 頁。
388 同。
389 同書 33 頁。
390 同書 33 頁。
391 同書 42 頁。

図8-1　オースマンのパリ改造計画（『近代都市』49頁）

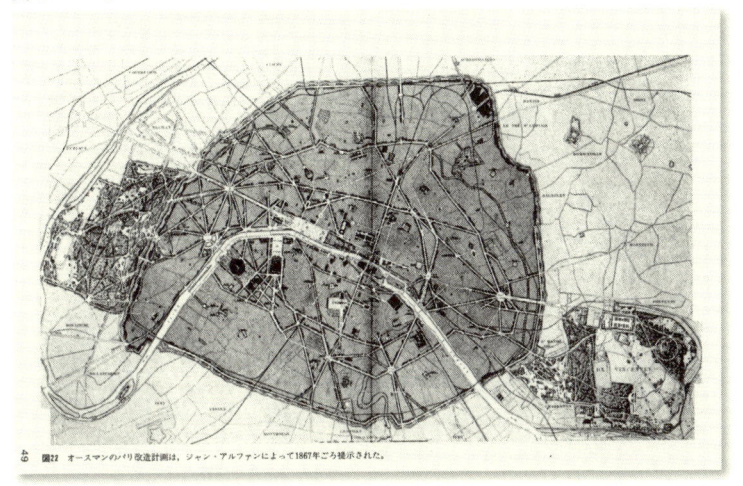

図22　オースマンのパリ改造計画は、ジャン・アルファンによって1867年ごろ披瀝された。

中世の都市空間に近代の直線道路を貫通させ、交通と大気の循環へと都市を開くプラン。

与え、交通と大気の循環を可能にするために、都市に大規模な「外科手術」を加えていった。

 彼のプランニングの基本でもあり斬新さでもあったものは、まさにサーキュレーションと呼吸のシステムという二重のコンセプトにほかならない。この整序化の図式は、19世紀の残り3分の1世紀の間に、資本家＝企業家的秩序の根源的な心理として登場する。それは往々にしてパリの影響圏外でも経験主義的に展開されたのだが、オースマンパターンということは可能だろう。というのは、パリはその適用を最も体系的にやった例証であり、幾多の都市のモデルとして寄与したためである。[392]

392　同書34-35頁。

第8章　過去と未来の間で——近代都市計画の誕生………181

図8-2 整序化の応用、アントワープとドレスデン・ノイシュタット（『近代都市』60頁）

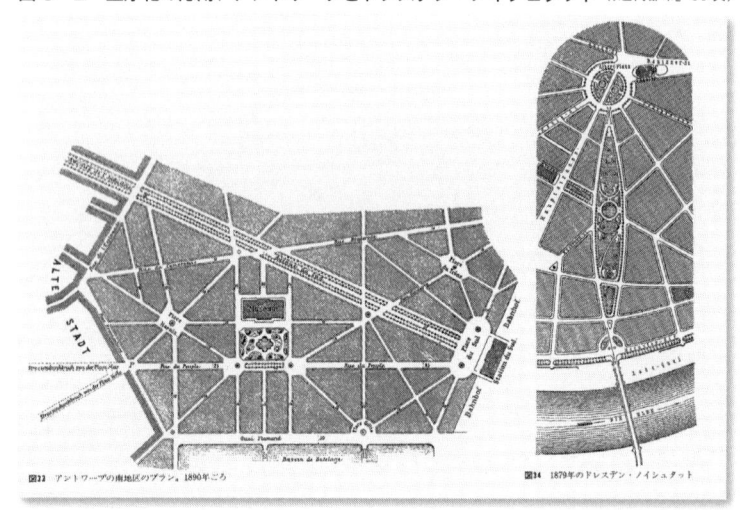

図23 アントワープの南地区のプラン、1890年ごろ　　図24 1879年のドレスデン・ノイシュタット

都市の特定の地域を整序化した事例。
交通の循環と図像的な美学を両立させるプランである。

　オースマンによるパリの整序化をショエはこう説明する。それはパリという特定の都市を対象としながら、他の都市にも適用可能なモデルとしての都市像を示しており、パリの影響の及ばない場所においても経験主義的に、すなわち具体的な都市の問題に対する解決を模索するなかで見いだされ、実践されるものだったのである。事実、整序化はドイツやスペインやオランダやベルギーにおいて広範囲に応用され、またアンリ゠ジュール・ボリエやウジェーヌ・エナールなどの「幻視家(ヴィジオネール)」と呼ばれる建築家たちに影響を与え、彼らをなかだちとしてル・コルビュジエなどの後代の都市計画理論家にも影響を与えていった[393]。さらにショエは、フレデリック・オルムステッドが設計したニューヨークのセントラルパークのようなアン

図8-3 グレイト・ヴィクトリアン・ウェイ計画（『近代都市』66頁）

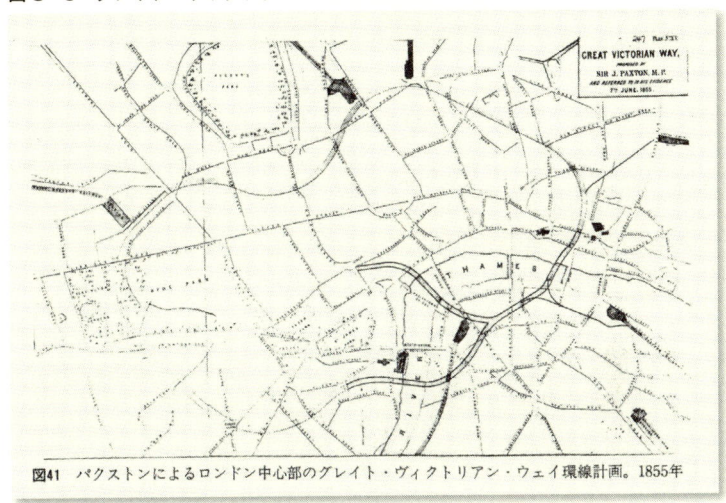

図41 パクストンによるロンドン中心部のグレイト・ヴィクトリアン・ウェイ環線計画。1855年

このプランの精神は後の地下鉄計画に引き継がれたとショエは述べる。

　グロサクソン系の諸国の都市公園のシステムや、そこで採用された歩行者交通と馬車交通が分離したサーキュレーションシステム、オースマンのパリ改造と同時代にロンドンで「諸コミュニケーションの・全・体・シ・ス・テ・ムの改善」[394]のために立案されたグレイト・ヴィクトリアン・ウェイ、都市内の地下レヴェルで円滑な交通流を確保するロンドンの地下鉄道計画なども、都市の整序化の試みとして理解できると指摘している[395]。

393　同書35-37頁。
394　同書39頁。
395　同書37-40頁。

プレ・ユルバニスムとユルバニスム：急進派

　交通と大気の循環の確保によって都市に「健康」な状態をもたらそうという整序化は、都市の「無秩序」に対する対症的な施策ではあったが、そこでは「秩序自体は不問に付されてきた」[396]。むしろ整序化は、次の二つの点で、すでに意味論的に不毛化していた都市にさらなる意味論・記号論上の無効化をもたらしたとショエは言う。第一に、交通の全体的サーキュレーションシステムは、「それ自体では無意味だが、本質的に連結の手段になる通過交通網」[397]として都市を捉えるものだった。そして衛生のために作り出されたオープンスペースは、「バロック期のような視覚的・儀式的な効果をめざしてつくられるものではなく、単純に充填されるべきではないという控えめな理由によって作られた」[398]という点で、「記号学上の豊かさを喪失したという意味において古い公共庭園とは異なって登場した緑地の概念」[399]と深い関係をもつものだったのである。

　では、そこに新しい秩序や意味はどう与えられるのだろうか？

　ユ・ル・バ・ニ・ス・ムという用語は、この隠れた秩序をつきつめて議論し、究極的には新しく差・異・づ・け・ら・れ・た秩序をア・プリオリに構築することへと向かう過程を描くために用いられることになるだろう。[400]

「この意味でユルバニスムは、実際、19世紀の末まで実践されることはなかった」[401]と述べるように、「ユルバニスム urbanisme」

396　同書79頁。
397　同書33頁。
398　同。
399　同書33 - 34頁。
400　同書79頁。

という言葉はここでは都市計画全般を指すものとしてではなく、19世紀後半に都市に新たな秩序と意味を与える計画の試みを指すものとして用いられることになる。そしてそのユルバニスムの登場に先立って、19世紀には「それを予兆する純粋に理論上のプランニング形態が先駆的に存在した」[402]。ショエはそれを「プレ・ユルバニスム」と名づける。ユルバニスムが都市理論や都市計画の専門家によるものであり、理論的であると同時に実践されるものであったのに対して、以下に見るようにプレ・ユルバニスムは社会改良を目指す政治・社会思想家たちの理想社会のプランの一部として理論的に考えられたものであり、ユートピア的だった。

さらにショエは、プレ・ユルバニスムにもユルバニスムにも、「急進派」と「文化派」という「2つの基本的な空間の組織化のモデル」[403]が生み出されたことを指摘する。「急進派」が「未来を見すえ、進歩的社会の見地から提起されたモデル」[404]であるのに対し、「文化派」は「外見上ノスタルジックで、文化的なコミュニティの見地から提起されたモデル」[405]である。

急進派のプレ・ユルバニスムとしてショエは、ロバート・オーウェン、シャルル・フーリエ、エティエンヌ・カベといった「空想的社会主義者」たちの提案したユートピア的な産業コミュニティをあげる。それらは標準化された住居、労働・余暇・休息・教育などの社会的諸活動の理想的な組織化のための配置、健康を保持・促進するためのシステムが完備された、自律的な共同体である。それらは整序化と同じく経済的効率を求めるものでもあるが、そこでは「経

---

401 同。
402 同。
403 同。
404 同。
405 同。

済効率はもはや本質的な意味で目的ではない」[406]。「急進派の秩序は意味論上単一化したものではなく、意味論上の豊かさを回復しようとする試み」[407]であり、そこでは「人間と理性という2つの概念によって規定されるイデオロギー」[408]が参照される。「普遍的人間の原型の概念」[409]に結びついていると同時に、「理性の力のうちに人間の本性という枠組みを科学的かつア・プリオリに決定づけてゆくという信念」[410]にも結びついている急進派のプレ・ユルバニスムは、ショエも指摘しているように「人間の本質」を建造物のシステムをつくる基本におくことを宣言したル・コルビュジエの先駆と言ってよい[411]。

　他方、急進派のユルバニスムとしてショエは、「1914年以前のユルバニスト第1世代の際立った2人の人物」[412]であるアルトゥーロ・ソリア・イ・マータとトニー・ガルニエをあげる。「コミュニケーションの理論家にして政治家、そして哲学者でありまたジャーナリストとして身を立てていた」[413]というソリアは、「500mの幅員で必要なだけの長さをもつ1本の街路──それが未来の都市となろう。その端部はカディスやセント・ペテルスブルク、あるいは北京やブリュッセルとなるのだ」[414]という言葉が示す「線状都市 la ciudad lineal」を、来るべき都市のプランとして提示した。

406　同書82頁。
407　同。
408　同。
409　同。
410　同。
411　ショエはそこで「人間を、その必要とするものを、趣向を、情熱を知れ。人間の本質に最もふさわしい建造物のシステムをつくる条件を決定するために」というル・コルビュジエの言葉を引いている（同書、82–83頁）。
412　同。
413　同書83–84頁。
414　同書84頁。

図8-4 急進派のプレ・ユルバニスム——オーウェン主義のコミュニティ
(『近代都市』87頁)

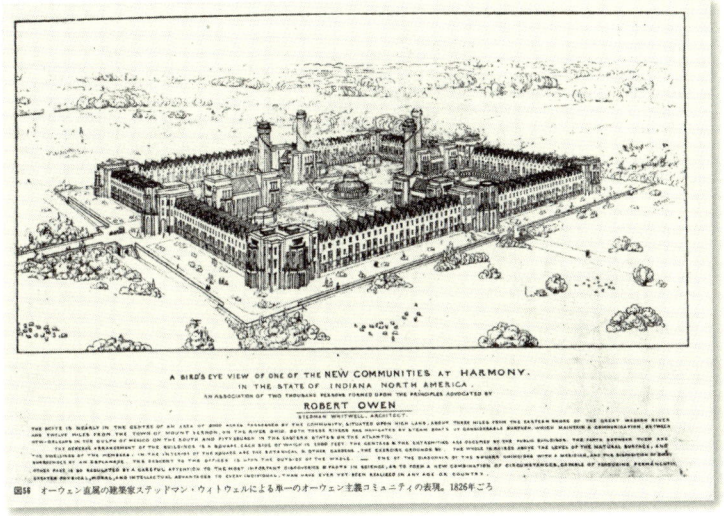

コミュニティが同時に一個の建築物となり、生活と労働を一体化しようとする。

　この巨大な帯状輸送幹線の中心に、水道、ガス、電気などの設備、貯水池、庭園を、さらに消防、衛生、病院、警察など異種多様なサービスを供給する建物を、間隔をあけて設けよ。そうすれば、われわれの都市生活で見られる団塊となった人口によって産み出される混み入った問題も同時に解決されるだろう。[415]

　われわれが提案する都市では、衛生的に有利な田園生活と、首都とが統合されているのだ……[416]

415　同。
416　同。

図8-5 急進派のユルバニスム——ソリア・イ・マータの線状都市（『近代都市』91頁）

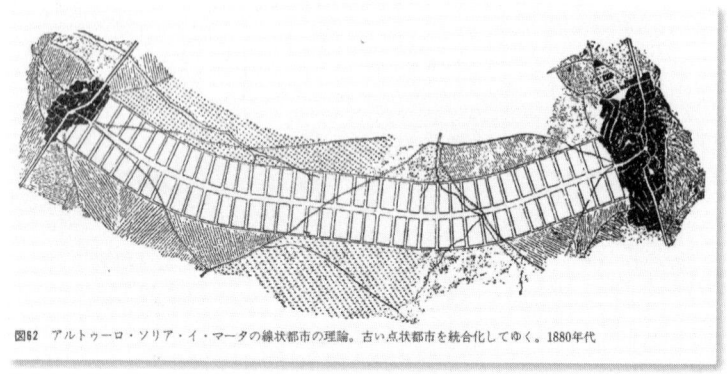

図62 アルトゥーロ・ソリア・イ・マータの線状都市の理論。古い点状都市を統合化してゆく。1880年代

都市自体が巨大な交通路となり、地上を横断して延び拡がってゆく。

　他方ガルニエはソリアとは異なり、建築的・美的な配慮を働かせて、テラスとアトリウムをもつ住宅、ピロティに支えられた集合住宅、鉄筋コンクリートのマッシュルームコラムをもつ公共ホールなど、近代都市建築のプロトタイプを、厳格なゾーニングの下に配置する「工業都市 cité industrielle」を設計して「あらゆる世代の建築家たちのイマジネーションをかき立て、彼らをして都市計画のあらたな美学へと誘わしめた」[417]。

　こうした急進派のユルバニスムのモデルは、ル・コルビュジエ——ショエはル・コルビュジエが「安易にソリアの解決を剽窃し」[418]、「ガルニエの計画例から多くのものを学んでいた」[419] と述べている——、バウハウス[420]、CIAM[421] の合理主義派の建築家や1920年代

417　同書85頁。
418　同。
419　同。

図8-6 急進派のユルバニスム──トニー・ガルニエの『工業都市』（『近代都市』93頁）

図68 工業都市の住宅地区

この図が示すのは住宅地区。ニュータウン的な都市計画の原型のひとつ。

のソヴィエト連邦の都市計画論へと引き継がれていった。急進派のユルバニスムが提示した新しい秩序と意味を、ショエは必ずしも明示的に語っていないが、生産と消費が分離され、機械化された工場や交通・通信システムに支えられた社会で、それらの活動を分離し、かつ有機的に組織しつつ、最大の生産性と健康な生活を可能にし、そうした機能的な空間の個々の要素とその全体に美的な形式を与える"産業社会の機能主義的な意味論と美学"とでも呼ぶべきものが、そこでは探究され、実践されていったと言うことができるだろう。

420　バウハウスは1919年にヴァイマル共和国に設立された美術・建築学校で、ヴァルター・グロピウス、ミース・ファン・デル・ローエなどの近代建築の「巨匠」が教育に携わった。
421　CIAM（近代建築国際会議）は1928年から1959年まで開催された建築家の国際会議で、モダニズム建築の展開に重要な役割を果たした。

プレ・ユルバニスムとユルバニスム：文化派

　急進派のモデルが産業社会という新しい社会に適合的な秩序と意味論を探究していったのに対して、文化派のモデルは「産業化以前の都市が典型的にもつ統一体としてのイメージに固執するという意味において懐古的」[422]で、「そこに垣間見えるのは 18 世紀末の歴史研究の発達、ならびに歴史のパースペクティヴを芸術や文化の研究に応用することによって次第に惹起された新しい形のノスタルジアであった」[423]と、ショエは述べる。

　上記のような有機的な全体性へのノスタルジアをモデルとして仕上げたのは「唯一英国のみ」[424]で、文化派のプレ・ユルバニスムとしてあげられるのはイギリスの美術評論家で『建築の七灯』を著したジョン・ラスキンと、アーツ・アンド・クラフツ運動や著書『ユートピアだより』で知られる詩人で社会思想家のウィリアム・モリスである。彼らは計画図(プラン)を描いたのではなく、その著述のなかで「過去の都市秩序を回復するということは、ある種のカタルシスによって過去の社会がその基盤をおいていた精神的価値を回復する方途を示すことにほかならない」[425]ことを示そうとした。このモデルについてショエは、「産業革命がもたらした変化の不可逆な本質を認識することはできなかった」[426]という点で「退行的なもの」[427]だったと厳しい評価を示している。

422　同書 95 頁。
423　同。なお、この文章の少し後で、こうしたノスタルジアに対応する社会像について「後にこれはマックス・ウェーバーによって、正確にゲマインシャフト／ゲゼルシャフトの二分法として位置づけられたのである」(同)とショエは述べているが、この「マックス・ウェーバー」は「フェルディナント・テンニース」の誤りであろう。
424　同。
425　同書 96 頁。
426　同書 97 頁。
427　同。

図8-7　文化派のユルバニスム——ジッテによるウィーンのリンク西部への提案
(『近代都市』104頁)

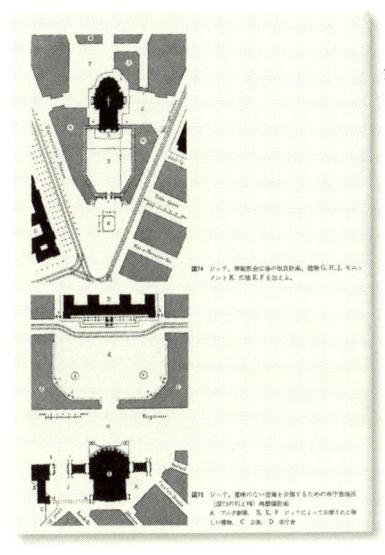

歩行者のための親密な閉鎖性と
ヒューマンスケールを志向する都市計画。

　文化派のモデルのユルバニスムは、オーストリアの建築家・都市計画家のカミロ・ジッテによって示される。「ラスキンやモリスに欠けていた実践技術をもっていたが、彼らの仕事を動機づけていた政治・社会的かかわりはなかった」[428]とショエが指摘するジッテのモデルは、「純粋に芸術的・技術的方法に基づき、産業化以前の都市によく用いられ、かつ先天的で本能的なまでに美学上の感覚によって展開された『構成の要素』を組織化することによって成立させた」[429]ものである。

　ジッテが示したユルバニスムの文化派のモデルに対するショエの評価も、あまり肯定的なものではない。

　　たとえば彼のリンクの計画〔＝かつての城壁を撤去した後の環状
　　道路 Ringstraße 周辺の都市計画：引用者注〕で、ジッテは主に空間

428　同。
429　『近代都市』97頁にあるジッテの『芸術的原理に基づく都市計画』からのショエの引用。

図 8-8 文化派のユルバニスム――アンウィンによるレッチワース田園都市
(『近代都市』107 頁)

エベネザー・ハワードが提唱した
「田園都市 Garden City」の理念を
アンウィンが現実化した実験都市。

を再配列するために建築をデザインし、形態を洗練してゆくが、それらがもつ意味とか意図された用といったことに関しては、ほとんど考慮に入れられていない。この純粋なまでに美学的なアプローチは、経済で規定されたオースマンのプランニングと同様、意味論的に単一化したものになっている。ジッテのモデルは近代都市の根本目的を回避し、その複雑性を等閑に付す。それは歩行者の日々の活動レヴェルでの近隣範囲にのみ応用できるというものだ。[430]

だが、ジッテのモデルは「ドイツ圏諸国でただちに、それも熱狂的に受け入れられた」[431]。なぜなら「これらの国ではそのような理念は潜在する国粋主義にアピールし、流行になっているオースマンタイプのプランニングを浸食し始めていた」[432]のである。さら

---
430 同書 99 頁。
431 同。
432 同。

にまた、ジッテの主張は20世紀の初めにパトリック・ゲデスやレイモンド・アンウィンなどのイギリスの都市計画理論家によって受け継がれると共に、ブリュッセルなどの旧市街の保存にも適用されたのである[433]。

3．起源と現在

計画とメタ言説

　整序化、プレ・ユルバニスム、ユルバニスムという19世紀が産み出した3つの批評のプラニングに共通するものを、ショエは次の3点にまとめている[434]。

　第一に、そこには都市に対する反省的な思考があり、それによって都市の現実的なコンセプトが導き出される。

　第二に、近代化によって都市空間が意味作用をもつ社会の諸システムに関連づけられなくなってしまったために、そこでは都市空間自体が価値をもつものとして客体化されると同時に、都市計画が、それを正当化し、解釈し、分析し、実体化するメタ言説をともなうようになる。そこでは都市計画は「計画理論」に依拠し、それによってその意味を担保される存在となったのである。

　第三に、都市計画はそこでは多かれ少なかれ有機体としての都市理念にもとづく体系的な分類学を参照することによって考えられ、「機能」や「有機体」や「循環」といった自然科学から借用した認識論的モデルが採用されるようになる。

　こうした計画は、現代にいたるまで都市計画の範型となっている。整序化は現代でも道路計画やオープンスペースによる都市計画の中

433　同。
434　同書110-111頁。

で作動している。急進派のモデルはショエも指摘しているようにル・コルビュジエやバウハウスを経て、現代の革新的な都市計画理論家の未来的な都市モデルに連なる。そして文化派のモデルは街並み保存や、旧来の施設や歴史的遺産を組み込んだ都市再開発、イギリスのチャールズ皇太子による現代建築・都市計画批判と彼の「アーバン・ヴィレッジ」の運動などに、現代的な展開を示している。この意味で『近代都市』でショエが分析し、考察した批評のプランニングは、現代においてもなお都市計画の"範型"となっているのである。

　だが、"範型"という言葉はここでは誤解を招きやすいかもしれない。なぜならそれらは、『劇場都市』で古代中国の都市について見たような都市空間と都市社会の「原型」を示すものではないからだ。ショエが「メタ言語」と言うように、そこに提示されるのは組織された記号と意味のシステムではなく、そうしたシステムをメタレヴェルで論じ、思考する理論であるからだ。このことについてショエは、次のように述べている。

　　都市計画の場合、都市のシステム自体の意味論上の貧困化と、さまざまな実際の提案に先立ち、かつまたそれを正当化する理論の登場との間には、明らかな相関関係があった。こうしたテクストにおいて、都市計画が批評的次元を獲得するようになる転換点を直接に評価することが可能となる。[435]

こうした批評的言説の初期の「最も驚嘆すべき著述」[436] としてショエは、スペイン語の urbanización の語を考案したセルダが 1867 年に発表した『都市化の一般理論 *Teoria general de*

435　同書 41 頁。
436　同。

Urbanización』[437] をあげている。それは、近代的な意味での都市計画＝ユルバニスムが最初から、都市空間を対象とする工学的な実践であるだけでなく、それに先だって言説的・理論的な実践であったということ、したがってそうした実践を通じて作り出された近代都市は、それを正当化しつつ、都市の現実を批評する言説と思考を組み込んだ存在でもあるということである。

過去・現在・未来

　この本が示すもう一つの興味深いことは、都市計画という「空間」を対象とする知と実践が、そのなかに「時間性」をもつということだ。

　現在における都市の意味上の貧困を意味づけるために、急進派のモデルは現代の産業化の先に現れる「来るべき未来」を先取りしようとし、他方、文化派のモデルは失われた過去へのノスタルジアを「未来において取り戻すべき過去」として提示する。規範的な意味のシステムが現在において失われてしまっている以上、秩序と意味の基準は過去か未来という時間的な外部に求められる、というわけだ。都市の意味をこのように時間的な外部に求めることも、批評のプランニングが示した近代都市計画の「原型」と言えるだろう。近代において都市計画とは、「過去と未来の間」の知と実践なのだ。

　だが整序化の場合はどうなのか。整序化においては問題となるのは「未来」でも「過去」でもなく、現在の都市における交通流の円滑な循環と、オープンスペースによる大気の循環の確保である。とりわけ交通流の円滑な循環は、都市空間内における速度――距離を時間で微分したもの――を基準とするという意味で、過去・現在・

---

437 『都市化の一般理論』という訳は『近代都市』の訳者である彦坂によっているが、ここで urbanización は「都市化」ではなく「都市計画」あるいは「ユルバニスム」と訳すべきだろう。

未来という歴史的な時間性とは異なる現在における時間性を、都市をめぐる思考に持ち込むものだ。そしてまた整序化は、都市空間に対する外科手術によって、歴史的に形成された街区を破壊していったのである。過去に由来する空間が破壊され、現在における速度や空間の広がりがそれにとって変わることもまた、今日まで続く近代都市のあり方である。そして、そのような現代における空虚ゆえに、それは過去や未来に意味をもとめる言説と実践を繰り返し召還するのだ。

「19世紀のプランニング」と副題された『近代都市』から私たちが読み取ることができるのは、19世紀における都市計画の誕生だけではない。21世紀においてもリアルかつアクチュアルな私たちの生きる現代都市の現実を、それは示しているのである。

第 **9** 章 舞台としての都市、上演としての盛り場

吉見俊哉『都市のドラマトゥルギー ——東京・盛り場の社会史』
（弘文堂、1987 年。→河出文庫、2008 年。）

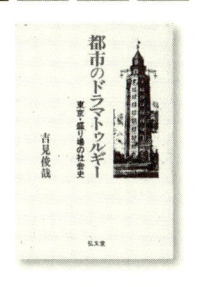

1. 都市論の 1980 年代

都市論ブームの時代

　この章でとりあげる吉見俊哉の『都市のドラマトゥルギー』は、1877 年に内国勧業博覧会の会場となり、その後の東京の盛り場空間の原型の一つとなった文明開化期の上野、1920 年代に大衆文化の中心地として栄えた浅草、それと前後してモダン都市文化の中心地となった銀座、1960 年代に若者文化を代表する街だった新宿、そして 1970 年代後半から 80 年代にかけて「若者の街」の代名詞となっていった渋谷と、明治期から 20 世紀後半までの東京を代表してきた盛り場を対象として、それぞれが特定の歴史的な段階で東京を代表する盛り場たりえた理由を解き明かしつつ、近代東京に群れ集った人びとの 1 世紀以上にわたる歴史を近代日本の社会と文化の構造と変動との関係において考察する、歴史社会学的な都市論である。副題の「東京・盛り場の社会史」とは、そういう意味だ。

　だが、ここでこの本をとりあげるのは、そうした東京の盛り場の歴史の具体的なあれこれを、吉見の考察に寄り添って確認したいからではない。文明開化期の上野の「近代都市の原型」としてのあり

方や、1920年代と1970年代から80年代という戦前・戦後の東京の都市大衆文化の興隆期のそれぞれの盛り場のありさまや賑わいを、膨大な量の文献を渉猟しつつ再構成する吉見の力業には目を見張らせられるし、それのためだけにでもこの本を読む価値は十分にある。だが、ここでこの本から読み取りたいのは、そうした力業としての「歴史社会学的記述」を可能にした、『都市のドラマトゥルギー』における吉見の都市論の視点と方法である。

「吉見の都市論の視点と方法」と述べたが、この言葉は私がここで考えたいことの半分しか示していない。なぜならここでは、吉見俊哉のこの本の視点と方法を読むことで、吉見がこの本を執筆し、刊行した1980年代の都市と都市論をめぐる状況についても考えたいからである。どんな書き手も、自分が書物を書く時代の状況から自由ではありえない。そして、『都市のドラマトゥルギー』という本はとりわけ、時代の状況と書き手の問題意識とが、"幸福な"と呼んでいい出会いをし、それによって産み出された書物なのだ。

　都市論ブームがささやかれだしてからすでに久しい。かつては社会学者や都市計画家によって語られることの多かった「都市」は、一九七〇年代半ば頃から、文学をはじめ様々な領域でさかんに論じられるようになり、「言語」「宗教」などとともに時代のキーワードのひとつにまでなってしまった感がある。七〇年代末のテクスト論的都市論から最近の東京論や江戸論の流行にいたるまで、街角の書店をたえず賑わせてきた各種の都市論の新刊書は、われわれがここ十年余の間、「都市」を語ることで現代を語り、われわれ自身を語ろうとしてきたことを如実に物語っている。[438]

『都市のドラマトゥルギー』は、このように始まる。ここで述べられているように、1970年代半ばから80年代にかけては「都市論ブーム」の時代だった。都市をめぐって数多くの言葉が語られたというだけではない。都市をめぐるそれまでとは異なる視点と方法と語り方が現れ、それが単に都市だけではなく、人間や社会や文化や時代を見、考え、語る新しい方法として示され、受け取られた時代。日本の言論界や読書界の1970年代後半から80年代は、そんな時代だった。

　上に引用した言葉から始まる「盛り場へのアプローチ」と題されたこの本の序章と、それに続く「Ⅰ章　盛り場研究の系譜」は、具体的な東京の盛り場の歴史的な分析に先立って、この「都市論の時代」の状況と、盛り場をめぐるこれまでの代表的な議論の検討、そして、それらを踏まえての吉見自身のこの本での都市と盛り場へのアプローチの視点と方法の提示にあてられる。東京の盛り場の歴史的事実を知りたくて本書を手にとる読者は、文庫版で100頁を超える分量——それは本文全体の4分の1を超える——を占めるこの長い導入部分に、少なからず困惑するかもしれない。そこでは、現在の読者の多くには必ずしも馴染みのない1970年代から80年代の都市をめぐる言論状況が熱っぽく語られる一方で、決して少なくない数の専門的な文献が参照されて、「盛り場論としての都市論」の方法論の革新が宣言されるのだから。明治から昭和にいたる東京の盛り場の歴史的事実を知りたいだけなら読み飛ばしてもかまわない——事実、それでもこの本を読むことは出来る——この2つの章は、けれども1980年代の都市論の記録としても『都市のドラマトゥルギー』を読もうとする読者には、決して読み飛ばすことのでき

438　『都市のドラマトゥルギー』河出文庫版10頁。(以下、引用はすべて河出文庫版による。)

ない部分なのである。

記号論、テクスト論、上演論

　序章で吉見は、この時代を代表する都市論者の一人だった文学者の前田愛が当時の都市論の新たな試みを評して述べた、「有用性の機軸――行政・生産・交通・交換――を中心に、都市を構成している個々の要素を分割し、統合していく、それまでの分析手法に対して、むしろ有用性のネットワークからはみだす部分、そこに生きる人間の気分や欲望の感光板としてあらわれる都市の深層的な部分を記号論的に解読する方法を提起した」[439]という言葉を引きつつ、そうした試みを次の4つの流れとして整理している。

（1）主として文学研究の側から試みられてきたアプローチで、都市＝テクストを文学作品＝テクストの分析を通して描き出していこうとするもの。
（2）直接都市を自分の足で歩いて回り、その体験を言葉にしていくことを通じて都市＝テクストを読んでいこうとする、ルポライターや作家、写真化等によるアプローチ。
（3）主として建築の領域で展開されてきているもので、都市の建物や街区の空間構成、あるいは壁面形態をテクストとして記号論的分析の対象としていく。
（4）主に社会史の領域で展開されているアプローチで、都市を、民衆の群れ集う祝祭的な空間として捉え、そこにおける結集化の契機を探っていくもの。[440]

439　『都市のドラマトゥルギー』11頁の、前田愛「都市論の現在」前田（編）『テクストとしての都市』（別冊国文学）學燈社、1984年、7頁からの引用。

前田が「行政・生産・交通・交換」などの「有用性の機軸」と述べていることと、先に見た『都市のドラマトゥルギー』の序章冒頭で「かつては社会学者や都市計画家によって語られることの多かった「都市」」と吉見が述べている部分とは、実は対応している。都市計画がもっぱら「有用性の機軸」によって、「行政」と連携しつつ、「生産・交通・交換」などの施設の配置と、それによる効率化を目指すという側面をもつことは言うまでもない。(前章で見た「整序化」や「急進派のユルバニズム」を思い出して欲しい。)だが、「社会学者」に関して言えば、1980年代以降の——あるいは、吉見のこの仕事以降の——社会学的都市論の展開についてある程度の知識をもっている読者には、ここでの物言いは意味がとりにくいかもしれない。「消費」や「文化」や「サブカル」、あるいは「格差」や「貧困」など、必ずしも「有用性の機軸」には収まらなかったり、むしろそこからこぼれ落ちてしまったりするものに注ぐ視線こそが、80年代以降、今日まで広く読まれてきた社会学的な都市論の主要なテーマであるからだ[441]。だがそれ以前に社会学において都市を対象としてきた「都市社会学」や「地域社会学」の研究者たちは、もっぱら都市の産業構造や階層構造、住民の生活構造や生活意識、コミュニティや住民運動など、「生産」や「行政」と「地域社会」や「住民」

440　『都市のドラマトゥルギー』12頁。吉見はこの部分に付けた注で、(1) のアプローチの代表的な論者として前田愛や松山巖、(2) については冨田均、枝川公一、小林信彦、荒木経惟、(3) は門内輝行、陣内秀信、槇文彦、(5) は網野善彦、廣末保、喜安朗、良知力、柴田三千雄をあげている。

441　ここで言う「広く読まれてきた社会学的都市論」は、「都市社会学」や「地域社会学」の著作のことではない。具体的には宮台真司『まぼろしの郊外』(朝日新聞社、1997年)、北田暁大『広告都市・東京——その誕生と死』(廣済堂出版、2002年)、森川嘉一郎『趣都の誕生——萌える都市アキハバラ』(幻冬舎、2003年)、三浦展『ファスト風土化する日本——郊外化とその病理』(洋泉社新書y、2004年)、東浩紀・北田暁大『東京から考える——格差・郊外・ナショナリズム』(ＮＨＫ出版、2007年)、橋本健二『階級都市——格差が街を浸食する』(ちくま新書、2011年) などがあげられる。

第9章　舞台としての都市、上演としての盛り場………201

の関係構造を、産業構造や地域社会構造の変動との関係で調査分析してきたのだった。それは「行政」や「資本」の側からの有用性の機軸と、それらへの対抗軸たりうる「地域住民」や「市民」や「コミュニティ」の関係構造において、都市の現在とそのあるべき未来を問うという点で、「有用性の機軸に立つこと＝社会の役に立つこと」を基調としていた[442]。それに対して、『都市空間のなかの文学』という文学テクストと都市空間を重ね合わせて記号論・テクスト論的に解読した書物で当時注目を集めていた前田も、その言葉を引用した吉見も、そうした既存の視点や枠組みからは「社会的に有用である」と容易には見なしがたい都市のあり方や、そこでの人間の生き方に注目し、そこから都市を語ろうとしたのである。

　先の4点からなる整理で吉見がキーワードとしているのは、「記号」と「テクスト」と「空間」である。「記号」、「テクスト」、「空間」。これらは都市論に限らず、1970年代後半から80年代の「現代思想」のキーワードでもあった。人間の社会的な営みや文化を、意識的あるいは無意識的に意味を産出し、交換し、共有することとして考える時、衣服、家具、住居、建造物などは特定の機能を充足するための「有用なもの」であることとは別に、先進的な、格好いい、かわいい、ダサイ、正統の、異端の、権威的な、反権威的な、……等々の社会的な意味を表現するものとしても捉え、解読することができる。文学作品や絵画、映像作品などの「書かれたもの」や「描かれたもの」は、そもそもそうした記号としての言語や図像や画像によって織りなされたテクスト——textのもととなったラテン語のtextusは「織られたもの」を意味する——だが、人間の社会もまた、そのような記号によって織り上げられ、解読されるテクストとして

442　都市社会学、地域社会学に関して言えば、この点は現在もさほど変わらない。

の空間であり、そこには記号やテクストの固有の秩序がある。記号が織り上げるテクスト的な空間として社会を読み解き、その秩序を明らかにしようとする構造主義的な記号論やテクスト論は、ショエの『近代都市』について述べたように、1960年代からフランスを中心に知的・学問的な運動となっていったが、その影響は70年代から80年代にかけて日本にも及んでいた。そうしたなかで「都市論」は、消費社会論や身体論などと共に、新しい知的潮流における重要なトポス＝場の一つだったのだ[443]。

『都市のドラマトゥルギー』で吉見は、こうした当時の「都市論ブーム」におけるテクスト論的方法を評価しつつ、その限界を次のように指摘している。

> 都市は「読まれるべきテクスト」である、という言い方がたとえできるとして、ひとはそれを、まるで書物を読むときのように椅子に腰かけて「外側から」読んでいるわけではなく、字義通りの意味で身をもって都市のなかに入り、そこで歩き、働き、食べ、憩うことを通じて、自分でも気づかない間に「内側から」読んでいる。そしてその際、彼は他者のまなざしに晒され、自らテクストの登場人物ともなっている。[444]

---

443 この知的流行を担ったのは、雑誌『現代思想』（青土社）や『エピステーメー』（朝日出版社）、『へるめす』（岩波書店）であり、『エピステーメー選書』や『エピステーメー叢書』（いずれも朝日出版社）や、大江健三郎・中村雄二郎・山口昌男が編集代表だった叢書『文化の現在』（岩波書店）などだった。『現代思想』に掲載した論考を中心とする浅田彰『構造と力』（勁草書房、1982年）がベストセラーとなったことはこの流行を象徴する出来事だったが、その第5章「クラインの壺、あるいはフロンティアの消滅」もまた都市論である。私はここで「問題と思考の場」を意味する言葉としてギリシア語に由来する「トポス」を用いたが、こうした語法もまたこの知的流行と共に普及していった。
444 『都市のドラマトゥルギー』21頁。

これらのことは、都市とそこに生きる人びととの関係を、〈テクスト〉と〈読者／登場人物〉の関係としてよりも、むしろ〈上演 performance〉と〈観客／演者＝役〉の関係として把握するように促す。もちろん上演といっても、プロセニアム・アーチで舞台と客席が明確に分離された近代劇場での上演ではない。むしろ、舞台と客席の境界が曖昧で、観客はすでに多少なりとも演者であり、演者もまた観客であるような、たとえばかつて市街劇や実験演劇で試みられた上演を思い浮かべてみよう。[445]

　もとより社会は「現実」であって「演劇」ではない。だがそこで人は、社会的にしつらえられた状況を舞台とし、当然そこで振る舞われるべきことを規定する規範＝シナリオや、そうした規範に対して己をどう表出するかという自己の役割の定義の中で、他者の振る舞いに観客としてのまなざしを注ぎつつ、自らも他者のまなざしのなかで行為＝演技してゆく。それによって人びとは、社会という場における「現実」を演劇的に日々上演している。社会学者のアーヴィング・ゴフマンや人類学者のヴィクター・ターナー、クリフォード・ギアツらの演劇論・上演論的な社会分析を参照しつつ、吉見は自らの都市論の理論と方法として〈上演論的パースペクティヴ〉をとることを宣言するのである[446]。

445　同書 22 頁。
446　70 年代から 80 年代の日本、とりわけ東京が、アングラ演劇から小劇場演劇へと連なる演劇運動の中心地だったことや、上述のような知的潮流のなかで演劇もまた重要なトポスとなっており、そこでは「都市」や「群集」がしばしば重要なテーマとなっていたこと、そして吉見自身も学生時代から大学院生の時代にそうした演劇運動に積極的に関わっていたことは、この「宣言」を理解するうえで重要な事実である。

2. 盛り場の社会史という方法

なぜ盛り場か

では、そうしたパースペクティヴから、都市はどのようなものとして理解されるのだろうか。

『都市のドラマトゥルギー』が上演論的なパースペクティヴによって対象とするのは、都心のオフィス街でもなければ、下町の横丁や山の手のお屋敷町でも、郊外の団地や新興住宅地でもなく、「有用性の機軸」からはもっとも遠い場所である盛り場である。なぜ盛り場を対象とするのか、吉見はこの本で明確に語っていないが[447]、先行する盛り場研究を批判的に検討した「Ⅰ章　盛り場研究の系譜」から、その理由を推測することはできる。吉見はそこで、大正期に大衆娯楽という点から浅草の調査・研究を行った権田保之助、関東大震災後から昭和初期にかけて銀座などにおいて「モダン生活」の考現学的調査を行った今和次郎、戦後の都市社会学界で職場関係とも家族・近隣共同体とも分離した「マス」としての人びとの活動のための機能をもつ場所として都心の盛り場を研究した磯村英一の研究をかなり詳しく紹介・検討した後、自らの研究の方向性を次のように述べている。

　　したがって、われわれの盛り場研究にとって必要なのは、盛り場に集っている人びとの相互媒介的な身体性を、権田の階級論的視角にも、今の合理化論的視角にも、磯村の機能論的視角

---

[447] 私の理解では、吉見にとって問題だったのはそもそも「盛り場」、より正確に言えば「盛り場を出来事して成立させている社会的・文化的なメカニズム」だったのであって、「都市」とはそうしたメカニズムを作動させる場と社会のよりマクロな構造なのである。

にも還元されないような地平から探究していくことである。そしてそのためには、盛り場における諸々の事象を、何らかの外的なシステムの論理に還元してしまうのではなく、むしろ、盛り場に集う人びとが、その集っている盛り場との相互作用のなかで紡ぎ出していく固有の磁場（ないし社会的コード）に基づくものとして把握していかなければならない。つまり、盛り場を〈出来事〉として捉え、そうした出来事自体を秩序づけている意味論的な機制を、出来事の担い手となっている人びとの相互媒介的な身体性において問うていかなければならないのである。[448]

第6章でジンメルとシカゴ学派に関して見たように、近代的な大都市は巨大な人間の群れとしての様相をもつ。この大量の人間の群れは、シュヴァリエが描き出した19世紀前半のパリのように、異なる階級の人びとが未知で危険な存在として現れることもあれば、ショエが主題とした19世紀の都市計画におけるように、職場で働く労働者や家庭で生活する住民として現れることもある。盛り場とは、そのように近代都市に群れ集う人びとが、職場や家庭などの社会的な場から離れ、それらの場所に支配的な階級性や合理性や機能性に還元できない「それ自体の内に固有の磁場」[449]を、群れ集う身体の共振のうちに作り出し、大都市にしかあり得ない生の舞台を成立させるという点で、近代都市を代表する「都市的な空間」だと考えることができる。しかもその一方で、「出来事としての盛り場」の演者であり、かつ観客である人びとの身体性は、「決して当該の盛り場のなかだけで形成されてくるものではない」[450]のであり、「し

---

448 同書114頁。
449 同。
450 同書116頁。

たがって「盛り場＝出来事」の上演は、それに参与する〈演者＝観客〉の身体性の分析を媒介に、当該の盛り場を取り巻くより全域的な社会秩序の上演のなかに位置づけ」[451]られるのだ、と吉見は言う。盛り場という近代の都市性の一面を代表する場を対象とすることで、それを産み出した近代の都市と社会の全域的な上演にも迫りうる視座を、盛り場を対象とする上演論的パースペクティヴによる研究は示しうるというのである。

なぜ上野から始まるのか？

先に述べたように、『都市のドラマトゥルギー』が「東京・盛り場の社会史」の具体的対象としてとりあげるのは、文明開化期の上野、大正期の主として関東大震災以前の浅草、震災後から昭和初期の銀座、1960年代から70年代半ばの新宿、そして1970年代半ばから80年代の渋谷である。これらのうち、現在でも東京を代表する盛り場と言ってよい浅草、銀座、新宿、渋谷については、多くの読者にもすんなり受け入れられることだろう[452]。だが、最初にとりあげられる上野については違和感をもつ読者がいるかもしれない。上野にもデパートや商店、飲食店の建ち並ぶ繁華街があるが、今日多くの人がイメージするのは、不忍池や動物園、複数の博物館や美術館を擁し、花見の名所として名高い上野公園のある場所としての上野だろう。「公園」を中心とする上野と、商店街、飲食街、興行街、歓楽街の複合である浅草、銀座、新宿、渋谷とは、「盛り場」としてのあり方を異にしているようにも思われよう。そして吉見が

---

451 同。
452 もちろん他にも池袋、原宿、青山、六本木、新橋、さらには下北沢や吉祥寺などがあげられるけれど、これら4つをそのなかの代表とする選択にはさほど異論はないものと思われる。

とりあげるのも、主としてこの上野公園の方なのである。

　だが、浅草をとりあげるに先立って、「これまで本書は、浅草について語ることをあえて避けてきた。というのも、明治・大正期を通じ、東京の盛り場の歴史にとって間違いなく最も重要なこの盛り場を最初から焦点にすることは、議論をあまりにも膨張させてしまうと考えたからだ。だが、開化の盛り場についての一応の概括を終えたいまこそ、われわれは「浅草」に目を向け、そこで繰り広げられていくドラマについて考えていかなければならない」[453]と述べているように、吉見にとっては浅草、銀座、新宿、渋谷に先立って上野をとりあげる歴史社会学的な必然性があった。

　上野をとりあげるⅡ章の「博覧会と盛り場の明治」というタイトルが示すように、上野公園は明治10年、14年、23年と第1回から第3回までの内国勧業博覧会の会場となった場所である[454]。そこはまた、徳川家康を祀る東照宮と徳川家菩提寺の寛永寺を擁し、徳川将軍のうち6人の墓所のある江戸の「聖地」であり、また花見の名所として親しまれ、隣接する下谷広小路や山下（現在の上野駅付近）には見世物小屋がひしめく、江戸庶民の遊興の地だった[455]。それが「東京」と名の改まった明治時代には内国勧業博覧会だけでなく、憲法発布記念式典、日清戦争祝捷大会、日露戦争祝捷東郷大将歓迎会・大山元帥歓迎会などの国家的イベントが行われ、しばしば天皇が行幸し、博物館、音楽堂、美術館、図書館、美術学校、音楽学校などの西欧近代文明を移入するための文化施設が集中して建てられる、文明開化の近代国家の首都を象徴する空間となっていっ

453　『都市のドラマトゥルギー』200頁。
454　内国産業博覧会はその後、明治28年の第4回は京都の岡崎、同36年の第5回は大阪の天王寺で開催されている。
455　『都市のドラマトゥルギー』132-134頁を参照。

たのである[456]。『都市のドラマトゥルギー』によれば、明治期東京の国家イベントの空間であった上野は、そうであったがゆえに次の二つの点において、その後の東京の盛り場の上演の原型だったのだという。

第一にそれは、博覧会というイベントによって、西欧近代とそれに由来する文物を、日本の到達すべき「未来」として提示すると共に、そうした「未来」を表象する事物を観衆として眺めながら遊歩する経験を身体化していく場所であったという点で、その後の東京の、そして日本の盛り場の原型となる場所であった。こうした場とそこでの経験は、博覧会で売れ残った出品物――当時の博覧会は展示したものを販売していた――を展示・販売する施設として始まった勧工場、さらには百貨店へと展開して、近代都市の盛り場における「舞台」の原型となると同時に、ウィンドウショッピングや、街を行き来する人びとの流行のファッションを眺めるといった、盛り場における人びとの振る舞いの原型を形作っていった。

だが第二に、展示された文物を評価し、産業に結びつける近代的なまなざしによって眺め、職業人や消費者としての活動に結びつけてゆくべき博覧会というイベントに集まった人びとがみな、必ずしもそうした近代的な態度と身体性をもっていたわけではなかった。来場した人びとが、江戸期から連続する「見世物」や「ご開帳の参拝」におけるのと同様の、聖なる異界にひきつけられて群れ集う身体感覚――吉見はそれを〈眺める〉との対比で〈触れる〉と呼ぶ――によっても博覧会を経験していったという点で、上野は江戸以来の都市民衆文化との連続線上にある出来事が上演される、近代東京

---

[456] 同書137頁。明治政府が上野の地でこれらの国家的イベントを開催し、そこに国家的な文化施設を建設していったことは、「徳川期江戸の聖地」を「近代国家の文化の中心」に置き換えるという象徴論的な政治の実践として理解することができる。

図9-1　内国勧業博覧会の様子（『都市のドラマトゥルギー』123頁）

かつての徳川家の聖地であり、上野戦争の戦跡に現れた文明開化の異空間。

の盛り場のもう一つの原型を示す場所でもあったのである。

　盛り場としての上野が内包していたこの二面性を、〈近代的なもの〉と〈前近代的なもの〉とすることも可能である。だが、〈前近代的なもの〉と呼びたくもなる盛り場のあり方もまた、その後の100年以上にわたって近代都市東京で上演される盛り場の重要な要素であり、そこからやはり〈近代的〉と呼ぶしかない文化を生み出していったことを、この本は示していくのである。

浅草・新宿

　『都市のドラマトゥルギー』で戦前の浅草と銀座を論じるⅢ章は「盛り場の1920年代」と題され、さらにその中が「1　トポスとしての「浅草」——上演Ⅰ」、「2　「浅草」から「銀座」へ——上演Ⅱ」、「結　一九一〇〜三〇年代の都市空間における「モダン」の位相」に分けられている。他方、戦後の新宿・渋谷を論じるⅣ章は「盛

り場の70年代」で、「1　トポスとしての「新宿」——上演Ⅳ」、「2　「新宿」から「渋谷」へ——上演Ⅴ」、「結　1960〜80年代の「ポストモダン」の位相」の3節からなる。（ちなみに「上演Ⅰ」は上野における「原型としての博覧会」の上演である。こうした章題のつけ方は、第3章で見た大室幹雄の『劇場都市』を思い出させる。）

　これらの章・節の構成とタイトルは、上野に見いだされた東京の盛り場の原型のその後の展開を、この本がどのように捉えているのかを示している。そこでは、1920年代を中心とする1910〜30年代の盛り場が「都市空間の「モダン」の位相」に関わるもの、1970年代を中心とする1960〜80年代の盛り場が「都市空間の「ポストモダン」の位相」に関わるものとして対比されているのだが、それについては後で述べよう。ここで注目しておきたいのは、こうした時代区分にもかかわらず、戦前の浅草と戦後の新宿、戦前の銀座と戦後の渋谷が、それぞれ同型的なセットとして捉えられていることだ。

　吉見によれば、第二次世界大戦を挟んだ異なる時代を代表する盛り場であるにもかかわらず、両者は共に「（1）強烈な消化能力、（2）先取り的性格、（3）変幻自在さ、（4）共同性の交感」[457]という特徴を共有している。「強烈な消化能力」というのは、これらの盛り場が「ありとあらゆる種類のヒトやモノを受け入れ、それでいておのれの独自性を失わない」[458]ことを、「先取り的性格」とは、「すでに完成されてしまったスタイルが繰り返し演じられていくようなスタティックな盛り場」[459]ではなく、「たえず新しいストーリーや

457　同書220頁では浅草について、284頁では新宿について、ここに引用したまったく同じ言葉を用いて説明している。
458　同書216頁。これは浅草について書かれた部分からの引用だが、新宿についてもほぼ同じ表現がされている。この点は、他の3つの特徴についても同様である。
459　同書217頁。

登場人物が無造作に書き加えられ、次から次へと新しいドラマが繰り広げられていった」[460] ことを指す。また「変幻自在さ」とは、「そこにおいて人も、また出来事も無限に変幻自在な顔をもって」[461] いて、「次に何が起こるかわからない不確定性を常に孕んでいたこと」[462] を、そして二つの盛り場の上演における「最も重要な特徴」[463] と吉見が言う「共同性の交感」とは、「この地で演じられる諸々の興行物にあっては、客席と舞台の間に濃密なコミュニケーションを媒介に一種の共同性の交感とでも呼ぶべきものが生まれ、それが興行の中味を大きく変化させること」[464]（浅草の場合）であり、あるいは「この地で演じられていく諸々の出来事が、参与する人びと相互の濃密なコミュニケーションを媒介に、一種の共同性の交感とでも呼ぶべきものを生み、それが出来事の成り行きを大きく変化させてゆく契機となったこと」[465]（新宿の場合）である。様々な階級・職業の人びと、あるいは階級も職業も定かではない怪しげな人びとが群れ集い、見世物小屋や劇場や映画館やカフェやアングラ喫茶やバーに出入りし、そうした人びとを相手とする芝居やレビューや見世物などの興行だけでなく、カフェや喫茶店やバーでのやりとりも人びとの共同性の交感のなかで変幻自在なものとなり、そこから絶えず新しい何かが生み出されていった場所。『都市のドラマトゥルギー』が描き出す浅草や新宿は、江戸の盛り場に横溢し、文明開化の博覧会の会場にも存在したあの〈触れること〉のなかから近・現代の都市文化を生み出していく、混沌としたエネルギーに満ちた盛り

460　同。
461　同書 218 頁。
462　同書 283 頁。これは新宿について述べた部分からの引用である。
463　同書 219 頁、284 頁。
464　同書 219 頁。
465　同書 284 頁

場である。

銀座・渋谷

　浅草と新宿を論じる吉見の言葉は、まるでそれらの盛り場のなかで、強烈な消化能力や共同性の交感に帯電したかのような熱っぽさをもっている。だが、これらと対比される銀座と渋谷を論じるときの吉見の言葉は、ずっと冷めた批評的なものとなる。

　　すでに論じた浅草や新宿が、雑多な単身者たちがその自明化されたアイデンティティを失って渾然一体となる街であったとするなら、一九二〇年代以降抬頭してくる銀座や七〇年代以降抬頭してくる渋谷は、「近代的(モダン)」な、あるいは「現代的(ナウ)」な都会生活のスタイルで身を固めた若者たちが、底抜けに明るい表情で「私」を演じに来る街である。[466]

ここに述べられているように、1920〜30年代の銀座と1970〜80年代の渋谷は、上野が示した盛り場の原型のうち、到達すべき「未来」を〈眺めながらブラつくこと〉を基本的なあり方とし、その「未来」が「モダン」、あるいは「ナウ」という言葉によって表象される「新しさ」として提示される場所として理解される。1920〜30年代の日本では「モダン」という言葉は、「モボ・モガ＝モダンボーイ・モダンガール」に代表されるように、単に「近代的」ではなく「欧米に範をとった流行の先端をゆくあり方」を表象する意味論のもとに用いられていた。同じように1970〜80年代には英語のnowからきた「ナウ」というカタカナ言葉が、「ナウな

466　同書304頁。

ヤング＝現代の若者」のように、若者文化における流行や先端的動向を意味する言葉として用いられていたのである。これらの言葉が示すように、1920〜30年代の銀座は近代化しようとする日本が到達すべき西欧的な未来を提示し、そこで若者たちがモボ・モガ的な近代性を演じ、眺める舞台であり、1970〜80年代の渋谷は高度経済成長を経て経済大国となった日本が進んでゆく「未来」を「現代」としていち早く捉え、そのような少し先の未来を若者たちが演じ、眺めつつ戯れてゆく舞台だったのだと、『都市のドラマトゥルギー』では理解されるのである。

3. 舞台、演技、ドラマトゥルギー

都市という舞台

ここまで見てきた近代東京の盛り場の系譜を吉見は、**図9-2**のような図式で整理する。

この図で浅草・新宿につけられた「幻想としての〈家郷〉（場所的・共同化的）」と、銀座・渋谷につけられた「先送りされる〈未来〉（非場所的・個別化的）」については、ここまで見てきた部分だけではよく理解できないので、もう少し説明が必要だろう。

浅草・新宿の「共同化的」とは、先にみたこれらの盛り場の上演の特徴の「共同性の交感」に対応する。それが「場所的」であるというのは、浅草あるいは新宿という都市空間のなかの特定の場所に群れ、触れあうことが、そうした共同化の条件となっているということだ。では「幻想としての〈家郷〉」とは何だろう？　戦前の浅草も戦後の新宿も、その盛り場の担い手たちの中心は、近代化や高度成長のなかで地方から上京してきた単身者だった。彼らの多くにとって新宿や浅草は、東京の過酷な都市の現実のなかにありながら

図 9−2 「盛り場＝出来事」の展開（『都市のドラマトゥルギー』338 頁）

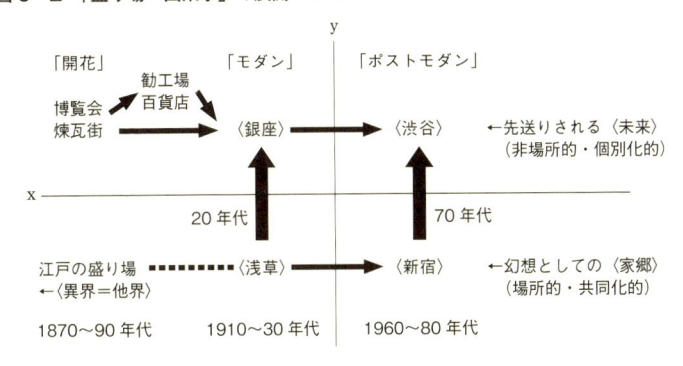

```
          「開花」          「モダン」  │  「ポストモダン」
                     勧工場            │
          博覧会 ┌─百貨店─┐            │
          煉瓦街 ─────────→ 〈銀座〉 ──→ 〈渋谷〉   ←先送りされる〈未来〉
                                      │                    （非場所的・個別化的）
     x ─────────────────────────────────────────────
                         ↑            │    ↑
                       20年代          │  70年代
          江戸の盛り場 ●●●●● 〈浅草〉 ──→ 〈新宿〉   ←幻想としての〈家郷〉
          ←〈異界＝他界〉                │                    （場所的・共同化的）
          1870〜90年代   1910〜30年代  │  1960〜80年代
```

〔図V・1〕「盛り場＝出来事」の展開

江戸の盛り場と文明開化期の博覧会・煉瓦街を〈起源〉とし、
〈未来〉と〈家郷〉という二つのトポスに支えられた盛り場の共時的かつ通時的構造分析。

「東京の生活から逃れ、帰って行くべき場所」[467]、「急速な変貌を遂げる東京からの脱出であり、高度成長をひた走る戦後日本からの脱出」[468]を可能にして、自分たちが後にしてきた現実の家郷とは別の「もうひとつの幻想の〈家郷〉を仲間と共感することのできる空間であった」[469]、と吉見は論じる。

他方、銀座と渋谷が表象する〈未来〉が「先送りされる」ものとされるのは、これらの場所がつねに「現在」が目指すべき〈未来〉——"モダンなもの"や"ナウなもの"——を次々に提示し続けることにより、盛り場としての意味を備給し続けた場所であるからだ。盛り場に人びとを引きつけ、集まった人びとが街を遊歩しつつ

467　同書261頁の浅草についての説明。
468　同書322頁の新宿についての説明。
469　同。

そうした〈未来〉を眺めることで成立するこれらの盛り場は、同じ場所に群れ、触れあうことによって固有の意味や出来事が生み出されるのではないという点で、「非場所的・個別化的」である。こうした盛り場の担い手たちは、浅草・新宿の担い手たちのような都市下層民や地方からの上京者ではなく、銀座の場合は「第一次大戦の頃から急速に勢力を伸ばす山の手や郊外の新中間層とその子弟」[470]であり、渋谷の場合は高度経済成長による郊外居住地域の爆発的拡大を背景として生み出され、成長した「東京の山の手ないし郊外に住む家庭の子弟たち」[471]だった。

こうした分析が示すのは、「盛り場」という都市空間内の局所を舞台とする出来事が、都心、その周辺の単身者居住地、そしてさらにその外側の山の手や郊外という都市の地域空間構造——ワースの同心円モデルを思い出して欲しい——や、都市と地方という国土的な広がりでの空間構造、日本と欧米というグローバルな広がりのなかでの空間構造、さらには近代化の中での過去・現在・未来という時間構造までも含んだ構図の中で、そのような構図に規定された演技者と観客たちによって上演されるものであったということだ。こうした構造を吉見は、**図9-3**で表現している。

この図で吉見は、「〈家郷〉と東京がかたちづくる局面」[472]を「都市化の第一局面＝局面Ⅰ」、「東京と〈未来〉がかたちづくる局面」[473]を「都市化の第二局面＝局面Ⅱ」と呼び、それについて次のように説明している。

　　……、「浅草」や「新宿」における共同性の醸成は、その担い

470　同書248頁。
471　同書314頁。
472　同書340頁。
473　同。

図 9-3　都市化の二局面〈『都市のドラマトゥルギー』341 頁〉

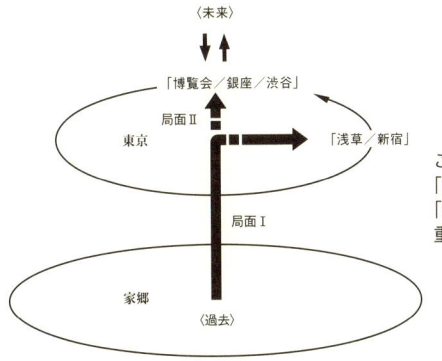

ここでもまた、「過去／未来」という通時的な軸と、「家郷／東京」という共時的な軸が重ね合わされる。

〔図 V・2〕都市化の二局面

手となった出郷者たちの、彼らが生まれ育った家郷からの脱出と、その脱出先でありながら、彼らにとって「檜舞台」でも「安息所」でもあり得なかった東京からの脱出という、二重の脱出を契機としたものである。それに対し、「銀座」なり、「渋谷」なりの抬頭は、そうした二重の脱出を経ることによって得られる二次的な共同性が、〈未来〉からの意味の備給によって再編され、近代化のメカニズムのなかに回収されていったことの結果である。[474]

こうした議論において吉見は、『近代日本の精神構造』[475]で神島二郎が示した「群化社会」と「第二のムラ」をめぐる理論や、見田宗介が『まなざしの地獄』[476]で示した都市のまなざしと若者のア

474　同。
475　神島二郎『近代日本の精神構造』岩波書店、1961 年。
476　見田宗介「まなざしの地獄」『現代日本の社会意識』弘文堂、1979 年。→『まなざしの地獄』河出書房新社、2008 年。→『定本　見田宗介著作集　Ⅳ　生と死と愛と孤独の社会学』岩波書店、2011 年。

第 9 章　舞台としての都市、上演としての盛り場………217

イデンティティをめぐる議論などと、記号論、空間論、上演論的な都市論を接合することで、近代東京の盛り場の上演を支えるドラマトゥルギーの構造を、より大きな広がりをもつ社会構造と社会変動についての理論的枠組みのなかに位置づけるのである。

モダンとポストモダン

では、戦前・戦後と同型的な構図の中で繰り返された盛り場の移動が、それぞれ「モダン」と「ポストモダン」という言葉によって捉えられているのはなぜだろうか。最後にこのことを見ておこう。

理由のひとつは、浅草や銀座が東京の盛り場の中心だった「大正から昭和にかけては、一般に「モダニズム」の時代と呼ばれ」[477]、これらの盛り場を舞台として現れた文化や風俗が「モダン」という言葉で呼ばれていたのに対して、「一九七〇年代以降の都市風俗は、しばしば「ポストモダン」という言い方で括られて」[478]いたからだ。だがむしろ重要なのは、1920年代には「欧米」という具体的なモデルにもとづいて語り、イメージされた〈未来〉が、1970年代には具体的な像を結び得なくなったことについての、次のような指摘である。

> すでにふれたように、わが国の都市化は、時間性の彼方に先送りされる〈外国＝未来〉を支点に人びとのまなざしを組織していくことを通じて成し遂げられた。その際、東京をはじめとする都市は「未来」の側に、ふるさとの家郷は「過去」の側に位置づけられ、東京／地方という空間的な関係が未来／過去という時間的な関係に重ねられていった。しかし、前述した高度

477　同書253頁。
478　同書319頁。

経済成長のなかでの家郷の変貌は、「過去」の像としての〈家郷〉を解体し、このような空間軸と時間軸の対応を不可能にする。ところがこの時点で、あるひとつの〈未来〉が超越的な準拠点となる時代は終わっているから、空間軸との対応の消失は、そのまま時間軸の方向喪失をもたらさずにはおかなかった。[479]

吉見がこのように述べる〈未来〉の変容は、歴史という「大きな物語」を社会全体で信じられた時代という、『ポストモダンの条件』でジャン＝フランソワ・リオタールが述べた「モダン」とその終焉と符合する[480]。そして吉見の次のような言葉は、「大きな物語から小さな物語へ」というリオタールの「ポストモダン」の定義と重なり合う。

> したがってもしも、何らかの新しい機制によって媒介されていかなかったなら、われわれは〈未来〉という言葉で表現されるのとは別の方向に自分たちのまなざしを向けていくこともあったかもしれない。しかし、実際には、〈未来〉の単一性の解体は、〈未来〉そのものの消失にではなく、諸々の戦略的契機によって〈未来〉がその都度、戦略的に仮構されていく方向に向かったように思われる。そして、そのような〈未来〉の半ばアドホックな演出により、われわれの生活世界は、次第に〈演じる〉という契機を突出させていくのである。[481]

479 　同書 348 頁。
480 　Jean-François Lyotard, *La Condition postmoderne: Rapport sur le savoir*, Éditions de Minuit, 1979. ＝小林康夫訳『ポストモダンの条件——知・社会・言語ゲーム』書肆風の薔薇、1986 年。→水声社、1989 年。
481 　『都市のドラマトゥルギー』349 頁。

こうして『都市のドラマトゥルギー』は、盛り場の社会史を通じて「歴史という舞台」の上演のあり方の変容にまでたどり着く。そしてこの「ポストモダン」と呼ばれる事態こそ、この章の初めで述べた都市論ブームや、構造主義、記号論、テクスト論などの流行の条件ともなっていたのである。だから『都市のドラマトゥルギー』を読むことは、日本の近代の盛り場と都市と社会を読むと同時に、「ポストモダン」と呼ばれるようになった時代の中で、都市と社会がどのように対象化され、思考され、語られるようになったのかを読むことでもある。次章では、その「ポストモダン」と都市、そして都市論の関係について、デヴィッド・ハーヴェイの『ポストモダニティの条件』を読んで考えることにしよう。

第10章 都市と都市論のポストモダン

デヴィッド・ハーヴェイ『ポストモダニティの条件』(吉原直樹監訳、青木書店、1999年。原著は David Harvey, *The Condition of Postmodernity*, Blackwell, 1989.)

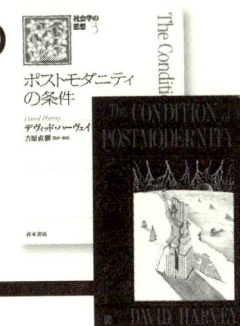

1．ポストモダンとポストモダニティ

ポストモダン社会論とポストモダン都市論

　この章で読むのはイギリスの地理学者で、近年では新自由主義批判でも知られるデヴィッド・ハーヴェイが 1989 年に発表した『ポストモダニティの条件』である。

　『都市のドラマトゥルギー』で吉見俊哉が戦前の浅草・銀座の盛り場の上演のあり方を「「モダン」の位相」、戦後の新宿・渋谷のそれを「「ポストモダン」の位相」という言葉でそれぞれ指していたことを、前章の終わりで見た。1970 年代から 80 年代にかけて流行した都市論の多くは、「都市」を論じようとしていたと同時に、それ以前の都市とは異なる都市の文化や風景を「ポストモダン都市」として対象化し、その「ポストモダン都市」について考え、語るために、それ以前に用いられてきた「近代的な理論や言語」とは異なる「ポストモダンの理論や言語」によって語ろうとしたのである。この時、「ポストモダン」という言葉は「都市や社会の在り方」としての、「ポストモダン都市」や「ポストモダン社会」を指すものであると同時に、「都市や社会の在り方を語る理論や言語」で

ある「ポストモダン理論」を指すものでもある。神島二郎や見田宗介の理論も採り入れた『都市のドラマトゥルギー』は必ずしも「ポストモダン都市論」とは言えないが、記号論やテクスト論、演劇論や身体論を採り入れた語り口はポストモダン的だし、前章の最後で述べたように、そこでの現代都市の理解もポストモダン論と通じる部分がある。

　ここで読む『ポストモダニティの条件』は、そうした「「ポストモダン」と呼ばれる社会」と「ポストモダンの理論や言葉」との関係を主題に、「「ポストモダン」と呼ばれている文化や社会は本当に「脱-近代(ポストモダン)」なのか？」を考察した書物である。4部27章からなるこの本全体は「都市論」に限定されない、地理学と経済学、社会学を学際的に横断＝架橋する社会構造論、時間-空間論、現代社会論の本であるのだが、はじめの4分の1ほど（邦訳書で150頁くらい）を占める「第Ⅰ部　現代文化のモダニティからポストモダニティへの移行」は、「都市のポストモダン」とそれを語る「ポストモダン都市論」を主たる対象として、ハーヴェイが考えるポストモダン論に内在する問題を提示している。ここではこの第Ⅰ部を読むことで、「都市のポストモダン」と呼ばれる時代がどのようなものであり、それをめぐる言葉や理論が「モダン」をめぐる言葉や理論とどのように異なるのか（あるいは、実のところ異なってはいないのか）を見ていこう。都市のモダンとポストモダンの双方について、具体的な例を豊富にあげつつ検討するハーヴェイの議論は、この章だけを「都市論」——あるいは「都市論批評という意味でのメタ都市論」——として読んでも十分に意味のあるものだし、私たちが生きる都市の現実について考えるための示唆にも富んでいる。（ただし、この本の日本語訳には不正確な訳が散見されるので、読者はぜひ英語の原著も併せて読んで欲しい。）

現象としてのポストモダニティ

　『ポストモダニティの条件』というタイトルは、前章でも触れたジャン＝フランソワ・リオタールの『ポストモダンの条件』を意識している[482]。リオタールの『ポストモダンの条件』が、「ポストモダン」を「モダン」とは異なる社会や文化や知の状態（=condition）として提示するのに対して、ハーヴェイはそのように「ポストモダン」と見なされる文化や社会や知の状態——それが「ポストモダニティ＝ポストモダン性」である——が成立し、語られる文化的・社会的な条件（=condition）を分析し、考察しようとする。リオタールに代表されるポストモダン論が「このような状態の社会や文化や知はポストモダンである」、あるいは「ポストモダンとはこうした状態である」と論じようとするのに対して、『ポストモダニティの条件』は「『ポストモダン』と呼ばれている社会や文化や知は、こうした社会的条件のもとで成立する」という形で語ろうとするのである。さきに私が「都市論批評という意味でのメタ都市論」と述べたのは、そういう意味だ。

　だが、そうした議論を始めるにあたりハーヴェイがまず言及するのは、リオタールの『ポストモダンの条件』ではなく、イギリスの作家ジョナサン・ラバンの『ソフト・シティ』（1974年。『住むための都市』というタイトルで1991年に邦訳・刊行されている。）[483]である。「刊行当時かなり好意的なコメントが寄せられた」[484]というこの本は、ハーヴェイによれば、「「ポストモダニズム」と呼ばれるものが

482　事実、ハーヴェイはこの本のなかで繰り返しリオタールのポストモダン論に言及している。
483　Jonathan Raban, *Soft City*, The Harvill Press, 1974. ＝高島平吾訳『住むための都市』晶文社、1991年。日本ではさして話題にならなかったこの本の書評を私は、今はない雑誌『朝日ジャーナル』に書いたことがある。
484　『ポストモダニティの条件』13頁。ただし、訳文は改めた。この章の引用・参照は邦訳書の該当頁を示すが、訳語は適宜改めている。

反-近代(アンチモダン)というさなぎの時期を経て、文化的美学において自らの権利を確立した時期に書かれた」[485] 本である。

　1960年代以降の都市生活についての批判的で対抗的な多くの著作（ここで私は第一にジェイン・ジェイコブズの『アメリカ大都市の死と生』（1961）を、あるいはまたセオドア・ローザックも思い浮かべる）とは異なり、ラバンは、彼以前の論者たちが長い間存在しないと考えたものを、いきいきと現に存在するものとして描き出した。都市は合理化され自動化された大量生産と大量消費のシステムの犠牲になっているというテーゼに対し、ラバンは、都市はもっぱら記号とイメージの生産にかかわるのだと答えた。都市が占有と階級によってしっかりと階層化されているというテーゼを拒否して、社会的差異化が所有と見かけの社会的差異化を広範に生み出す、広く行き渡った個人主義と企業家主義をそれに対置する。合理的計画の支配という仮定に対してラバンは、あらゆる意味でのヒエラルキーや価値の均一性さえ解体の途上にある、「百科事典」や「スタイルの見本市」としての都市というイメージを対置するのである。[486]

ラバンの言う「合理的計画の支配」の例としてあげられているのは、1920年代にル・コルビュジエがパリの改造案として発表したヴォワザン計画と、1940年代にマンハッタン島に建設された大規模団地のスタイヴェサント・タウンの写真である。こうした大規模都市計画が体現する合理的な都市像とは異なり、ラバンは都市を、人びとが自分に魔法をかけて多元的な役割を演じる「劇場」や「迷

485　同。
486　同書14頁。

図 10-1　ル・コルビュジエのヴォワザン計画と、ニューヨークの
　　　　 スタヴェイサント・タウン（『ポストモダニティの条件』15頁より）

広いオープンスペースを
確保して高層ビルが整然とならぶ、
合理的な都市。

宮」なのだと言う。ハーヴェイは『ソフト・シティ』から次のような文章を引用している。

　都市は、村や小さな町 small towns とちがい、ほんらい可塑性をもっている。ぼくらは都市を、自分なりのイメージのなかで造形する。逆に都市のほうは、ぼくらがそれにたいしてそれぞれ勝手なかたちを押しつけようとすると、それ自体の抵抗力によってぼくらにかたちをつけてしまうのだ。その意味では、都市に住むことはひとつの芸術であるようにおもわれる。そこでぼくらは、都会暮らしのたえまない創造的たわむれのなかに存在する人間と物質との特殊な関係を記述するために、芸術の、スタイルのボキャブラリーをもたなければならない。ぼくらがおもいえがく都市、つまりイリュージョンや神話、願望、悪夢に彩られたソフト・シティは、統計で、また都市社会学や人口学、建築などの研究で位置づけられている、あのハードな都市と同じようにリアルである。いや、たぶん、それよりもっとリアルではなかろうか。[487]

第10章　都市と都市論のポストモダン………225

ラバンが描き出すこうした都市像をハーヴェイは否定するのではないが、かといってそのまま肯定するのでもない。「こうした特異な主張を批判すること」[488]ではなく、「どのようにしてそのような解釈がそれほどまでに確信をもって主張されえるのか、そしてまたよく受け入れられたのか」[489]を考えることが重要だとハーヴェイは説く。ラバンが描き、称揚するような「ポストモダンな都市と文化」を、社会や都市や文化や知の構造的な変化に規定されたものとして分析し、説明すること。それが『ポストモダニティの条件』の課題なのである。

　「では、多くの人びとがいまや口にするこうしたポストモダニズムとは、いったい何なのか」[490]。そもそもポストモダニズムとは、1960年代まで支配的だった機能性や合理性を規準とするモダニズム建築に対して、1970年代以降に現れた非機能的な装飾や象徴性、歴史的意匠の引用などを特徴とする建築様式を指すものとして建築理論家のチャールズ・ジェンクスが用い[491]、その後、リオタールの著作などを通じて社会や文化、思想に関しても用いられるようになった言葉である。ハーヴェイの考えでは、1970年あたりから都市生活の質的側面に大きな変化――これについては次の節で述べる――が生じており、建築におけるポストモダニズムもそうした変化の現れだが、「そのような変化が「ポストモダニズム」という名称に値するかどうかは、別の問題」[492]である。

　「たぶん、「ポストモダニズム」が「モダニズム」にたいする何ら

487　『ポストモダニティの条件』16-17頁の『ソフト・シティ』14頁からの引用。
488　同書16頁。
489　同。
490　同書20頁。
491　Charles Jencks, *The Language of Post-Modern Architecture*, Rizzoli, 1977. =竹山実訳『ポスト・モダニズムの建築言語』(『a+u』臨時増刊)、1978年。
492　『ポストモダニティの条件』20頁。

かのリアクションもしくは「モダニズム」からの離脱をあらわしているということ以外には、「ポストモダニズム」が意味するものについては、人びとの間できちんとした意見の一致をみることはない」[493]。しかも、「モダニズムの意味もまた非常に混乱しているので、「ポストモダニズム」として認識されているリアクションとか離脱は二重に混乱している」[494]のだと、ハーヴェイは言う。だがその一方で、理性による全体的かつ合理的な支配ではなく、統一されることのない多元的な役割やライフスタイルを志向するという、『ソフト・シティ』が顕揚するようなポストモダニズムの感性や気分は、確かに存在している。「しかし、そうしたポストモダニズムの本当の意味は、未だ明確なものとはなっていない」[495]。ポストモダンについて誰もが同意するであろう唯一のことは、言葉の成り立ちが示すように、それが「モダン」との関係において成立するものだということだ。だからハーヴェイの考察は、モダンへと向かうことになる。

2. モダンとポストモダン

モダンの二面性

「モダニティとモダニズム」と題された第2章の冒頭で、ハーヴェイは1863年に刊行されたシャルル・ボードレールの「近代生活の画家」の、次の文章を引用している。

　現代性とは、一時的なもの、うつろい易いもの、偶発的なもので、これが芸術の半分をなし、他の半分が、永遠のもの、不

493　同。
494　同。
495　同書22頁。

易なものである。[496]

　ボードレールが述べる「現代性」は、明らかに矛盾する二つの側面からなるという意味で両義的である。この両義性をハーヴェイは、近代についての他の論者の議論や、芸術家や建築家の実践を参照しつつ、次のように説明する。ボードレールが言うような「一時性」や「うつろい易さ」は、「モダニティが、それに先立つ何らかの、あるいはすべての歴史的条件からの容赦ない断絶を伴うだけでなく、それ自身のうちにある内的な断絶と破砕の終わりのないプロセスによって特徴づけられる」[497]からである。近代社会とは、過去や伝統から自らを切り離すとともに、政治、経済、社会、文化の様々な領域が不断の変化・変動へと開かれ、その在り方を常に変えていくことを常態とする社会である。だがそれゆえに、「創造的破壊」[498]と共にあるこの社会は、「すべてはばらばら」[499]で、「全くの無秩序が世界に放たれ」[500]かねない。したがって近代は、その破壊を通じて新たな秩序を可能にする、新たな神話としての「永遠のもの、不易なもの」を求める社会でもあるのだ、と。

　近代のこの創造的破壊を神話以上のものにした——つまり現実化した——人物としてハーヴェイは、第二帝政期のパリの大改造をおこなったあのオースマンと、第二次世界大戦後のニューヨークの都市計画を推し進めたロバート・モーゼスの二人をあげる。近代都市計画史上著名な二人——単に計画を立てたのではなく、それを強力に実行していった二人——がここであげられるのは、モダニズムに

496　同書 23 頁。
497　同書 26 頁。
498　同書 31 頁。
499　同書 25 頁に引用された W.B. イェーツの詩の言葉。
500　同。

とって都市が特別な意味をもつ場所であると、ハーヴェイが考えるからである。

　……一八四八年以降モダニズムは、爆発的な都市成長（世紀末までに、いくつかの都市が人口一〇〇万を越えた）、農村から都市への大移動、産業化、機械化、建築環境の大規模な再秩序化、一八四八年と一八七一年のパリの革命的蜂起が明らかな前兆となった政治的な都市社会運動などとの間に不断の入り組んだ関係をもつ、非常に都市的な現象になったように思われる。大規模な都市化をめぐる心理学的、社会学的、技術的、組織的、政治的諸問題への差し迫った対応の必要性は、モダニズム運動が花開くための苗床となった。モダニズムは「都市の芸術」となり、「都市のなかの自然な居場所」を見いだしたのである。[501]

一八六〇年代のオースマンのパリ改造からはじまって、E.ハワードの「田園都市」構想（一八九八年）、ダニエル・バーンハム（一八九三年のシカゴ万国博覧会のために考案された「ホワイト・シティ」と一九〇七年のシカゴ地区計画）、ガルニエ（一九〇三年の線状工業都市）、カミロ・ジッテとオットー・ヴァグナー（世紀末ウィーンを変容させる全く異なる計画）、ル・コルビュジエ（一九二四年にパリのために考案した「明日の都市」と「ヴォワザン計画」）、フランク・ロイド・ライト（一九三五年のブロードエーカー・プロジェクト）を経て、一九五〇年代から六〇年代にかけてハイ・モダニズムの精神にもとづいて行われた大規模な都市再開発の試みに至るまで、強く結びついた系譜がある。ド・セルトーが言う

501　同書44頁。

ように、都市は「モダニティの装置であると同時にヒーローなのだ」。[502]

ではポストモダニズムは、こうしたモダニティに対してどのような意味で「ポスト」なのだろうか。「第3章 ポストモダニズム」でこの点についてハーヴェイが示す見解は、「ポストモダニティ」が脱‐近代的であることに懐疑的である。

ハーヴェイによれば、「ポストモダニズムに関するもっとも驚くべきことであると思われる点」[503] は、「ポストモダニズムが一時的なもの、断片的なもの、非連続なもの、そしてボードレールのモダニティ概念の片方であるカオス的なものをすっかり受容している」[504] ということだ。「ポストモダニズムは後期資本主義の文化理論以上のものではない」[505]、言い換えれば、それは「後期資本主義」という近代社会の最新のあり方に規定された文化とそれをめぐる理論であると、ハーヴェイは考える。だがしかし、ポストモダニズムはモダニズムのもう一つの側面としてボードレールがあげていた、永遠で不易なものをもはや志向しない。それはむしろ、断片的で刹那的なものと戯れる快楽や悦びを求める。また、「進歩の思想を回避」[506] し、「歴史の連続性や記憶についてのあらゆる感覚を放棄」[507] することで、ポストモダン建築のように「歴史を略奪し、そこで見つけたものは何であれ現在の何らかの側面として取り込むという信じがたい能力」[508] を発揮する。そこでは高級文化と大衆文化の間

---

502 同。文中のド・セルトーの言葉は『日常的実践のポイエティーク』からの引用である。
503 同書69頁。
504 同。
505 同書94頁。
506 同書83頁。
507 同。

のヒエラルキーは否定され、「高級文化のディズニーランドの美学への歩み寄り」[509] が見られ、商業的なものと芸術との間の垣根が取り払われて、広告が「資本主義の公定芸術」[510] になる。ハーヴェイのこの指摘は、1970年代半ば以降の日本の文化にもほとんどそのまま当てはまる。

では、そうしたポストモダニティにおいて都市はどのような場所であり、そこにはどんな社会的構造があり、どのようなメカニズムが人びとを捉えているのか。都市論を学ぶために『ポストモダニティの条件』を読んでいる私たちにとって重要なこの問題は、「都市のポストモダニズム：建築とアーバンデザイン」と題された第4章で検討され、考察される。

建築と都市のモダニズム／ポストモダニズム

先にも述べたように、ポストモダニズム的な都市論は都市の全体を合理的に統制する近代都市計画や、同じように合理性を追求した機能的なモダニズム建築を批判する。このことをハーヴェイは、次のように記述する。

> 計画と開発は、不必要な装飾の全くない（簡潔で「機能主義的な外観の「国際様式(インターナショナルスタイル)」のモダニズムの）建築に支えられ、大規模で、大都市全体を対象とし、技術的に合理的で効果的な都市の図面によるべきだという近代主義的な理念からの断絶を幅広く示すものとして、建築と都市デザインにおけるポストモダニズムをとりあげよう。ポストモダニズムはその代わりに、どうしても

---

508 同。
509 同書90頁。
510 同書95頁。

断片的にならざるをえない、過去の形態が互いに重ね合わされた「パリンプセスト（＝多層構造）」、あるいは「コラージュ」と今日言われるような、一時的なものからなる都市の組織構造という考え方を推し進める。大都市はそのなかの個々の部分でしか取り扱えないので、都市デザイン（ポストモダニストは計画ではなくデザインすることに注意されたい）は、ヴァナキュラーな伝統や、地域の歴史、特定の欲求、受容、そして好みに敏感であろうとし、それゆえ親密で個人的な空間から伝統的な記念碑的建造物を経て派手なスペクタクルに至るまで、特殊化され高度に注文仕立てされた建築形態を生み出している。建築様式の顕著な折衷主義に訴えることで、こうしたすべてが活気づけられているのである。[511]

図10-1が示していたように、モダンな建築は装飾を排除して標準化された建築形態を生み出すことで、世界中どこでも建てられ——「国際様式」とはそういう意味だ——、多様な用途に応じる——オフィスビルも住宅団地も学校も四角いビルで建てられる——建築様式を生み出した。近代的な都市計画は、そうした建物を大規模な敷地に合理的に配置する理論と手法を確立してきた[512]。ポストモダニズムはそうした合理主義と全体包括性を、個々人の感性や美意識を抑圧し、都市生活を単調にするものとして批判する。

1960年代からジェーン・ジェイコブスやセオドア・ローザックのような人びと——ここに、ルイス・マンフォードを加えることもできるだろう——によって、こうしたモダニズムの建築と都市は批

511　同書98頁。
512　このことについては、原広司「均質空間論」『空間〈機能から様相へ〉』岩波現代文庫、2007年が参考になる。1975年に発行された原のこの論文からは、ハーヴェイの指摘する1970年代の反近代的な思想と気分を読み取ることも可能である。

判されてきた。だがハーヴェイは、「戦後の都市開発・再開発が抱えた諸困難にたいするこうした「モダニズム的」解決策を完全な失敗として描くのは誤りであるし、公正さを欠くものだと考えている」[513]と述べる。第二次世界大戦後、先進資本主義国は「民主主義的で資本主義的であり続けるかぎり、完全雇用、適正な住宅供給、社会給付、福祉、よりよい未来を構築するための広範な機会の創出という諸問題と取り組まねばならなかった」[514]。そのなかで、「都市構造の再構築、再形成、再開発は、このプロジェクトの必要不可欠な部分となり」[515]、CIAMやル・コルビュジエ、ミース・ファン・デル・ローエ、フランク・ロイド・ライトらの思想が「実務的なエンジニア、政治家、建設業者、開発業者が、たいていは完全に社会的、経済的、政治的必要から受け入れているものを理論的に支え、正当化するもの」[516]となるような社会的文脈が現れた。ようするに、モダニズム建築とモダンな都市計画はそうした社会的、政治的、経済的な状況のなかで支配的たりえたのである。そして、そうであるがゆえにモダニズム建築やモダンな都市計画は、社会の支配的な権力や利益とも結びついて、「資本蓄積の主要部門である開発業や建設業において、支配的な力をもつようになり」[517]、戦後の先進資本主義国の都市風景はこうした建物や計画によって「巨大な、淀んだ灰色地帯」[518]になっていた。

　そうした権力や資本と結びついた単調な都市の風景と空間に対してポストモダニズムの建築や都市論は、「都市住民の間でみられる

---

513 『ポストモダニティの条件』103頁。
514 同書101頁。
515 同書102頁。
516 同。
517 同書104頁。
518 同書110頁に引用された、『アメリカ大都市の死と生』のなかのジェイコブスの言葉。

第10章　都市と都市論のポストモダン………233

自発的な自己の多様性」[519]を志向し、それを表現する美学を対置しようとする。ジェンクスが述べている現代社会の次のような二つの技術的変化も、ポストモダニズムの成立を後押しした。第一に、現代的なコミュニケーションが従来の空間と時間の境界を解体して、より分散し、離心的で、分権化した都市を生み出した結果、様々な場所や機能や社会的関心にもとづく差異づけられた都市や社会の領域が成立し、それによって建築と都市デザインが空間形態を多様化するためのより広範な機会をもつようになったこと。そして第二には、生産におけるコンピュータ・モデリングの普及によって、モダニズム建築が依拠した標準化された部材や様式ではなく、用途や嗜好に応じてカスタマイズされた部材を安価に生産できるようになり、それによって多様なスタイルの建築が可能になったこと。かくして「ポストモダンの建築家と都市デザイナーは、異なる状況、機能、「嗜好の文化」の注文に個別に応じることで、異なる顧客集団と個人的な仕方でコミュニケートしてその要求に応じることができる」[520]ようになったのである。

3. ポストモダン都市はどこまで脱‐近代的か

資本とポストモダン

　図10-2を見て欲しい。

　『ポストモダニティの条件』はこの写真に「トランプ・タワーのモダニズム（左）がフィリップ・ジョンソン設計のＡＴ＆Ｔビル〔＝現ソニービル：引用者注〕（右）のポストモダニズムと、ニューヨークのスカイラインにおけるポジションを争っている」[521]と、説明

519　同。
520　同書111頁。

図10-2　トランプ・タワーと旧AT&Tビル（現ソニービル）
(『ポストモダニティの条件』108頁)

左がポストモダンが台頭した時代に作られたモダニズム的スタイルのトランプ・タワー、右がかつてのモダニズムの巨匠がつくったポストモダニズム建築の先駆けの旧AT&Tビル。

を加えている。トランプ・タワーは富豪の不動産王ドナルド・トランプが建てた58階建ての超高層ビルで、1983年に竣工している。対する旧AT&Tビルはモダニズム建築を代表する建築家のひとりだったフィリップ・ジョンソン設計で1984年に完成した37階建てのビルで、最上部につけられた装飾によってポストモダニズム建築の代表作とみなされている。モダニズムとポストモダニズムの超高層ビルが、旧来の街並みの向こうにそそり立つこの風景自体は、異質な様式の多元的並存という意味で「ポストモダンな風景」と呼ぶべきかもしれない。だが、ここで重要なのはこれらの建物の建築様式上の違いではなく、一方が不動産資本、他方が情報産業というように、いずれのビルも現代資本主義を代表する巨大資本の名を冠し、その力を誇示し、記念碑化するかのようにして、ニューヨークの街並みを見下ろしているということだ。それは、ポストモダニティが支配的な時代になっても依然としてモダンな建築が資本のモニュメントたりうるということ──

521　同書108頁。

図10-3　歴史的デザインによってお行儀良くなった（＝ジェントリフィケーションされた）ボルチモアの街並み

開発によって「伝統のイメージ」が
都市空間に付与され、
それが付加価値になる。

挿絵1・15　都市の修復とジェントリフィケーションの徴候は、しばしばそれらによって取って代わられるであろうと考えられていたモダニズムとほぼ同一の、一連の単一的な様相を呈している：ボルチモアの都市修復のしるしは、どこでも戸外に標準的なコーチ・ランプを下げていることである。

——モダニズムが支配的な様式ではなくなった結果、モダニズム様式も差異化された多様なスタイルの一つとなった——、そしてポストモダン建築も現代的な資本のモニュメントというモダンな超高層ビルと同じ位置や意味をとりうることを示している。

　あるいはまた、**図10-3**を見て欲しい。

　これは煉瓦とコーチ・ランプという歴史的意匠をとりいれた建物によって再開発されたボルチモアの街並みである。この写真にハーヴェイは、「都市の修復とジェントリフィケーションの記号は、それらが取って代わろうとしたモダニズムとほとんど同じような一連の単調さをしばしば呈している。ボルチモアの都市修復地区は、戸外に下げられた標準化されたコーチ・ランプがどこでも目印だ」[522]という説明をつける。ジェントリフィケーションとは、再開発によって不動産の価値が上昇し、その結果居住する住民の階層がそれ以前よりも上昇すること、したがってより貧しい旧来の住民は多くの

522　同書113頁。

図 10-4　ショッピングモール（『ポストモダニティの条件』115頁）

ボルチモアのハーバー・プレイスの
ショッピングモール。
1970年頃から建設されてきた
室内型モールの典型だと
ハーヴェイは紹介している。

挿絵1-16　ハーバー・プレイスのボルチモア・ギャラリーは、1970年頃から建設されてきた無数の室内ショッピング・モールの典型である。

場合他の場所に転出していくことを指す概念である。この写真が示すのは、ポストモダンな様式の建物でもモダンな建築や都市計画と同じような大量生産と大規模開発の手段となり、それによって少数者や社会的弱者が排除されてしまうこともあるということだ。

「ポストモダンの建築家と都市デザイナーは、異なる状況、機能、「嗜好の文化」の注文に個別に応じることで、異なる顧客集団と個人的な仕方でコミュニケートしてその要求に応じることができる」[523]ので、モダニストたちが「月並みで平凡」だとしたラス・ヴェガスやレヴィット・タウンのような地域や社会の要求にも進んで応える[524]。ル・コルビュジエやミース・ファン・デル・ローエといったモダニズムの巨匠たちが大衆に迎合せず、むしろ啓蒙しよ

523　同書111頁。
524　ハーヴェイはここでおそらく、ポストモダニズムの建築言語をラス・ヴェガスのカジノやホテルの建築から考察したロバート・ヴェンチューリの著書『ラス・ヴェガスから学ぶこと』（Robert Venturi, Deniese Scott Brown & Steven Izenour, *Learning from Las Vegas: The Forgotten Symbolism of Architectural Form*, The MIT Press, 1977. = 石井和紘・伊藤公文訳『ラスベガス』鹿島出版会、1978年）を念頭に置いている。

図 10-5 ロサンジェルスのホームレス（『ポストモダニティの条件』118 − 119 頁）

Plate 1.18 Homelessness in Los Angeles creates an entirely new form of unwanted and proscribed popular architecture.

ホームレスとなった人びとが路上に作り出した"居住地"。

うとしたのに対して、ポストモダニズムがポピュリズム（＝大衆迎合主義）となり、さらには市場志向になっていったことを、ハーヴェイは次のように批判する。

> たとえば、自由市場のポピュリズムは、中間層をショッピングモールやアトリウムといった、囲い込まれて保護された空間へと向かわせているが、貧しい人びとにたいしては、彼らをこれまでにない、まさに悪夢のようなホームレスのポストモダンな風景へと押し出す他には何もしないのである。[525]

文化遺産とスペクタクル

ポストモダンな建築と都市デザインは、「現代の不安定な状態の

525 　同書 114 頁。

まっただ中にひそむ意味をモダニズム的に追求することを放棄し、歴史的連続性と集合的記憶についての構築されたヴィジョンを駆使して、永遠なるもののためのより広範な基盤があることを主張する」[526]が、多くのポストモダニストは「過去のスタイルを冗長に、そしてしばしば折衷的に引用することによって、歴史的正統性に向かう姿勢を見せているにすぎない」[527]と、ハーヴェイは述べる。モダニズムは、近代社会が過去とは断絶し、不断の創造的破壊のなかにある社会であることの自覚と共に、普遍的なもの、永遠に変わらないものを求めようとした。それに対してポストモダニズムは、歴史や伝統を自由自在に取り扱い、「過去のスタイルに言及するあらゆる方法をいっしょくたにする」[528]。ハーヴェイは、ポストモダニズムのこうした傾向が、文化史家のロバート・ヒューイソンの言う「文化遺産産業」を振興しているという。1972年頃から、「美術館やいなかの大邸宅、過去の形態をまねて再建され、修復された都市の風景、かつての都市のインフラの直接の複製が、イギリスの風景の大きな変容の本質的な部分となった。ヒューイソンの判断では、イギリスの主要産業は商品の生産から文化遺産の生産へと急速に変化したのである」[529]と、ハーヴェイは言う。

歴史や文化遺産への参照と並んで、ポストモダニズムの建築と都市デザインを特徴づけるのは、「組織化されたスペクタクル」である。

> アメリカの都市では、一九六〇年代の都市のスペクタクルは、当時の反体制大衆運動のなかから生まれた。公民権運動、街路

---

526 同書121頁。
527 同書123頁。
528 同。
529 同。

での暴動、インナー・シティの反乱、大規模な反戦デモ、対抗文化のイベント（特にロック・コンサート）は、モダニズム的な都市再開発や住宅計画の土台のところで渦巻いている都市の不満から生み出された。しかし一九七二年頃から、スペクタクルは全く異なった諸勢力によって占められ、全く異なった用い方をされるようになった。[530]

ハーヴェイが例としてあげるのはボルチモアである。1960年代にミース・ファン・デル・ローエ設計のワン・チャールズ・センター・ビルなどからなるダウンタウンが作られたボルチモアでは、1968年のマーチン・ルーサー・キング牧師暗殺を契機とする暴動の後、ダウンタウンを活性化し再開発を促すためにボルチモア都市博が1970年から1991年まで開催された。当初は近隣のふれあいとエスニシティの多様性を称揚するものだったこのフェアは、次第に制度的に商業化されたスペクタクルとなり、ディズニーランドよりも多くの人を集めると評判になったウォーターフロントのハーバー・プレイス、科学センター、水族館、コンベンション・センター、マリーナ、数多くのホテルが建設されていった。こうした動きをハーヴェイは次のように分析する。

　このような新しい都市空間の建設は、ボルチモアだけに見られたのではない。いまや伝説となったウェスト・エドモントン・モールは言うまでもなく、ボストンのファニエル・ホール、サンフランシスコの（ギラーデリー・スクエアがある）フィッシャーマンズ・ワーフ、ニューヨークのサウスストリート・シーポート、

530　同書127頁。

サン・アントニオのリバーウォーク、ロンドンの（まもなくドックランドになった）コベントガーデン、ゲイツヘッドのメトロセンターは、まさに組織化されたスペクタクルが固定化したものなのである。[531]

1960年代以前の都市のスペクタクルが、対抗文化や政治闘争のなかから自生的にわき起こったものだったのに対して、これらの「組織化されたスペクタクル」は資本や自治体によって計画されたものであり、1970年代以降「いっそう激しくなった都市間競争や都市企業家主義の時代に、資本と保守的な人びとを引きつけるための手段になったのである」[532]とハーヴェイは言う。

ポストモダニティの条件としての近代

こうした都市のポストモダニティに対してハーヴェイが下した診断は、次のようなものだ。（この診断に際してハーヴェイは、マルクスの資本主義分析を参照しつつ理論的考察を行っているが、ここではそれには立ち入らない。）

> ……ポストモダニズムへの転換は社会的条件のいかなる根本的変化も反映していない、と結論づけるのは理にかなっているように思われる。ポストモダニズムの台頭は、そうした社会的条件に関してなしうること、あるいはなすべきことをどのように考えるかについての一つの試み（もしそれがあるとして）を示しているか、さもなければ、資本主義が今日作動するあり方の変化（……中略……）を反映しているのである。[533]

---

531 同書 130-131頁。
532 同書 132頁。

「ポストモダン」と見なされる社会や文化の状態は、実のところ〈近代〉という19世紀に西ヨーロッパで成立し、ヨーロッパと北米を中心としてその後地球上のすべての国々を巻き込んでいった社会のあり方の、今日的な状況に対応する現象である。だから「ポストモダニティの条件」とは、実際は「モダンの現代的構造」なのだとハーヴェイは考える。『ポストモダニティの条件』は、ここまで見てきた第Ⅰ部に続く「第Ⅱ部　二〇世紀晩期の資本主義の政治・経済的変容」「第Ⅲ部　空間と時間の経験」、「第Ⅳ部　ポストモダニティの条件」で、それについてより理論的な考察を加えてゆく。そこでの考察は、とくに第Ⅲ部の時間－空間の圧縮についての検討など、都市論との関係でも重要な論点を含んでいるが、ここではそれらについてとりあげるだけの紙幅はない。

『ポストモダニティの条件』が示す建築と都市のモダニティからポストモダニティへの移行・変容の過程と同様の変化は、1960年年代から1990年代の東京にも見いだすことが出来る。高度経済成長期の大規模団地建設、東京オリンピックを契機とする都市改造、新宿副都心計画などは、その時代がモダニズム的な建築と都市開発の時代だったことを示している。だがそれは、同時にまた、『都市のドラマトゥルギー』がとりあげた新宿を中心とするアングラ的なカウンターカルチャーの時代であり、新宿騒乱や大学闘争などの都市の政治的スペクタクルの時代でもあった。それが1970年代以降になると、公園通りを文字通り舞台とする渋谷パルコの商業戦略や、ウォーターフロント開発のような組織化されたスペクタクルの時代を迎え、同時に江戸・東京論ブームのような文化遺産の資源化も展

533　同書156頁。強調は原著。

開していくようになった。「お台場」という江戸時代末期に由来する名前をもつ地区を中心とする臨海副都心の開発や、下町と江戸の歴史を資源として取り込んだ東京スカイツリーの建設なども、ハーヴェイが示した都市のモダニティからポストモダニティへの展開のなかで理解することができるだろう。『都市のドラマトゥルギー』の序章がとりあげていた1970年代から80年代の都市論ブームの意味と限界、そして可能性も、こうした「ポストモダティの条件」のなかで再度検討することが可能である[534]。

こうした東京の現代については、吉見と私が2005年に編集して刊行した『東京スタディーズ』を読む第12章で触れることになる。だがその前に次の章では、ハーヴェイが論じたのとは異なる形の近現代の都市や建築と社会の関係を、ニューヨークという「20世紀の首都」のなかに探った異形の書、レム・コールハースの『錯乱のニューヨーク』を読むことにしたい[535]。

---

[534] その後のハーヴェイの仕事では、*Justice, Nature and the Geography of Difference* (1996) といった現代空間論や、『パリ モダニティの首都』(2003年) という本書の内容とも密接にかかわるモダニティ論がある。本書の議論をそれらの本を結んで読めば、私たちの都市の現在について、ハーヴェイと共にさらに考えてゆくことができる。
[535] 『ポストモダニティの条件』は第4章で、コールハースの建築事務所である Office of Metropolitan Architecture (OMA) について、批判的に言及している。(ただし、邦訳書ではコールハースのこの事務所を「大都市建築局」と、まるで役所のような名前で訳している。『ポストモダニティの条件』119頁。)

第11章 20世紀のアーバニズム

レム・コールハース『錯乱のニューヨーク』（鈴木圭介訳、筑摩書房、1995年。→ちくま学芸文庫、1999年。原著は Rem Koolhaas, *Delirious New York*, 2nd edition, The Monacelli Press, 1994. ただし、原著初版の刊行は 1978 年。[536]）

1. アーバニズムとしてのマンハッタニズム

ゴーストライターとマニフェスト

　この章では、レム・コールハースが 1978 年に発表した『錯乱のニューヨーク』を読んで、ニューヨークという 20 世紀を代表する大都市から、現代の都市空間に内在する論理について考えてみたい。

　オランダ生まれの建築家・建築理論家であるコールハースは、巨大なゲート型のオブジェのような北京の中国中央電視台本部ビルなどの設計で知られる、現代の世界を代表する建築家のひとりである。だが、本書の「訳者あとがき」にあるように、この本の刊行当時のコールハースは建築事務所 Office for Metropolitan Architecture

---

536　原著初版は 1978 年にフランス語訳がパリの Editions du Chêne から刊行され、同じ年にニューヨークの Oxford University Press とロンドンの Thames & Hudson から英語版が出版された。この初版は 1980 年には売り切れて絶版になっていたが、1994 年に Monacelli Press から新版が刊行された。邦訳は 1995 年に筑摩書房より刊行されている。ここでの参照・引用頁は手軽に入手できるちくま学芸文庫版によった。ただし、文庫版では図版・写真が見にくいので、より鮮明なビジュアル・イメージを求める読者は単行本版、あるいは原著を参照されたい。なお、図版に関しては原著初版、2 版、邦訳単行本、文庫で、大きさだけでなくモノクロとカラーの違いや、図版そのものの違い等がある。

＝OMA は開設していたが作品はなく、建築家としては無名の存在だった[537]。1980 年には初版が売り切れ、その後長らく"幻の書"となったこの本でコールハースが試みたのは、「マンハッタンのゴーストライター」[538] として、「マンハッタンの遡及的マニフェスト retroactive manifest for Manhattan」[539] を書くことだったという。このゴーストライターによるマンハッタンの自叙伝あるいはマニフェストは、「序章」とそれに続く「前史」に始まり、「第Ⅰ部　コニーアイランド──空想世界のテクノロジー」「第Ⅱ部ユートピアの二重の生活──摩天楼」「第Ⅲ部　完璧さはどこまで完璧でありうるか──ロックフェラー・センターの創造」「第Ⅳ部　用心シロ！ダリとル・コルビュジエがニューヨークを征服する」「第Ⅴ部　死シテノチ（ポストモルテム）」「補遺　虚構としての結論」という各部から構成されている。

　序章は次の言葉で始まる。

　　マニフェストの類にうんざりしているこの時代に、いったいどんな具合に、二十世紀に残ったもののための、アーバニズムの形式についてのマニフェストを書いたらよいのか。マニフェストというものの宿命的な弱点とは、その正しさを証明する具体例が欠如していることだ。[540]

537　鈴木圭介「訳者あとがき」『錯乱のニューヨーク』ちくま学芸文庫版、543 - 544 頁。以下、本書の引用、参照はちくま学芸文庫版の頁を示すこととする。
538　『錯乱のニューヨーク』14 頁。
539　同書 9 頁。なお、訳書では retroactive manifest を「回顧的なマニフェスト」と訳しているが、retrospective を連想させる「回顧的」という言葉よりも「遡及的」の方が「遡ってゆく」retroactive という語の行為的側面にふさわしいと思われるので、ここではそのように訳し直した。以下、原著を参照しつつ訳語には適宜手を加えることとする。
540　同書 9 頁。

第 11 章　20 世紀のアーバニズム

だが、「マンハッタンの問題はその逆」[541]なのだと、コールハースは言う。そこには言葉として宣言されたマニフェストはないが、「明白な具体例が山ほどある」[542]からだ。マンハッタンには「建築の突然変異（セントラル・パーク、摩天楼）やユートピアの断片（ロックフェラー・センター、国連ビル）や非合理的現象（ラジオシティー・ミュージックホール）」[543]があるばかりか、「各ブロックには、幻の建築物が幾重もの層をなして堆積して」[544]いて、それらは「過去にその場所を占めていた建物や流産したプロジェクト」[545]あるいは「大衆の空想」[546]といった形をとって、「現在のニューヨークとは違う、他でもありえたイメージをもたらす」[547]のだという。コールハースはこの"マニフェストなき都市"に内在する論理である〈マンハッタニズム〉を、マンハッタンになりかわってゴーストライターとして書き記そうとしたのである。

　先の引用でコールハースが用いた「アーバニズム urbanism」という言葉を、私たちは第 6 章で読んだ『近代アーバニズム』、とりわけワースの「生活様式としてのアーバニズム」ですでに知っている。だがコールハースはこの言葉を、「生活様式」の都市的ありかたを指すものとして用いているのではない。英語の urbanism には他に都市性という意味や、フランス語の urbanisme と同じ都市計画という意味、あるいは英語の urbanization と同じ人口の都市集中といった意味があるが、コールハースはそれを都市に固有の社会

541　同。
542　同。
543　同。
544　同。
545　同。
546　同。
547　同。

や生活の状態と文化、それらに規定された建築と都市の論理といった包括的な意味で用いているようだ。コールハースはこの本の最後に付けられた「補遺　虚構としての結論」ではいくつかのプロジェクト——そのなかの一つはマンハッタンの東側の小さな島を対象としているから、都市計画と呼んでもいいかもしれない——を提示しているから、「アーバニズム」という言葉には都市計画的なニュアンスも含まれてはいるのだろうが、"マニフェストなき都市"であるマンハッタンから読み取られる〈マンハッタニズムというアーバニズム〉は、計画というよりも多様な不動産投資（あるいは投機）と建築的および文化的実践の複合体に内在する論理や運動性のことなのだ。補遺でコールハースが示すプロジェクトは、そのようにして読み取られたアーバニズムを対自的に捉え返したうえで新たに投企(プロジェクト)されたものなのである。

マンハッタニズムというアーバニズム——都市の原理と無意識

　コールハースによればマンハッタニズムとは、1890年から1940年にかけて「新しい文化」[548]によって実験室として選ばれたマンハッタンで「メトロポリス的生活様式とそれに呼応する建築の発明と試行」[549]としてなされた「集団的実験」[550]のプログラムであり、その「イデオロギー」[551]である。「その実験の中で都市全体は、人工的な体験の生産工場と化し、現実と自然はともに存在をやめて」[552]しまい、「完全に人間の手によって捏造された世界の中に暮らすこと、言い代えれば、空想の世界の内で生活するというこ

548　同。
549　同書10頁。
550　同。
551　同書11頁。
552　同書10頁。

と」[553]が目指されたのであり、そこでは建築は「望ましき現代文明の基礎としてのメトロポリス的状況——超過密——」[554]を活用するためのパラダイムになるのだと、コールハースは言う。

コールハースのこの指摘は、言葉遣いも依って立つ学問や知も異なるにもかかわらず、シカゴを「社会的実験室」として見いだしたシカゴ学派の視点と通じるものがある。シカゴの社会学者たちであれば、「マニフェストなき都市」を「自然に成長する生きた都市」と呼ぶかもしれない。

シカゴ学派が「生きた都市」を考察するために範をとったのは生態学だったが、コールハースがこの本でとった方法は精神分析や、それに着想を得たシュルレアリスムの手法に近い。それは、マンハッタンに現にある建築とかつてそこにあった建築、そして構想されたけれども実現にいたらなかった建築を、メトロポリス的状況の社会とそれを生きる人びとの欲望を遂行的に示したり、表象したりする徴候として読み解いていくというものだ。

文庫版の表紙と扉裏には、原著初版のカバーに用いられ、第2版では第Ⅱ部「ユートピアの二重生活——摩天楼」と第Ⅲ部「完璧さはどこまで完璧でありうるか——ロックフェラー・センターの創造」の間に入れられている[555]、コールハースのパートナーのマデロン・ヴリーゼンドープの「現行犯」という絵が掲げられている。

その絵の中では、マンハッタンのグリッド状の街区の模様のカーペットに置かれたベッドの上、自由の女神の腕のトーチにともる明かりに照らされて、エンパイアステート・ビルとクライスラー・ビ

---

553 同。強調は原著。以下同様。
554 同書11頁。
555 ここで「第Ⅱ部」や「第Ⅲ部」と表記したのは、邦訳にしたがっている。訳のもととなった原著第2版ではPart ⅡやPart Ⅲといった表記抜きに、ただタイトルが示されている。

図11-1　マデロン・ヴリーセンドープ「現行犯」（『錯乱のニューヨーク』6頁）[556]

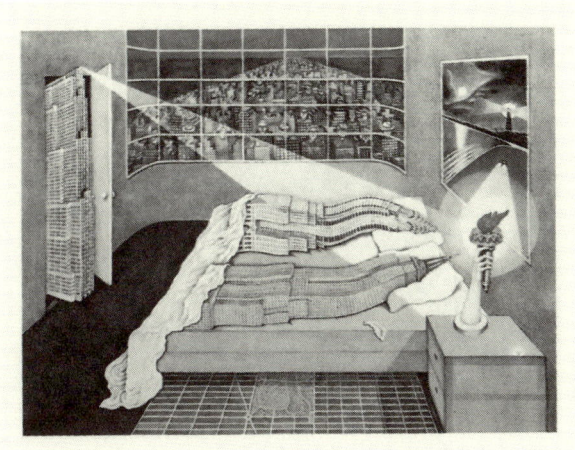

Madelon Vriesendorp, *Flagrant délit*.

マンハッタンをめぐる精神分析的イマージュ。

ルが同衾している。彼らの上に左上（文庫版表紙では英語版とは本の開きが逆になるため、ヴリーゼンドープの要請で裏焼きになっているので右上）から投げかけられたスポットライトの主は文庫の表紙カバーではわからないが、文庫版では扉裏に掲載された同じ絵の全体を見ると、それはロックフェラー・センターにあるGEビル（旧RCAビル）であることがわかる。また、やはり文庫版の468頁には同じくヴリーゼンドープの「無制限のフロイト」と題された絵が掲載されていて、そこでは水浸しの部屋にマンハッタン島の形のベッドが浮かび、水面からは先の三つのビルが半ば姿を現している。マンハッタンを題材にして、精神分析的な主題をシュルレアリスムの手

556　本章の『錯乱のニューヨーク』からの図版の引用は、鮮明度を考慮して英語版第2版からとり、頁数は文庫版で同じ図版が掲載されている頁で示している。

図11-2　マデロン・ヴリーゼンドープ「無制限のフロイト」(『錯乱のニューヨーク』468頁)

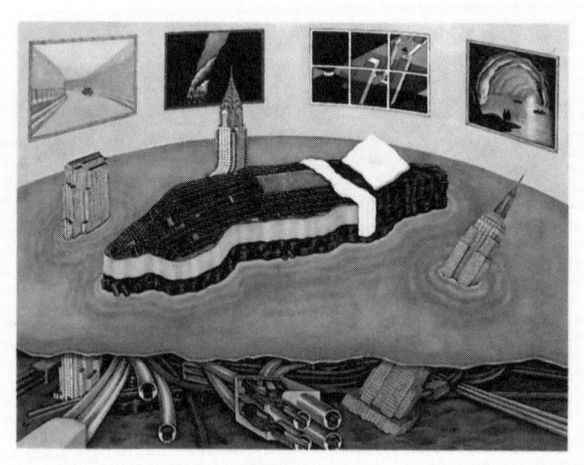

Madelon Vriesendorp, *Freud Unlimited.*

水面下のインフラにも注目。都市の下部構造＝無意識を可視化する試み。

法で描いたこれらの絵は、『錯乱のニューヨーク』の手法を示すイコノグラフィーとなっている。

　コールハースがこの本で採用した手法は、第Ⅳ部[557]でサルバドール・ダリとル・コルビュジエという二人のヨーロッパの芸術の巨匠に託されて説明されている。ダリもル・コルビュジエもともに、1930年代半ばに初めてニューヨークを訪れた。その時二人がニューヨークに対してそれぞれ発した言葉──「ニューヨークよ。なぜ、いったいなぜおまえは、私が生まれる遙か昔から、我が肖像を建立

---

[557] 「用心シロ！　ダリとル・コルビュジエがニューヨークを征服する」と訳された第Ⅳ部のタイトルは原著では "Europeans : Biuer! Dalí and Le Corbuiser Conquer New York" なのだが、訳書ではどういうわけか、ここで重要な意味をもつはずの「ヨーロッパ人たち」が省略されている。

していてくれたのか？」[558]（ダリ）と、「摩天楼は小さすぎる」[559]（ル・コルビュジエ）——を引用して、この二人はともに「ヨーロッパ人がマンハッタンを「取り戻そう」とする長い試みの歴史のエピソード」[560] として、「マンハッタンへの嫉妬と賞讃に等しく駆られ」[561] て、ニューヨークを征服したのだと、コールハースは言う。

コールハースによればダリは「偏執症的批判方法」(パラノイド・クリティカル・メソッド)（略して PCM）という手法によってニューヨークを征服した[562]。PCM とは、世界を新しい光の下で見る偏執症患者の方法を人工的に再現し、それによって思いもかけぬ照応、類推、パターンを見いだして、それに具体的な形を与えて動かぬ事実としていくという、シュルレアリスムの方法論である。ダリは、ニューヨークという都市をそうした偏執症的なまなざしで見つつ、そこに見いだしたものを絵画や言葉やオブジェで表現し、さらにニューヨーク自体を「我が肖像」として見いだす。この時、ニューヨークはダリの PCM の対象であると同時に、その作品となる。

他方のル・コルビュジエは、ニューヨークがパリのようなヨーロッパの都市よりも、自身の構想した「新しき都市」[563] に近いことを見いだしながら、それが「まだ小さすぎる」と批判することで、自身のプランの正しさを主張しようとした。「彼にとって悲劇であり不運であったのは、彼がそんな野望を膨らませつつあったときにすでにそうした都市が存在していたことである。その都市とはもちろんマンハッタンである」[564] と、コールハースは言う。だからル・

---

558 『錯乱のニューヨーク』391 頁。
559 同。
560 同。
561 同。
562 PCM については、同書 391 – 398 頁を参照。
563 同書 412 頁。

コルビュジェは、「ニューヨークなるものの信憑性を打ち砕き、そのきらびやかなモダニズムの火花を殺してしまわなければならない」[565]のだ、と。

　ニューヨークに精神分析的なまなざしを向け、そこに自らの偏執的欲望と呼応するものを見いだすと共に、現実のニューヨークがその欲望や論理を十分に実現していないとして、それを越えるための論理とプロジェクトを提示していくこと。ダリとル・コルビュジエが体現したこの姿勢こそ、同じくヨーロッパ人であるコールハースがこの本でニューヨークに対してとる姿勢の先駆けである。この都市はかつて、コールハースの母国オランダの首都にちなんで「ニューアムステルダム」という名前だったのである。『錯乱のニューヨーク』もまた、「ヨーロッパ人がマンハッタンを「取り戻そう」とする長い試みの歴史の中のエピソード」[566]のひとつなのだ。

2. 遊園地と摩天楼

コニーアイランド

　『錯乱のニューヨーク』が「前史」で、インディアンからのこの島の"取得"とオランダ人による入植地の建設、そして後々までこの都市の開発のありかたを規定する基本構造となった19世紀初めのグリッド状の街区の画定をとりあげた後、第Ⅰ部でとりあげるのはニューヨークの本体をなすマンハッタンではなく、その南、ブルックリンの先にある小島のコニーアイランドである。

564　同。
565　同。
566　同書391頁。

かつての荒野に、今や千にも上る光のタワーや尖塔が優雅に、威風堂々と聳え立つ。朝の太陽は、まるで魔法の力で立ち現れた詩人や画家の夢でも眺めるように、その光景を見下ろしている。夜ともなれば、この巨大な娯楽都市を隈取るあらゆる点や線や曲線を浮かび上がらせる何百万もの電灯の放射が、夜空を照らし出し、三十マイルの彼方から入港する船を迎える。[567]

1905年頃のコニーアイランドを描写した文章から、第Ⅰ部は始まる。「十九世紀と二十世紀の合流点に登場するコニーアイランドは、マンハッタンの胎動期のテーマと幼児期の神話の孵化装置」[568]であり、「のちのマンハッタンを形成する戦略と機構は、まずコニーアイランドという実験室でテストされたのち、最終的により大きな島〔＝マンハッタン島のこと：引用者注〕に適用される」[569]と、コールハースは考えるのだ。それはマンハッタンにとっての実験場であり、マンハッタンのプロトタイプなのだ。

19世紀に橋や鉄道でマンハッタンから容易に行くことのできる場所になることで、コニーアイランドは「マンハッタンのリゾート地」[570]になる。まず島の東側にリゾートホテル群が作られ、フィラデルフィア万国博会場から移転された記念タワーが建てられ、ジオラマ館、ローラーコースター、夜間照明に照らされた海水浴場などが作られ、機械仕掛けの競馬遊びができるスティープルチェイス遊園地、月世界旅行をコンセプトとするルナ・パーク、世界の歴史と地理をすべて収めようとし、さらには空想の世界までも組み込ん

---

567 同書45頁に引用されたLindsay Denison, "The Biggest Playground in the World" 1905の文章。
568 同書46頁。
569 同。
570 同書47頁。

図11-3 夜のコニーアイランドの俯瞰（『錯乱のニューヨーク』93頁）

画面右側に見えるのは、アトラクションとしての火災と消火活動である。

だドリームランド——そこには小人の町、ポンペイの滅亡、天地創造、マンハッタンの上空飛行、ヴェネチアの運河、スイスの山岳、等々があり、電気仕掛けのイリュージョンや乗り物のアトラクションがある——という三つの遊園地が開設される。

　このリゾート地が単なる余暇空間ではなくマンハッタニズムの孵化装置であるとコールハースが考えるのは、それらが「なりふり構わぬ追求を行った末に、かつて建築史上類例を見ないほど見事に徹底して地表の一部を自然から乖離させて」[571]しまい、それにより「体験を再生産し、ほとんどあらゆる感覚を人工的に作り出すことができる」[572]ようにしてしまったからである。

571　同書99頁。
572　同書100頁。

牧場の大きさに限界があれば、牧場を丸裸にすることなく飼える牛の数は決まってしまう。それと同じ理屈で、同一の場所に文化を急速に発展させ過密化させてゆけば、当然本物の自然は消費の一途を辿るほかない。
　メトロポリスはこうして現実の欠乏へと行き着く。そこでコニーアイランドの多様な人工的現実が本物の現実に取って替わる[ママ]ことになるのである。[573]

過密化するマンハッタンからの自然な現実の欠乏を補うように、一日100万もの人びとがコニーアイランドを訪れる。だが、そこで人びとを待っているのは、あらゆる感覚を人工的に作り出す「空想世界のテクノロジー」[574]なのだ。(現代の東京と東京ディズニーリゾートの関係を、ここで想起してもいいだろう。)

摩天楼

　コニーアイランドを論じる第Ⅰ部でコールハースは、20世紀初めにそこに構想されたグローブ・タワーなる建物をとりあげている。[575]
　一度に5万人を収容するこのタワーは、50フィート毎にステーションがあり、それらを中心に、地上150フィートには柱脚上の屋上庭園、大衆価格の食堂、寄席、ローラースケートリンク、ボーリング場等、地上250フィートには四つの大サーカスリングと大きな檻を擁する空中円形競技場、地上300フィートには世界最大の舞踏会場、ガラスに囲まれた移動レストランがあるのだとされ

573　同書100–102頁。
574　同書100頁。
575　同書114–123頁。

図 11-4　グローブ・タワー
（『錯乱のニューヨーク』119 頁）

文字通り、タワー＝摩天楼の内部を
ひとつの世界＝地球にしようとした試み。

Globe Tower, second version, with exploded exterior. From the top: Roof Gardens; layer of theaters; revolving restaurant; ballroom; *chambras séparées*; Africa, one of the continent/circuses; lobbies; entrances; etc. Special gravity elevator connects interior with underground metropolitan arteries.

ていた。巨大な建造物の中に自然から切り離された人工世界を作り出そうとするこの"地球塔_{グローブ・タワー}"は、実は資金集めの詐欺だった。だが、20 世紀のはじめに建設されていったマンハッタンの摩天楼はこのグローブ・タワーのように巨大な建築の内側に、そうした空想的なヴィジョンを現実の都市空間として作り出していくものだった。

　第Ⅱ部で摩天楼を主題として論じ始めるにあたり、コールハースは 1909 年に描かれた奇妙な絵画を引用している。

　「か細い鉄骨による骨組が、八十四層からなる水平面を支えて」[576]いて、地表の敷地と同サイズの各層に、「カントリーハウスと付随するさまざまな施設、厩舎、使用人のコテージからなる厳密にプライベートな領域が形成され」[577]たこのプランは、コールハースによれば「摩天楼の理想的パフォーマンスを描き出した・想・像・図」[578]である。各層が完全に独立したこの想像上の高層化した敷地——建物と

576　同書 137 頁。
577　同。
578　同。

図11-5　1909年の高層建築の想像図（『錯乱のニューヨーク』139頁）

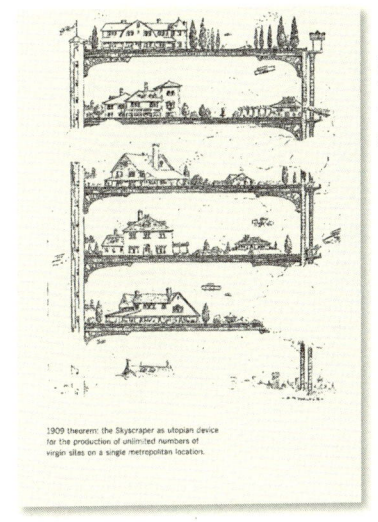

高層化とは"建物の高層化"であるだけでなく、"都市空間の高層化"であることが示されている。

いうより、それは敷地の高層化だ——では、各層の用途は非決定で、カントリーハウス以外にも様々なものを建てることができる。「アーバニズムの点から見るなら、用途の非決定性ということは、個別の敷地が予め決定された単一の用途とはもはや合致することがないことを意味して」[579]おり、それゆえ「これからは、メトロポリスの敷地上では——少なくとも理論上では——、予測不能でしかも不安定な組合せによる複数の活動の同時進行が当たり前のこととして行われるようになる」[580]と、コールハースは言う。その結果生み出されるのが、コールハースが「建築的ロボトミー」と呼ぶ、建築の外部と内部の分離である。

　建物には内部と外部がある。
　西洋建築では、この二つの間に精神的な関連性が成り立つのが望ましいという人間主義的な前提が存在する。つまり外部が、内部の活動を何らかの形で明らかにするのが望ましいというの

579　同書139-141頁。
580　同書41頁。

図11-6 ニューヨークのスカイライン（『錯乱のニューヨーク』219頁）

建築的ロボトミーにおいては建築的意匠がその表層にまとわれた衣装であることを露呈させる記録写真。

である。「正直な」ファサードは、その背後の活動を語ってくれる。ところが数学的に言えば、三次元の事物の内容積は三乗的に増大するのに対し、それを包む表面の方は二乗的にしか増大しない。つまり建物の表面は、表現すべき内部の増大に比して、どんどん小さくならざるをえない。[581]

かくして「容れものと内容の間の故意の断絶の中に、ニューヨークの建設者たちは未曾有の自由の領域を見出す」[582] のだ。一つのブロックを占めるまでに巨大化し、高層化した建物が生み出す内部と外部のこの分離をコールハースは、前頭葉と脳の他の部分との繋がりを切除して、感情と思考過程を分離させる精神外科のロボトミー手術に倣って「建築的ロボトミー」と呼ぶのである[583]。

この建築的ロボトミーを象徴するものとしてコールハースが示す

---

581 同書168頁。
582 同。
583 同書168-169頁。

のが、1931年に開かれた舞踏会で、摩天楼を作った建築家たちが自ら摩天楼に扮したバレエ「ニューヨークのスカイライン」の写真である。この一見滑稽な仮装舞踏会のルールこそがマンハッタンの建築を支配していたのだとコールハースは言う。

> ニューヨークにおいてだけ、建築は衣装のデザインになるのである。そのデザインは反復的に構成される建物内部の本当の姿を露わにするのではなく、やすやすと意識下に潜りこんで内部を表わす象徴としての役割を果たすのである。[584]

建築を衣装デザインにしてしまうこの建築的ロボトミーは、1931年の舞踏会が行われたホテル・アスターと同じ経営者が建てたウォルドーフ゠アストリア・ホテルや、高層のアスレチック・クラブであるダウンタウン・アスレチック・クラブといった、テクノロジーに支えられた反自然的な都市生活の装置を生み出してゆく。前者は短期宿泊客のための部屋だけでなく長期居住者のための居住エリアをもち、大舞踏会場、多様なレストランと厨房のシステムなどを擁する「マンハッタン初の摩天楼ハウス」[585]であり、後者は超高層ビルのなかにスカッシュやハンドボールのコート、プール、ゴルフコース、ジムなどのスポーツ施設、ボクシングをした男たちが裸でグローブをつけたままオイスターを食べる（！）オイスター・バー、トルコ式浴場、ラウンジや図書館、ダンス・フロア、そして寝室を擁する都市型娯楽施設である。コニーアイランドの遊園地がそうだったように、マンハッタンは摩天楼の中に自然から切り離された新しい世界、コールハースが「過密の文化」[586]と呼ぶ新しい

584　同書220-221頁。
585　同書251頁。

文化を生み出していったのだ。

ロックフェラー・センター

　第Ⅲ部では、『ポストモダニティの条件』が「モダニズム的なモニュメンタリズム」の例としてその写真を掲げていた[587]、1930年代にマンハッタンのオフィス街の中心に建設されて、近代的な摩天楼を象徴する施設となったロックフェラー・センターがとりあげられる。「最大限の過密と最大限の光と空間の獲得をともに目指」[588]し、「利益の最大限の追求と美しさとを可能な限り一致させる」[589]という両立しがたい課題を両立させることを課題としたこの施設をコールハースは、「究極にして決定的なるマンハッタンを構成する最初の建築」[590]だと考える。そこで注目されるのは、この巨大な複合施設が個人としての建築家や企業家によるのではなく、複数の専門家から構成される委員会の合議によって作られたものであるということである。

　過密と光と空間を両立させ、利益追求と美しさを並存させるためには、多様な専門家たちで合議し、妥協することによって建築のフォルムが決定されなくてはならない。「マンハッタニズムとは、相互に排他的な関係にある立場間の折り合いのつかないくいちがいをそのまま宙吊りにするアーバニズム理論である」[591]と述べられ

586　同書210頁。
587　『ポストモダニティの条件』106頁。なお、『ポストモダニティの条件』の英語版の表紙には、ブリーゼンドープの「自由の夢」という、マンハッタンをテーマに下作品が用いられている。
588　『錯乱のニューヨーク』300頁に引用された1936年の雑誌『フォーチュン』からの引用。
589　同。
590　『錯乱のニューヨーク』300頁。これは『フォーチュン』の引用ではなくコールハースの言葉である。
591　同書273頁。

図11-7　ロックフェラー・センター（『錯乱のニューヨーク』338 - 339頁）

最初の計画から、合議を経て最終決定となった計画まで。

るように、建築的ロボトミーによって外部と内部が切り離された巨大な施設に、相互排除的だったり矛盾したりするものが、コニーアイランドの遊園地の様々な施設のように、そしてまた**図11-5**の1909年の高層化の想像図のように組み込まれる。それは天才的な個人によるのではなく、専門家たちからなる委員会による「天才なき傑作」[592]なのだ。そして、その委員会とは「マンハッタン住民そのもの」[593]なのだとコールハースは言う。実際の委員たちは、過密の文化を生きるマンハッタン住民という潜在的な委員たちを代表する代理人にすぎない。

そのようにして建設されたロックフェラー・センターは、19世紀の古典的建築様式であるボザールとドリームランドと電子的未来が共存し、過去へのフラッシュ・バックと未来へのフラッシュ・フォワードが同時に存在する「垂直分裂的礼讃物」[594]であり、「建築の食人主義(カニバリズム)の一大傑作である輝ける都市(ヴィル・ラデイユーズ)」[595]である。だからそれは、

592　同書301頁。
593　同書302頁。
594　同書344頁。

第11章　20世紀のアーバニズム

図11-8 ラジオシティ・ミュージックホール（『錯乱のニューヨーク』347頁）

巨大な
エロティシズムの
空間であり、
建物のなかで人工の
日出と日没を
くり返す、
時間を圧縮する
空間である。

脚を振り上げる女性ダンサーたちのラインダンスのショーで有名になるラジオシティ・ミュージックホールのようなテクノロジーとエロティシズムが結合した娯楽の殿堂を擁することもできれば、メキシコを代表する画家にして共産主義者のディエゴ・リベラが描いた資本主義を批判しソヴィエト的な社会主義を礼讃する壁画さえも組み込んでしまうのである。（もっともその壁画は1年も存在しなかったのではあるが…。）

3. 現代都市は近代都市の遺跡か？

マンハッタニズムの終わり

『錯乱のニューヨーク』の第Ⅴ部は「死シテノチ（ポストモルテム）」と題されている。なぜ、"死シテノチ"なのかと言えば、ここまで

---

595 同。「輝ける都市」とは、ル・コルビュジエが提唱した現代都市のことだが、もちろんマンハッタンはル・コルニュジエ的な意味での「輝く都市」ではない。

図11-9　ペリスフェアのデモクラシティ（『錯乱のニューヨーク』459頁）

球体の建物の円周上に設けられたテラスから、人びとは未来都市を観覧する。

見てきたマンハッタニズムが1930年代を最後に衰退し死に絶えたと、コールハースが考えるからである。

1930年代のダリ、ル・コルビュジエとニューヨークの関係を論じた第Ⅳ部の最後近くでコールハースは、1939年に開催されたニューヨーク博で建設された、直径がマンハッタンのブロック一つ分、高さが18階建てのビルに相当する球体の建物「ペリスフェア」と、その内側に作られた未来都市「デモクラシティ」の模型をとりあげている。

マンハッタニズムの過密の文化ではなく、ル・コルビュジエの提唱する輝く都市に遙かに近い、100階建てのタワーがグリッド状の街区ではなく牧草地の中央に建ち、そのまわりに従属する幾列もの低層のタワーの建つこの「明日の田園都市」[596]について、コー

596　同書456頁のニューヨーク博公式ガイドブックからの引用に、エベネザー・ハワードの田園都市論『明日の田園都市』 Garden Cities of To-morrow に由来するこの言葉がある。翻訳では、"garden city of tomorrow" の語は「未来の庭園都市」と訳されているのだが、英語の "garden city" を「田園都市」と訳すことの妥当性は改めて問われてもいいだろう。"garden city" を「田園都市」と訳した時、この言葉のコノテーションは確実にある屈曲を経たであろうからだ。この意味で、『錯乱のニューヨーク』邦訳版のここでの訳は正しいのだが、ハワードの本との関係を示すためにここではあえて「明日の田園都市」の訳語を当てた。

第11章　20世紀のアーバニズム

ルハースは次のように述べている。

　さまざまな中間段階を経て、とうとうル・コルビュジエは勝利を収めたのである。最初にして最後のグローブ・タワー内部に実現したこの都市は、輝ける都市である。パリで監視を続けていた彼は、誇らしげに自らの正当性を主張する。
　「ところで、アメリカの建築家たちといえども無計画な摩天楼が無意味なことはわかるらしい。
　遠くの地から眺める者にとっては、ニューヨークはもはや未来の都市ではない。それは過去の都市だ。
　でたらめに、風通しも不十分にびっしりとタワーを詰めこんだニューヨーク、そんなニューヨークは一九三九年以降は、中世時代へと入っていくだろう……。」[597]

このデモクラシティをデザインしたのは、ル・コルビュジエの友人であると同時に、マンハッタンの他の建築家たちとも親しかったウォーレス・ハリソンである。ハリソンはまた、同じニューヨーク博で電気会社のコンソリデーテッド・エディソン社が展示した「光の都市」のデザインも担当していた。スカイラインから地下鉄までマンハッタンをそっくり真似し――ただしその空間は、おそらくはパノラマ的な効果をもつようにカーブを描いて曲げられている――、24時間の昼と夜のサイクルを24分に凝縮したこの「光の都市」について、コールハースは次のように述べる。

　三〇年代後半の様々な不安状況の中で、マンハッタニズムは

---

[597] 同書 456頁。「」内の引用は『パリ・ソワール』1939年8月号に載ったル・コルビュジエの言葉。

図 11-10　光の都市（『錯乱のニューヨーク』465 頁）

図 11-2 のヴリーゼンドープ「無制限のフロイト」とも通底する、
電気仕掛けの神経と鉄の管のネットワークに支えられた都市の可視化の試み。

時代遅れとなってゆく。究極のマンハッタンはもはや模型とし
てしか実現されない。マンハッタニズムはボール紙建築という
クライマックスで締め括られる。この模型は完成した過密の文
化の模像である。これが万博に存在するということは、マンハ
ッタンそのものがマンハッタンの理論モデル——当の展示物—
—の不完全な近似的形態であり続ける運命にあることを示唆し、
そしてこのモデルはマンハッタンを事実の都市でなく、相対性
理論における宇宙をぐるりと回って帰ってくる光の都市として
呈示するのである。[598]

マンハッタニズムの理論的モデルとしての光の都市と、それを否定するデモクラシティの両方を同じ博覧会で手がけたハリソンの両義的なあり方をコールハースは、「光の都市でマンハッタニズム礼讃物を——たとえボール紙製であれ——構想するのに対し、デモクラシティではそうしたすべての原則を忘れ去り、初めはたんに戦術的な目くらましとして意図されていたモダン建築への修辞的な回帰を本気で信じ始めた感さえうかがえる」[599]と評している。この言葉に示されているように、過密化した都市の現実に対応する実用主義や商業主義に媒介されていたマンハッタニズムは、建築家やプランナーもそれを自覚していなかったがゆえに——それこそがイデオロギーというもののあり方なのだが——、健忘症にかかったように忘れ去られていってしまう。コールハースによればハリソンは、そうした状況の中でマンハッタニズムの本質のいくつかを保護し、そのエコーを響かせ続けた人物である[600]。それはたとえば、ハリソンが第二次世界大戦後に手がけた複合文化施設のリンカーン・センター——メトロポリタン・オペラ、ニューヨーク・フィルの本拠地であるエイヴリー・フィッシャー・ホール、ジュリアード音楽院等を擁する——に見て取れると、コールハースは言う。

　……、かつてのロックフェラー・センターの独創性は、少なくとも五つのプロジェクトの同時進行という点にある。それに対し、戦後のマンハッタンに建ったリンカーン・センターはたったひとつのプロジェクトにならざるをえない。そこにはボザール様式の地下街もなければ、十階に公園が出現することもな

598　同書 470 頁。
599　同書 472 頁。
600　同書 474 頁。

い——そもそも十階すらない。そしてとりわけ欠けているものが、摩天楼の商業的上部構造である。

　リンカーン・センターの場合、気前の良い文化愛好家のパトロンたちのおかげでようやく、オペラ・だけ、演劇・だけ、フィルハーモニー・だけという形の興行が可能となった。

　文化愛好家たちは金を払ってマンハッタニズムの詩的密度の稀薄化に貢献したのである。マンハッタンはその健忘症によって、単一敷地内での無限に多くの多層的かつ予測不能な活動をもはや支えることをやめてしまう。マンハッタンは明快で予測可能な一義性へ——既知なるものへ——と後退してしまっている。[601]

「死シテノチ」という第Ⅴ部のタイトルには、1930年代のロックフェラー・センターで構想され、実現しなかったプランの名残がリンカーン・センターにはうかがえるにもかかわらず、1930年代に頂点を迎えた過密の文化は死んだのだというコールハースの理解が示されている。

生きた都市のアーバニズム

　だが、それは本当だろうか？　マンハッタニズムは本当に死んでしまったのか？　実はそうではないということを、『錯乱のニューヨーク』を書くという振る舞いを通じてコールハース自身が示している。

　　マンハッタンというメトロポリスはある神話的な到達点をめ

601　同書 480-482 頁。

ざす。すなわち、世界が完全に人間の手によって作り上げられ、それによって世界が絶対的に人間の欲望と一致するような点をめざすのである。[602]

　これは「補遺　虚構としての結論」の導入にあたる部分の文章である。「神話的な到達点」という言葉が真実であるなら、それは現実の世界では到達不能な理念であるということになろう。事実、序章でコールハースはこの本を、「・理・論・上・の・マ・ン・ハ・ッ・タ・ン、・論・理・的・推・論・の・産・物・と・し・て・の・マ・ン・ハ・ッ・タ・ンを描き出す」[603] ものであり、「現存の都市はこのマンハッタンなるものの妥協的にして不完全な実現である」[604] と述べている。マンハッタニズムがそのようなものだとすれば、メトロポリスというマンハッタンを規定する状況がある限り、そしてその社会的、文化的、技術的条件が変わらないかぎり、何らかの形でその理念——とはいえそれは、この本以前には理念としてすら語られたことがなく、19世紀末から20世紀前半のマンハッタンに内在するものだったのだ——は、そうした状況のなかに働き続ける。

　そうであるがゆえにコールハースは、「虚構として結論」で、「メトロポリス的条件を保証する原点の約束事を守り、過密の文化の伝統を新鮮に保ちながら、未来へとそれを発展させてゆくことのできる」[605] ようなプロジェクトを、「意識化された原理としてのマンハッタニズムから生まれた暫定的産物であり、その有意義性はそれが発明された島に限定されることがない」[606] ものとして提示するのである。

602　同書486頁。
603　同書12頁。
604　同。
605　同書486頁。

たとえば、『錯乱のニューヨーク』が提示するマンハッタニズムに対応するものを、20世紀終わりから21世紀初めの現在までの東京にも見出すことはできないだろうか？　コールハースのこの本の初版が1978年に出され、長く幻の本となった後、いまや現代建築論、現代都市論の古典となって読み継がれていることは、この本が提示するマンハッタニズムのアクチュアリティを傍証している。『錯乱のニューヨーク』が現代の古典でありえているのは、マンハッタンというメトロポリス状況に内在し、そこに作動していた現代都市の論理を、今日でもアクチュアルなものとして取り出し、それを未来に向けてのプロジェクトを支えうるものとして提示したからである。そこに提示されているのは、理念や理論としてのモダニズムやポストモダニズムに回収できない、「生きた都市のアーバニズム」なのだ。

606　同書487頁。Office for Metropolitan Architecture というコールハースの事務所の名前は、こうした理解にもとづいているのだろう。『錯乱のニューヨーク』は、それゆえマンハッタンのゴーストライターに身をやつしたコールハース自身のマニフェストでもあるのだ。

第12章 書を持って街へ出よう

吉見俊哉・若林幹夫編著『東京スタディーズ』
(紀伊國屋書店、2005年)

1. 都市ガイドとしての都市論

2000年代の都市論、東京論

　『東京——大都会の顔』から始まってここまで11冊の都市論を読み、それによって都市と社会について、そしてまた都市について考え、語ることについて考察してきた。最後にとりあげる1冊は、吉見俊哉と私が企画・編集した『東京スタディーズ』である。この本を読むことを通じてここで考え、提示したいのは、現実にいま・ここにある都市や社会の現実を、都市論を武器に私たちがどう考え、どう読み解くことができるかということだ。

　この本の編者であり執筆者でもある私は、ここまでとりあげてきた他の本と同じようにこの本について客観的に語ることはできない[607]。ここではむしろ、そこで吉見と私が試みたかったことや、その試みを通じて見えてきたこと、考えたことを、この本の作り手

---

[607] 私が書いたのは、「余白化する都市空間——お台場、あるいは「力なさ」の勝利」、「郊外を生きるということ——空虚さの中の過剰さ」、「『シティロード』と70年代的なものの敗北」の3つの章と、「幕張ベイタウン　未来の街へようこそ」、「東京論の系譜①——1973年以前」、「岡崎京子　都市を生きる快楽と痛み」、「東京論の系譜②——1973年以降」の4本のコラムである。

の一人として語ることにしよう。

　1957年生まれの吉見と1962年生まれの私が都市というテーマに学問的に取り組み始めたのは、『都市のドラマトゥルギー』でも触れられていた、1970年代後半から80年代の「都市論ブーム」のさなかことである。ジャーナリズムと論壇とアカデミズムを横断し、都市論と現代社会論、現代思想、それに社会史や文学論、演劇論などが互いに支え合うようにして活況を呈していた状況は、1990年代以降、バブル経済の崩壊と軌を一にするかのように過去のものとなっていった。だが、そうしたブームや、それを支えていた状況が去っても、当然のことながら都市は存在しており、それについて語るべきことや語りうることがある。たしかに、バブル期の都市の消費文化の華やかさは過去のものになったけれども、たとえば臨海副都心の開発、六本木地区の再開発、70〜80年代の渋谷の「上演」を支えたパルコ・セゾングループの退潮と渋谷の変貌、秋葉原のオタクの聖地化、そして都市の内外の様々な格差や貧困など、そこには都市とそれをめぐる新たな状況がある。そうした都市の現在について、「都市論ブーム」の時代が生み出したものも継承しつつ、新たな視点や問題意識と共に考え、語ることができるだろう。そんな"都市と都市論の現在"を、その可能性の広がりとアクチュアリティと共に示す本を作ること。それがこの本を作るにあたっての、編者ふたりの初発の問題意識だった。

　この本の「はじめに」は次のような文章で始まる。

　　たとえば、国内のどこかの都市からのフライトに乗って、よく晴れた日に羽田空港に到着するときなど、東京というこの巨大なメトロポリスを湾岸方面から南西方向へと舐めるように滑空する経験を窓ごしに味わうことができる。また、多摩川や隅

田川、荒川に沿いながら、自転車でこの都市を横断していくと、マンションの建ち並ぶ住宅地から工場や倉庫地帯、あるいは湾岸の開発地までの変化にゆっくりと触れていくことになる。自動車に乗って高速道路と首都高速を使って郊外から都心に入り、また別の郊外へと抜けるなら、郊外から都心に向けて建物の密度や高さが高まりゆく様を連続する視界のなかに捉え、高架沿いに立つマンションやオフィスビルの窓の中を一瞥し、都心に残る古い戸建て住宅や老朽化した事務所ビルの上方や裏側をすり抜け、皇居や東京ドーム、シオサイトや六本木ヒルズのへりを走りながら、この都市の風景のいくつもの断層を横切ってゆくことができる。さらに、ちょっとした仕事の合間を利用して、大通りからはずれて勘に頼ってくねくねとした小路を目的地まで歩くなら、身近にある都市の見え方も普段と違ってくるのを経験するだろう。[608]

東京という都市は、土地空間上のある領域を確かに占めている（ただし後述するように、"現実の東京"はそんな土地空間上の存在に実は限定されないあり方をする）。だが、そこでどんなルートをとり、どんなポジションにあるかによって、個々の人びとの前に現れ、経験される「東京」は異なっている。私たちが現実に経験する東京は、いつも特定のルートやポジションにおいて見出される東京だ。（たとえば私は天皇の前に現れる東京の相貌を想像することはできても、それを実際に経験することはできない。）また、私たちの多くはその時々に異なるルートやポジション——歩いているのか、自転車に乗っているのか、首都高速を自動車で走っているのか、電車や地下鉄に乗

608　吉見俊哉・若林幹夫「はじめに」『東京スタディーズ』1頁。

っているのか、飛行機の機上にあるのか、等々——にあり、それによって私たち自身の中でも都市の現れや経験は多層化している。そんな東京の多層性を、複数の著者たちの複数の視点から語らせ、それらの重なり合う場所に「東京」という都市を浮かび上がらせること。それが『東京スタディーズ』で私たちが目指したことだった。

なぜガイドブックなのか

もう一点、この本の企画で考えたことは、この本を一種のガイドブック——あるいはガイドブックのパロディのようなもの——として作りたいということだった。単に読む本ではなく、読み手がそれを読んで実際に街を歩き、その風景やそこでの経験を読み解き、自分自身の都市論をそこから紡ぎ出すことができるような本にすること。

このことを提案したとき、私にはその「手本」となる明確なイメージがあった。イギリスの出版社 APA が出していた旅行ガイド INSIGHT City GUIDES シリーズの中の一冊として 1991 年に刊行された TOKYO である[609]。

90 年代の初め、ある雑誌から都市ガイドブック論の原稿を頼ま

図 12-1
TOKYO : INSIGHT City GUIDES
表紙は夜の銀座である。

---

609 *TOKYO : INSIGHT City GUIDES*, APA Publications, 1991. このシリーズは現在 INSIGHT GUIDES という名前になっている。

れた時[610]に資料として購入した本の中の一冊なのだが、それは旅行者のための「都市ガイド」に対する私のイメージには収まらない、まさに「都市論」と呼ぶべき本だった。旅行ガイドといえば、お勧めの観光地とショッピング・スポットやグルメ・スポットを情報として網羅するのが定番だ。だがその本では、おきまりの観光スポットの紹介と同じくらいの量のページを使って、東京の歴史と現在についての多面的で批評的な記述がなされている。大規模団地のベランダに洗濯物が干された風景や、背中一面に刺青をした男たち、学ラン姿の一昔前の応援団とおぼしき学生たち、建築現場で働く若い女性とスーツ姿のキャリアウーマン、少年野球の練習風景、代々木のオリンピック体育館近くでのスポーツフェア、カプセルホテルにテレクラの客引きなど、日本だったら旅行ガイドブックには載らないような、けれども印象的な写真が多数掲載され、日本の教育状況とその問題、会社と女性の社会進出、「ガイジン」に対する日本人の意識と態度など、日本と東京の社会生活についての批評的な文章が収められている。この本は文字通り、東京という都市と社会への〈insight＝洞察〉を示そうとしたものなのである。

　東京論を、しかも複数の書き手に原稿を依頼して作ろうという話を吉見から受けたとき、私が真っ先に考えたのは、そんな批評的な都市ガイドブックとしての都市論集だった。『東京スタディーズ』を開くと最初に、「エリアから読む」と題された、本の中で言及されている場所と該当ページを示す地図があり、それに続いて「テーマから読む」と題された、章題の上に「臨海副都心」とか「エスニック・スポット」とか「米軍基地」といったその章のテーマやトピックが示された目次がある。

610　若林幹夫「都市のディスクール　ディスクールの都市——都市ガイドブックがもたらす視線の『国際化』」『アクロス』№ 206、1991 年。

図12-2 『東京スタディーズ』の「エリアから読む」の地図

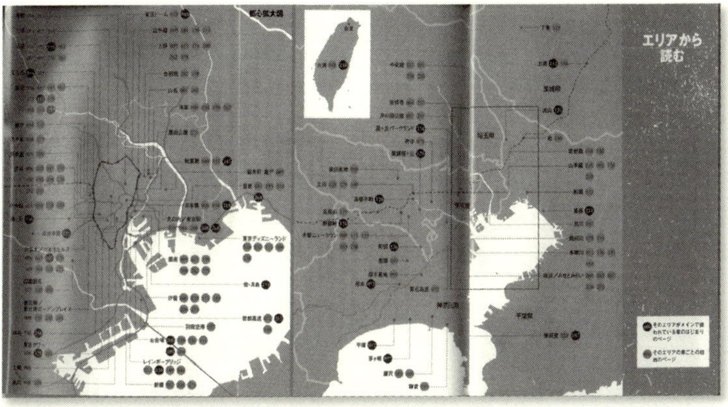

〈東京的なもの〉の地勢図は、23区や東京都を越えて広がる。

　それは、この本が「読む本」であると同時に、それをもって街を歩き、歩きながら都市ついて考える「都市ガイドブック」であろうとすることを示している。シカゴ学派のパークは「ズボンの尻を汚せ＝街に出て、そこに座って街を見てこい」と語ったというが[611]、『東京スタディーズ』もまたその本を手に"尻を汚す"ことを求める、書き手のそれぞれが"尻を汚した"経験と共にある都市論集たろうとした本なのだ。

2. 東京を語る視点と方法

〈私〉という視点と語り

　原稿を依頼したのは都市、メディア、文化、地理、文学、建築等々

611　この言葉は、ハワード・ベッカーがシカゴ大学の大学院生時代にパークから聞いたものとして、John C. McKinney, *Constructive Typology and Social Theory*, Appleton-Century-Crofts, 1966, p.71 で紹介している言葉である。

を専門とする研究者、編集者、建築家、学芸員、大学院生といった人たちで、そのうち3人は外国人——台湾人、ポーランド人、アメリカ人——である。これらの人たちに様々なテーマの原稿やコラムを依頼するにあたり、私たちは、①東京という都市——自治体としての東京都や23区に限定されない「首都圏」や「東京圏」という言葉で言い表される領域——の中の具体的な場所についての記述から始めて欲しいことと、②そうした場所をめぐる個人的な体験やライフヒストリーについても積極的に語って欲しいこと、という二点を原則として要求した。だからこの本は、2000年代初めに東京について考え、語った複数の論者たちの東京経験のドキュメントでもある。

たとえば「エスニック・スポット」をテーマとする論考を寄せてくれた都市社会学者の田嶋淳子は、論考の初め近くで次のように述べている。

> 石田衣良の描く「ウェストゲートパーク」シリーズは、私の好きな小説だ。そこで描かれる池袋は地図を見なくても手にとるように、頭の中で思い描くことができる。そして、時として、あの世界がここにあると感じる時がある。でも、ここで私が書こうと思う池袋はもっと以前の池袋のことである。そして、それは小説に描かれる町とは少し違う町の姿である。[612]

続けて田嶋は、自身の家族が1964年に池袋でアパート経営を始めたことを述べ、そのころの「庭先木賃」と呼ばれたアパートの様子や当時の住宅状況を説明した後、1980年代のバブル期の地上げ

---

612 田嶋淳子「都市に埋め込まれるアジア」『東京スタディーズ』45頁。

の嵐がそうした木賃アパートの街をどう変えたかを語る。田嶋が暮らしていた家も地上げされ、今ではそこに20階建てのマンションが建っているというが、現在でもその地区には狭小で安価な賃貸住宅も残っているという。

> こんな池袋にアジアからの若者たちが吸い寄せられた。他の地域が受け入れなかったということも指摘できるが、大都市インナーエリアと呼ばれる池袋、新宿には彼らが居住可能な空間が残されていた。[613]

こんな風に述べた後、田嶋は、池袋に暮らすアジア系外国人たちと、彼らが始めた貸本屋、レンタル・ビデオ店、食材スーパーやレストラン、不動産斡旋業、等々のエスニック・ビジネスをなかだちにして、池袋にアジアが埋め込まれていると同時に、アジア諸地域とのグローバルな関係のなかに池袋が埋め込まれている様を、これまでの自身の研究と経験から描いていくのである

また、「文学」という切り口から東京を論じて欲しいという依頼に対して国文学者の石原千秋は、「たぶん日本ではじめて電車の車内における視姦を書いた小説」[614]として田山花袋の『少女病』をとりあげ、その小説が市街地（＝都心）と郊外との社会的な差異と、それを差異づける境界線の越境＝侵犯という都市論的な構図をもっていることを指摘したあとで、「その見えない境界線は、いま僕の住むニュータウンにも走っているのだ」[615]と述べる。石原は、自身が暮らす地域におけるもともとの地元とニュータウンの境界線、

613　同書48頁。
614　石原千秋「郊外を切り裂く文学」『東京スタディーズ』154頁。
615　同書157頁。

そしてニュータウンのなかにも走る分譲と賃貸の間の境界線の存在を自らの経験に即して分析し、さらに重松清の初期の作品でニュータウンのマンション内のいじめを描いた『カラス』や、ニュータウン住民の定年後を描いた同じく重松の『定年ゴジラ』などを参照しつつ、郊外社会の夢と現実とその行方を、郊外ニュータウン住民としての自身の生とも重ねつつ論じている。

建築家の鈴木隆行が書いてくれたコラム「地べたと自転車」は、この本に寄せられたそうした"私の経験"から語る都市論のなかでも、もっとも印象に残るもののひとつである。

> 私はいくつかの事情が重なり、ホームレスになったことがある。それは普通に暮らしていては見えない東京の地べたの現実に向き合うことになり、図らずも体を張ったフィールドワークとなった。[616]

このように始まるそのコラムは、けれども鈴木のホームレス体験を語ったものではない。(ホームレスについては都市社会学者の西澤晃彦が、「ホームレスの空間」という優れた論考を書いてくれた。)ホームレス経験を通じて鈴木は、自転車が「個人がまちを移動するための最も優れた道具」[617]であることを確信するとともに、「自動車や電車では見過ごしてしまう場所と生活の様相をリアルに感じることができ」[618]るものとして手放せなくなったという。その鈴木がある時、友人のお台場でのイベントに誘われて、自転車でレインボーブリッ

---

616 鈴木隆行「地べたと自転車」『東京スタディーズ』26 頁。鈴木は、今は存在しない香港の九龍城の解体前の調査にもとづく『大図解　九龍城』(岩波書店、1997 年)の著者のひとりでもある。
617 同。
618 同。

ジを渡ろうとした。だが行ってみると、この橋は自転車で渡ることができないことがわかる。

　私にはこの出来事がどうしても腑に落ちず、後日自転車に乗って再挑戦した。唯一港区の中で陸地とつながっている天下の公道を自転車が走れないということはどうしても納得がいかない、と30分近くやりあっているうちに、「自分もおかしいと思う」という警備員の本音もでてくるようになり、立場上勘弁してくれと泣きつかれた。港湾事務所に連絡し、思わぬ提案をされた。それは「モノとして運んでくれ」というものだった。応急に警備員と一緒に、ゴミ袋を裂いて繋いだ大きなビニールを自転車にかぶせて、レインボーブリッジを手で転がしながら渡った。[619]

この何とも滑稽な経験——だがそれは、今でも続いている[620]——について鈴木は、「公道は地べたの基本だ。臨海副都心という20世紀の果てに生まれ新しい地べたのこの笑えない漫画のような小さなエピソードは、どこか生身の身体から離れたバーチャルな状況が覆っている東京の失いつつある地べたの一端を物語っている」[621]と述べてコラムを結ぶ。

　東京という都市を生きる中で経験した奇妙な出来事から、私たちが生きる都市が実は様々な権力によって統制されていること、そこでは個人が自らの身体を自由に動かして都市を経験してゆくことす

619　同。
620　現在もなお、レインボーブリッジを自転車で"走行"することはできない。2014年1月現在、レインボーブリッジの入り口には自転車の後輪を載せ"運ぶ"ための台車が複数置いてあって、自転車で渡りたい人はこの台車に後輪を乗せて車をひいて橋をわたるか、折りたたんで専用の袋に入れて渡ることになっている。（http://www.kouwan.metro.tokyo.jp/jigyo/faq/rinkou/rainbowbridge/、2014年1月1日現在。）
621　鈴木「地べたと自転車」『東京スタディーズ』26頁。

ら、時にできなくなることを、このコラムは鮮やかに示している。都市を語る、都市について考えるとは、こうした出来事や経験を「都市」という文脈や構造の中で読み解き、そこから私たちが生きる状況と社会を掴もうとしていくことなのだ。私という個人の視点や経験を、「都市を生きる私たち」のケース・スタディとして語り、考えること。『東京スタディーズ』はそんなケース・スタディ集なのである。

テーマ群の"緩さ"について

　先に述べたように、この本に収められた論考やコラムはどれも、編者である私たちが設定し、依頼した何らかの「テーマ」の下に書かれている。だが、注意深い、あるいは理屈っぽい読者なら、それらのテーマの設定に奇妙な感じを抱くかもしれない。

　最初に置かれた若林幹夫「余白化する都市空間——お台場、あるいは「力なさ」の勝利」と、その次の吉見俊哉「迷路と鳥瞰——デジタルな都市の想像力」のテーマは、「臨海副都心」と「六本木」という東京の中の特定の地域だ。だが、それに続く田嶋淳子「都市に埋め込まれるアジア」、五十嵐太郎「隣のユートピア」、西澤晃彦「ホームレスの空間」のテーマは「エスニック・スポット」「新宗教」「野宿者」と、特定の場所や地域ではなく、特定の社会的な属性や関係のなかにある場所や施設、人間の生き方だ。「米軍基地」がテーマの吉見「ベースとビーチ——「湘南」の記憶」に、「ストリート」をテーマとする田中研之輔「新宿ストリート・スケートボーディング——都市下位文化の日常性」と「ハイキング」をテーマにした金子淳「変容する徒歩空間——「ロマンスコース」の光と影」が続いたりもする。「文学」「映画」「ポピュラー音楽」「ＴＶドラマ」が続く部分は"わかりやすい"かもしれないが、最後の２本は「セクシ

ュアリティ」をテーマとする赤川学「東京の「性」はどこに消えたのか」と、「皇居・丸の内」をテーマとする吉見「占領地としての皇居」である。

　さらにこれらの論考の間には、先に紹介した鈴木隆行の「地べたと自転車」にはじまって、野球場、銭湯、かつてパルコが出していたマーケティング誌『アクロス』、スター建築家、通勤電車、マツキヨ、岡崎京子のマンガ、戦後の東京論の系譜等々の、全体としては体系性も一貫性も感じられないテーマによるコラムが挿入されている。たとえば『東京──大都会の顔』のように、全体としてより明確な構造をもった構成でこの本を編むこともできたはずだが、このことについて編者の私たちは、「はじめに」で次のように説明している。

　　むろん、ここに収められた文章で現代の都市や社会、東京の"すべて"が語られうるような網羅性を本書はもっていない。だがここには、東京という大都市の中に見いだされる、現代の都市と社会について考えるための幾つかの重要な切り口と、それらについて考え、語るための思考と言葉の補助線は示されているはずだ。[622]

網羅性は最初から断念しているが、少なくとも読み手が自分で東京、あるいは現代の都市を考え、語るための"ガイド"たろうとすること。書き手はそれぞれが経験し、考え、研究してきた「東京」や「都市」について語るけれど、それが目指すのは、そのようにして語られたことを補助線として、読み手が「東京」や「都市」につ

622　吉見俊哉・若林幹夫「はじめに」『東京スタディーズ』3頁。

いて自ら考え、あるいは語ることである。そのとき、この本はあくまで"ガイド"であるのだから、「こんな見方がありますよ」、「都市のこんな読み方、歩き方はどうですか」と誘えればよい。そうであればそれは、いくつかの可能なルートや視座を示し、そのルートや視座で東京や都市を見、考え、語るヒントを示せばよい。人によって興味をもつルートや視座もあれば、あまりピンと来ないものもあるだろうけれど、そのいくつかを「これは面白いかも……」と思ってもらえれば、まずはよい。特定の視点から全体的に構造化・体系化されて、網羅的な枠組みで組み立てられた本は、勉強するにはよいけれど、読者もそこに参加して、考えてゆく"隙間"があまり残らない。巻頭の地図と目次を手がかりに、あるいはパラパラとこの本をめくって、実際に都市に出て、歩き、考えることができる本を作りたいということが、こうした"緩い"とも見えるであろうこの本に込められた意図だった。

　だが現在、私はもう少し強い意味（と言ったらいいだろうか）で、この構成の都市論としての正当性を語ることもできると思う。こうした構成は、私たちが現実に都市を生きるということ、そして、そのように都市を生きる膨大な数の人たちの経験のあり方に対応しているのだ、と。当たり前のことだが、私たちは都市や社会を生きる時、仮にその人が都市社会学や都市工学の専門家である場合でも、不断にそうした特定の学問的視点から都市を見たり、考えたりしているわけではない。だが、そうした私たちの普通の生活のそこここに、その気になればそこから「都市という社会」や「都市を生きる私」や「都市の現在」を考えることができる出来事や風景、あるいはまた、とりたてて「出来事」とも「風景」とも意識されることのない、半ば自動化したり自明化したりした行為や関係や環境がある。それは特定の専門に限定されることもなく、時に政治も経済も文化も建

築も都市工学もそこに重なりあうような出来事や風景、行為や関係や環境である。『東京スタディーズ』という本は、そんな出来事や風景や行為や関係や環境の集まりである都市と、その中を生きる私たちの生のあり方のモデルのようなものとしてあるのだ。『錯乱のニューヨーク』がコールハースというゴーストライターによるニューヨークの自伝だったとすれば、『東京スタディーズ』は複数の著者の書く様々な短編の集まりによって「東京」という大都会の顔と、その顔を生み出すメカニズムや構造を描き出す試みなのである。

〈場所（トポス）〉としての東京

　先に私は、この本の原稿を依頼するにあたって、原則として具体的な場所についての記述から始めることを著者たちに求めたのだと述べた。その要求に対して、「映画」をテーマとする論考「映画のなかの東京」を、社会学者・映像研究の中村秀之は次のような問いから始めている。

> 「映画のなかの東京」とはどのような場所か。そもそもそれは「場所」といえるのだろうか。[623]

　スクリーンという何もない幕に映し出される光と影である映画は、文字通り"映る"だけで物のように場所を占めないし、「スクリーンに映し出される映画のなかの場所にしても、そこが正確には何処であるかということが映画のなかで宙吊りにされてしまう、そんな場所」[624]なのだと、中村は述べる。もちろん、「映画はどこか特定の現場（ロケーション）で撮影され、特定の場所を装置（セット）で再現したりもする」[625]の

623　中村秀之「映画のなかの東京」『東京スタディーズ』166頁。
624　同167頁。強調は中村。

だから、中村が言及している川本三郎の『銀幕の東京』[626]のように、映画のなかにかつての東京の場所や建造物を探し、同定することももちろんできる。だが、そうした「映画のなかの都市」論の多くは、その映画が撮影された時点でどんな場所にどんな建物があったかというような、現実の都市の同一性の単純な表象しか映画のなかに見ようとしないがゆえに「決定的な退屈さをまぬかれていない」[627]、と中村は言う。だがそうだとすれば、語られるべき「映画のなかの東京」とは何なのか？

「映画のなかの東京」を経験するとは、ビデオと地図を照合して映画の舞台となった場所の地理上の位置を同定することでもなければ、現地を散策して土地の精霊（？）に触れることでもない。それぞれの映画の画面そのものに、運動の形式に具現された〈東京〉を見い出すべきである。[628]

それはたとえば小津安二郎の『東京物語』で、上京して長男の家に泊まる老夫婦の動きや身振りに具現され反復される〈居場所のなさ〉と、走行する遊覧バスの律動が老夫婦の体のこわばりを解きほぐして、そのバスのなかに彼らが自らの居場所を得るかのような場面の対比のなかに見いだされるのだと中村は述べる。そこに映し出された長男の家や遊覧バスのルートが当時の東京の何処であるかが問題なのではなく、そこで老夫婦の身体と都市空間や交通機関の間で生み出される緊張や弛緩という運動性が、東京という都市とそこに生きる人間のあり方を、まさに映画でしか表象しえない形で示す

625　同。
626　川本三郎『銀幕の東京——映画でよみがえる昭和』中公新書、1999 年。
627　中村「映画のなかの東京」『東京スタディーズ』168 頁。
628　同書 173 頁。

のだというのが、中村の主張である。だとしたらそれはまた、「東京」という具体的な都市の同一性を越えて、〈都市〉や〈近代〉における身体と空間や交通機関の関係をも指し示すだろう。

　「映画のなかの東京」についての中村のこの指摘は、『東京スタディーズ』というこの本のあり方をめぐるアレゴリーとして読むことが可能である。

　私たち編者は著者たちに、具体的な場所から語り起こすことと、書き手の個人的な経験についても積極的に語ることを求めた。そのように語られた「東京」は、特定の場所に、特定の時点で関わりをもった特定の個人にとっての東京の像という側面をもつ。だがそれは同時に、別の場所に、別の時点で関わりをもつ別の個人にとっての東京やその他の都市の経験とも、同一性と差異性の双方において通じ合いうるものだ。たとえば先に見た「都市に埋め込まれるアジア」で語られる田嶋の家族のアパート経営の物語は、池袋以外の他の場所の同じようなアパート経営者たちや、彼らが生きた時代や地域と通底する状況や構造を示すと同時に、「うちの場合はちょっと違う」とか「われわれの地域の事情はちょっと違った」とかいうような、個別の事例の差異性をも明らかにするだろう。この時、「池袋におけるある一家のアパート経営の物語」は、その個別的な同一性を越えて「東京」や「都市」について考え、語るための〈場所〉(トポス)となる。

　それはたとえば、「臨海副都心」を論じた若林幹夫「余白化する都市空間――お台場、あるいは「力なさ」の勝利」でも同様である。そこで私は、臨海副都心を新宿・渋谷・池袋といった「旧副都心」と比較し、埋立地としてのその歴史を考察し、お台場の商業施設が建物の内部に都市空間のシミュレーションのような街並みを作り出している様を、80年代の渋谷パルコの都市戦略や東京ディズ

ニーランドと比較した。そこから明らかになったのは、通勤電車のターミナルである「旧副都心」のような〈郊外〉という後背地もなく、埋立地であるがゆえに地域の歴史も稀薄な臨海副都心では、都市空間自体が強い文脈性をもたず、ヴィーナスフォートやフジテレビ本社やアクアシティお台場等々の大規模施設がそれぞれに、周囲の都市空間に背を向けて、その内側に「街のシミュラークル」を作り出しているということだった。「余白化する都市空間」とは、そうした施設にとってその外部の都市空間は、「背景」にすらならない「余白」のようなものであるということだ。だがそれは、臨海副都心に固有のことではなく、たとえば90年代の恵比寿や2000年代の六本木などで展開し、そしてまた各地の大規模ショッピングモールで現在展開していることの、臨海副都心という特定の場所における現れなのだ。そのことについて私は、次のように述べたのだった。

> 都心と郊外を結ぶ場所という、他の副都心には見られる空間の統語論上の位置をもたず、継承すべき「歴史」からも遠ざけられた、臨海副都心の現実的かつイデオロギー的な位置と、既存の都市空間を余白化し、内閉してゆく八〇年代後半〔以降：引用者補足〕の東京の都市空間の、やはり現実的であると同時にイデオロギー的なあり方は、ちょうど重なり合うものだ。この意味で、お台場＝臨海副都心の風景は、その特異な様相にもかかわらず、現代の東京の「典型的風景」である。[629]

「秋葉原」をテーマとする森川嘉一郎「「おたく」の聖地は予言する」も、東京にしかない固有の場所を論じている。だがその最後近

---

629 若林幹夫「余白化する都市空間──お台場、あるいは「力なさ」の勝利」『東京スタディーズ』24-25頁。

くで、森川は次のように述べる。

　これは秋葉原にのみ見られる現象ではない。大阪の日本橋の電気街でも、同様な風景が出現しつつある。日本橋でも秋葉原を追うようなかたちで、次々とマンガ同人誌やガレージキットの専門店が進出し始めている。さらには韓国の龍山電気街でも、こうした傾向の萌芽が出始めている。同じ趣味的傾向のパターンが、各所で電気街を苗床に集積し始め、それらの街の風景にまで、少なからぬ影響をおよぼし始めているのである。[630]

こうした現象を「旧来の場所性とは異なる構造で、新たな固有性を街が獲得していく」[631]という都市の新たな動向の、「世界的に見ても極めて先鋭的な事例」[632]であると指摘するとき、「秋葉原」はその固有性を語られつつ、それを越える〈都市の現在〉を語り、考えるための場所(トポス)になる。このような語りと思考のなかで、「東京論」は同時に「都市論」となり、「現代社会論」になる。

3. 再び、都市を論じるとはどういうことか

東京（論）批判としての東京論

　では、「皇居」というまさに東京の政治的かつ象徴的な単一性を支える審級の場と、それに隣接する「丸の内」を論じた、吉見俊哉「占領地としての皇居」はどうだろうか。「占領地としての皇居」というタイトルは、幕府瓦解の後に天皇の居所となった旧江戸城＝現

630　森川嘉一郎「「おたく」の聖地は予言する」『東京スタディーズ』257頁。
631　同。
632　同。

皇居が、少なくとも日露戦争の頃までは「東京の中心」というよりも「郊外」の「占領軍」の拠点のような位置をもっていたのではないかということを、まずは意味している。そしてその「占領軍」は、江戸の街並みから徳川家の記憶を消し去り、近代的国家のシンボルを集積させることによって「東京」を作り上げていった。そして戦後には連合軍という新たな「占領軍」により、都市の新たな現実が作られていったのだと吉見は論じる。吉見のこの議論は、『東京スタディーズ』で吉見が書いた他の2つの論考、六本木を論じた「迷路と鳥瞰――デジタルな都市の想像力」と「ベースとビーチ――「湘南」の記憶」とも呼応している。そこでもまた、かつては日本軍と深い関係をもち、戦後は米軍の拠点となっていったことが、それらの地域の社会や文化をいまなお強く規定していることが語られているからだ。

「占領地としての皇居」の最後の部分では吉見は、丸の内を拠点とする三菱グループの三菱地所が1980年代末に発表した「丸の内再開発計画」（通称・マンハッタン計画）が、「皇居の美観を決定的に破壊するものだと世論の総攻撃にあっていく」[633]ことになったエピソードを紹介している。この論争において「短期的には美観派が勝利」[634]したのだが、その論争の中から地権者と行政が連携した「大手町・丸の内・有楽町地区再開発推進協議会」と「まちづくり懇談会」という二つの組織が誕生して、丸の内の大規模な再開発が展開していった。

> そして今日、再開発の結果誕生しつつある新しい丸の内は、皇居前広場の比ではない数の人びとを集めている。業務中枢とブ

---

633 吉見俊哉「占領地としての皇居」『東京スタディーズ』277 - 278 頁。
634 同書 278 頁。

ランドショップなどを複雑に組み合わせていく開発手法は六本木や汐留の再開発と同様で、都心で働く人びとのジェンダー構成やライフスタイルの変化を考えるならば、一応の成功は約束されている。今後、再開発の「成功」がますます喧伝されるにつれ、丸の内は六本木や汐留以上に強力なグローバル資本の空間になっていく可能性がある。その動きはやがて皇居前広場、そして皇居をものみ込んでしまうかもしれない。……（中略）……われわれが住んでいるのは、皇居を中心にした求心的な都市ではない。むしろそうした中心を浸食しながら拡大し、融合していくグローバルな資本の都市である。[635]

これは確かに「東京論」である。と同時に、近代の社会意識において東京を東京たらしめていた歴史的・社会的な構造の変容を見すえ、それによって東京が私たちの知る「東京」とは異なる都市になっていく予兆を捉えているという意味では、現在の東京の同一性を前提とするのではなく、その同一性自体を問おうとする論考である。

「東京」という"地名"は、この都市の元々の名前ではない。幕府瓦解後に官軍に占領され、天皇が江戸城を居所に定めたことにより、かつて「江戸」と呼ばれたこの都市は「東の京」という意味で「東京」と呼ばれるようになったのである[636]。東京が「東京」であることの同一性の基底には、その都市が近代日本の首都となったこと、天皇制とナショナリズムと資本制の結びつきがある。その「東京の基底」を見すえるとき、「東京論」は本質的な意味で「東京批判」となり、「東京が東京であること」の同一性を前提とする東京論へ

---

635 同279頁。
636 この間の経緯については、小木新造『東京時代—江戸と東京の間で』NHK ブックス、1980年などを参照。

のラディカルな批判となるのである。

書を読み、持って、街に出ること

　『東京スタディーズ』は、東京という都市に出会う様々なルートや視点を提示しつつ、そうしたルートや視点から読み手が実際に東京を歩き、そこで都市に出会い、考え、語ることへと誘う都市ガイドブックとして使える本として構想された。だがそれは、安定した同一性をもつものとして対象化された「東京」の「歩き方」や「読み方」を、パッケージ化された情報として伝え、それをなぞるようにして東京を歩き、都市に出会い、考え、語ることへと読者を誘うものではない。なぜなら、東京について、そして都市について考えるということは、「東京が東京であること」や「都市が都市であること」を問い、そうした問いを通じて眼の前にあり、自分たちが現に生きている都市を捉え直すことであるからだ。

　『東京スタディーズ』に私が書いた論考のひとつに、「『シティロード』と70年代的なものの敗北」という都市情報誌論がある。『シティロード』は1971年から93年まで刊行されていた、東京の情報誌である。そこで私が論じたのは、『シティロード』や『ぴあ』——現在は雑誌としての『ぴあ』は終刊したが、電子書籍やチケットサービスとして継続している——といった当時「タウン誌」とも呼ばれた都市情報誌の1970年代における登場が、都市を自分たちの手で読み解き、使いこなそうという当時の若者たちのアクティヴィズムとカウンターカルチャーの現れだったということだ。都市情報誌というメディアが示すのは、そこに掲載された映画や演劇や美術展やイベントの内容だけではない。

　　都市情報誌は都市の中から情報を選択し、編集して掲載して

いるだけではない。それは、私たちがどのように都市に出会い、都市をどのように了解しているのか、都市をめぐる私たちの欲望がどのような形をとっているのかを鏡のように指し示す。私たちが都市に出会い、都市を消費するための枠組みを都市情報誌は提供しており、そうした「枠組み」を通じての都市空間や出来事との出会いが都市という行為と経験の場を作り上げている。[637]

都市ガイドブックとしての都市論たろうとした『東京スタディーズ』もまた、その書き手がどのように都市に出会い、それを了解しているのかを示しつつ、書き手も含む「私たち」がそこにどんな欲望を抱いているのかも描き出そうとする。だがそれは、都市情報誌や『東京スタディーズ』だけがそうなのではない。

私たちがここまで読んできた12冊の都市論はいずれも、歴史のなかで人が都市を作り、その場所を生きてきたありさまを示すと共に、そのような都市を人が作り、生きるとはどのようなことなのかを解き明かしたいという書き手の欲望と意志の軌跡を示している。『東京スタディーズ』で私たちが試みたかったのは、そうした書き手の都市に向かう知の欲望と意志を、都市を生きる読者の生へと折り返すことだった。

ただ読まれるだけの都市論ではなく、それを通じて現実にある都市を見、考え、生きることへと折り返されていく都市論。だが、都市論とはその可能性の中心においてすべてそのようなものなのだ。そんな都市論をとりあえず代表する12冊を、ここまで読んできた。その次に来るのは、ここまで読んできた都市論を手にして街に出て

637　若林幹夫「『シティロード』と70年代的なものの敗北」『東京スタディーズ』236頁。

都市に出会い、考え、語ること、そしてその経験と共に 13 冊目以降の都市論に出会い、それらをもってまた街に出、都市を生きることだ。

　あらゆる都市論は、たとえそれが過去の——場合によっては遙かな過去の——都市を直接の対象としている場合であっても、私たちが都市と出会い、それについて考え、それを生きることへのガイドブックなのである。

あとがき

　この本のアイディアは、2012年の秋に本書と同じく弘文堂から刊行した『社会（学）を読む』（現代社会学ライブラリー6）の原稿を仕上げた後、編集の中村憲生さんから提案された。本を読むことを通じて学問することについて考えるという『社会（学）を読む』で採用したスタイルを、都市論なり身体論なりといった分野に絞り、"書物の森"を案内するガイドブックのような本が作れないだろうかというのが、中村さんからのそもそもの提案だったと記憶している。

　自分が読み、そこに書かれている言葉にそって考えることを繰り返してきた本を素材にして、そこから拡がる思考の可能性を書くことの面白さは、『社会（学）を読む』を書きながら経験してきていたので、「やりましょう」と二つ返事で了解したのだが、プランを作って書き進めるなかで、これは思いの外難しいということがわかってきた。『社会（学）を読む』では、社会と社会学について私が語りたいことがあり、それを語る"ダシ"のような形で何冊もの本をとりあげていた。そこでは私が主体であり、私が社会学の本を読みながら、社会をどのように読んできたのかを語ればよかった。だが今回は、私ではなく12冊の書物がそれぞれの章の主役であり、しかもその12冊について語るなかで、「都市論」というより大きな広がりについても語らなくてはならない。12冊の本それぞれの紹介にとどまることなく、それらの本の魅力を読みとりながら、都市論の魅力と可能性を伝えること。「都市社会学」のような特定の学問分野に対象を限定するならば、その学問の歴史や体系に依拠することもできるだろう。だが、様々な分野にひろがる「都市論」に

対しては、そうした学史や体系に頼ることもできない。それらを都市論として読んできた私の読みの経験から、それらの本の魅力と可能性を語りつつ、個々の本の紹介にとどまらない都市論という試みの魅力と可能性について語らなくてはならない。12冊の本の"主役"としてのあり方は、この私がそれらをどう読み、読者にそれをどう提示するかにかかっている。これは結構厄介なことで、結局はすべての本を読み直し、それらの本に対する私自身の読みを再検討していかなくてはならなかったのだが、それはきわめて面白くスリリングな体験でもあった。

　そうした読み直しと再検討により当初の予定より脱稿が遅れてしまい、中村さんにはご心配とご迷惑をおかけすることになってしまった。ここで改めてお詫びすると同時に、こうした機会を与えていただいたことにも再度感謝する次第である。

　この本が都市論に対する読者の興味を喚起し、都市論や社会学の本に限らず様々な本を読むことへの関心を引き出すことに少しでも資することができるなら、これほど嬉しいことはない。本書がそんなきっかけとなることを願っている。

2013年 師走
若林幹夫

【著者紹介】

若林幹夫（わかばやし みきお）

　早稲田大学教育・総合科学学術院教授。1962年生まれ。東京大学大学院博士課程中退。博士（社会学）。筑波大学教授等を経て2005年より現職。2008年、メキシコ、エル・コレヒオ・デ・メヒコ客員教授。専門は都市論・メディア論・時間論・空間論など。著作に『熱い都市　冷たい都市』（弘文堂、1992年）、『都市のアレゴリー』（INAX出版、1999年）、『漱石のリアル—測量としての文学』（紀伊國屋書店、2002年）、『東京スタディーズ』（紀伊國屋書店、2005年）、『社会学入門一歩前』（NTT出版、2007年）、『郊外の社会学—現代を生きる形』（ちくま新書、2007年）、『増補　地図の想像力』（河出文庫、2009年）、『〈時と場〉の変容—「サイバー都市」は存在するか？』（NTT出版、2010年）、『社会（学）を読む』（弘文堂、2012年）、『モール化する都市と社会—巨大商業施設論』（共著、NTT出版、2013年）など。時間性と空間性の不可分な構造から社会について考えることが、これらの仕事を貫くテーマである。

都市論を学ぶための12冊

2014（平成26）年3月15日　初版1刷発行

著　者　若林幹夫
発行者　鯉渕友南
発行所　株式会社　弘文堂　　101-0062 東京都千代田区神田駿河台1の7
　　　　　　　　　　　　　　TEL 03(3294)4801　　振替 00120-6-53909
　　　　　　　　　　　　　　http://www.koubundou.co.jp

装　丁　笠井亞子
組　版　スタジオトラミーケ
印　刷　大盛印刷
製　本　井上製本所

Ⓒ2014　Mikio Wakabayashi. Printed in Japan

JCOPY　＜（社）出版者著作権管理機構 委託出版物＞

本書の無断複写は著作権法上での例外を除き禁じられています。複写される場合は、そのつど事前に、（社）出版者著作権管理機構（電話 03-3513-6969、FAX 03-3513-6979、e-mail: info@jcopy.or.jp）の許諾を得てください。
また本書を代行業者等の第三者に依頼してスキャンやデジタル化することは、たとえ個人や家庭内の利用であっても一切認められておりません。

ISBN978-4-335-55161-1

現代社会学ライブラリー

定価（本体 1200 円＋税、＊は本体 1400 円＋税）
＊タイトル・刊行順は変更の可能性があります

1.	大澤 真幸	『動物的／人間的――1. 社会の起原』	既刊
2.	舩橋 晴俊	『社会学をいかに学ぶか』	既刊
3.	塩原 良和	『共に生きる――多民族・多文化社会における対話』	既刊
4.	柴野 京子	『書物の環境論』	既刊
5.	吉見 俊哉	『アメリカの越え方――和子・俊輔・良行の抵抗と越境』	既刊
6.	若林 幹夫	『社会 (学) を読む』	既刊
7.	桜井　厚	『ライフストーリー論』	既刊
8.	島薗　進	『現代宗教とスピリチュアリティ』	既刊
9.	赤川　学	『社会問題の社会学』	既刊
10.	武川 正吾	『福祉社会学の想像力』	既刊
11.	奥村　隆	『反コミュニケーション』＊	既刊
12.	石原　俊	『〈群島〉の歴史社会学 ――小笠原諸島・硫黄島、日本・アメリカ、そして太平洋世界』＊	既刊
13.	竹ノ下 弘久	『仕事と不平等の社会学』＊	既刊

【続刊】
藤村 正之 『考えるヒント――方法としての社会学』
木下 康仁 『グラウンデッド・セオリー論』
西村 純子 『ジェンダーとライフコースの社会学』
佐藤 健二 『論文の書きかた』
奥井 智之 『恐怖と不安の社会学』
佐藤 卓己 『プロパガンダの社会学』

信頼性の高い21世紀の〈知〉のスタンダード、ついに登場！
第一級の執筆陣851人が、変貌する現代社会に挑む3500項目

現代社会学事典 定価（本体 19000 円＋税）

好評発売中

【編集委員】大澤真幸・吉見俊哉・鷲田清一　　【編集顧問】見田宗介
【編集協力】赤川学・浅野智彦・市野川容孝・苅谷剛彦・北田暁大・塩原良和・島薗進・盛山和夫・太郎丸博・橋本努・舩橋晴俊・松本三和夫